城市基础设施工程建设

——技术创新与服务

余建民　颜　兵　金南国 主编

浙江工商大学出版社
ZHEJIANG GONGSHANG UNIVERSITY PRESS
·杭州·

图书在版编目(CIP)数据

城市基础设施工程建设 ：技术创新与服务 / 余建民，颜兵，金南国主编. — 杭州 ：浙江工商大学出版社，2021.10
ISBN 978-7-5178-4663-5

Ⅰ.①城… Ⅱ.①余… ②颜… ③金… Ⅲ.①城市—基础设施建设 Ⅳ.①F294

中国版本图书馆 CIP 数据核字(2021)第 198429 号

城市基础设施工程建设——技术创新与服务

CHENGSHI JICHU SHESHI GONGCHENG JIANSHE——JISHU CHUANGXIN YU FUWU

余建民　颜　兵　金南国　主编

责任编辑　张春琴
封面设计　沈　婷
责任印制　包建辉
出版发行　浙江工商大学出版社
（杭州市教工路 198 号　邮政编码 310012）
（E-mail:zjgsupress@163.com）
（网址:http://www.zjgsupress.com）
电话:0571-88904980,88831806(传真)
排　　版　杭州朝曦图文设计有限公司
印　　刷　浙江全能工艺美术印刷有限公司
开　　本　710 mm×1000 mm　1/16
印　　张　20
字　　数　347 千
版 印 次　2021 年 10 月第 1 版　2021 年 10 月第 1 次印刷
书　　号　ISBN 978-7-5178-4663-5
定　　价　59.00 元

本书编辑委员会

顾　问：方　伟

主　编：余建民　颜　兵　金南国

副主编：陈登峰　叶丽君　郑　梁　江春威　沈　勇

委　员：（以姓氏笔画排序）

王伟业　卢敬科　吕蒙军　刘　雍

李　亚　李昌耀　余小勇　张　智

周松国　胡慧涛　袁　翔　顾剑胜

徐　荣　徐科宾　黄　河　康　平

童朝宝　蔡天德　熊传美　薛　飞

序 言

杭州市市政行业协会以服务为导向，发掘协会内院校、建设、设计、施工等单位优势资源，积极发挥服务功能，为政府建言献策，为企业提供现场服务，在不断提升行业服务水平的同时，助力成员单位不断创新。

本书收录内容均为成员单位的专家近年来在市政设施建设、养护等方面所取得的创新成果和工作积累，分三部分：上篇为“城市建设”，中篇为“调研报告”，下篇为“专家建言”。

上篇“城市建设”以科技论文形式，论述了在工程项目建设中，如何攻克技术难关，例如：杭州市城乡建设发展研究院市政公用研究所副所长朱彤(副高)介绍了创建杭州上城区未来社区、打造江洋畈生态海绵公园的实例；杭州运河集团建设管理有限公司吕蒙军(副高)针对杭州钢铁厂和杭州炼油厂旧址等重点污染区域，提出污染地块治理修复策略；杭州应用声学研究所光纤传感事业部主任李东明(正高)将光纤传感技术应用于市政设施结构监测物联网，提供多元数据源；中国联合工程有限公司市政院轨道院院长奚健(正高)探讨了特大城市中心旧城区交通拥堵的解决方法；浙江大学教授金南国研究了传感器测量锈蚀率与真实值绝对误差，真实表征钢筋锈蚀程度；中国电建集团华东勘测设计研究院智慧事业联席副总经理杨彪博士从隐患辨识、隐患管理、安全教育、场地管理等方面来探讨 BIM 技术在安全管理上的应用，并提供了技术路线；等等。这些研究成果都值得我们学习借鉴。

中篇“调研报告”共 8 篇。其中，根据 2020 年相关文件资料整理出的 103 例典型质量安全问题，值得业内人士重视；新加坡城市基础设施中诸多人性化的设计，在《赴新加坡学习考察的报告》一文中都有体现，这种以人为本的设计理念也是我们相关从业人员需要重视的；《关于渣土出土难现象的调查和建议》一文针对目前杭州市政建设中出现的渣土出土难、出土贵现象，分析原因，提出意见建议，助力政府部门解决实际问题。

下篇“专家建言”来自重点工程施工现场，时间跨度近 2 年，专家组成员参加现场服务活动达100多人次，提出书面建议书41份。这些建议，受到了建设单位、主管部门的高度重视，绝大部分建议被采纳落实，收到了良好的经济效益和社会效益。

现将这些创新成果和工作积累汇集成书，希望本书的出版，能给同行提供参考，也希望得到各位同行的批评指正。

编者

2021年9月6日

目 录

上篇 城市建设

智能排水管理系统研究及实践 …………………… 颜 兵 赵贤魁 郑 策 / 003
磁介质理论在钢筋锈蚀检测中的应用研究
…………………………………… 高荣森 金南国 田 野 李宗津 / 015
基于大数据分析的旧城区交通改善研究 ………………… 奚 健 沈育平 / 023
基于 BIM 技术的项目安全管理研究与应用 …… 杨 彪 王 昶 周 平 / 032
基于智慧市政管理系统平台的管养新模式探讨 … 王健伟 周宁聪 何佳杰 / 038
基于光纤传感的市政设施结构监测物联网多元感知技术 ………… 李东明 / 044
以城市为本,构建蓝绿交融的海绵体
——以杭州上城区为例浅谈海绵城市理念在城市建设中的应用
…………………………………………………………………… 朱 彤 / 051
大城北核心区污染修复治理策略与思考 ……… 吕蒙军 马 栋 俞 栋 / 059
古石塔结构安全监测 ………………………………………………… 杨玉龙 / 067
由钢管混凝土系杆拱桥吊杆损坏引发桥梁事故的思考 … 李昌耀 张振强 / 078
双护盾 TBM 在杭州市江南线山岭段的应用 ……………………… 项 斌 / 088
非炸药型干冰聚能静态破岩技术
………………… 戴振鑫 张恒宇 俞 伟 叶 武 张 强 章 晖 / 093
SWMM 在道路海绵城市设计中的应用 ……………… 袁 超 陈靖韬 / 101
城市排水(雨水)防涝系统模型应用研究 ………………… 洪文武 李海明 / 107
平原地区排水防涝设计 ………………………………… 袁 超 董蕾茜 / 112
葵花拱桥拱上填土模拟方法研究 ……………………………………… 张 坤 / 118
云上草原景区单悬臂景观斜拉平台设计与研究 ………… 张 姚 高登繁 / 124

弁南大桥系杆拱桥设计及安装技术 …………………………… 魏安琪 / 138
城市道路多杆合一改造探索
——以衢州白云大道多杆合一改造为例 … 徐叶明 张利冬 沈育平 / 147
基于路基顶面疲劳控制的路面结构组合设计 ……………………… 宣波湾 / 152
地铁高架车站设计方法及设计要点综述 ………………………… 朱 巍 / 158
两段多级 A/O 在有机胺及 DMF 生产废水处理工程中的实践
…………………………………………………………… 梅竹松 楼 丹 / 164
分户式燃气供暖系统与空气源热泵供暖系统的经济性比较
…………………………………… 马 洁 齐含飞 范霁雯 李世芳 / 172
生活垃圾填埋场上新建飞灰库区稳定性分析 … 吴小雯 李 洵 王 丰 / 182
耐久性基层沥青路面结构比选研究 ………………… 魏淑艳 姜 炎 / 193
钢筋混凝土地下结构渗漏水防治方法研究 ………… 严伟飞 郭舒帆 / 202

中篇 调研报告

关于渣土出土难现象的调查和建议
……………………………… 叶丽君 袁 翔 薛 飞 吕蒙军 费正云 / 213
关于临江垃圾焚烧发电厂项目改用再生水冷却的建议 … 余建民 朱 彤 / 215
关于规范养护投标的建议 ……………………………… 张海东 朱 敏 / 216
杭州主城区 10 条道路病害调研报告 ………… 熊传美 邢庭荣 吴小英 / 218
赴新加坡学习考察的报告 …………………… 余建民 李昌耀 江春威 / 231
2020 年杭州市“西溪杯”检查情况汇报 ………… 熊传美 王伟业 吴小英 / 235
2020 年百例质量安全问题摘编 ……………… 杭州市市政行业协会秘书处 / 240
市政设施无障碍环境提升策略的探索
——以杭州市为例 ……………………………… 方 伟 何佳杰 / 244

下篇 专家建言

专家建议书 1 ………………………………………… 邢庭荣 顾剑胜 / 251
专家建议书 2 ………………………………………… 余建民 顾剑胜 / 252
专家建议书 3 ……………………………… 邢庭荣 余建民 颜 兵 / 253

专家建议书 4 …………………………………… 熊传美 颜 兵 / 254
专家建议书 5 ……………………………… 顾剑胜 余建民 童朝宝 / 255
专家建议书 6 ……………………………… 刘 强 相玉成 王伟业 / 256
专家建议书 7 ……………………………… 颜 兵 王伟业 熊传美 / 257
专家建议书 8 ……………………………… 汪 强 顾剑胜 薛 飞 / 258
专家建议书 9 ……………………………… 许振中 熊传美 金南国 / 259
专家建议书 10 ……………………………… 刘敬亮 颜 兵 陈立安 / 261
专家建议书 11 ……………………………… 周松国 王伟业 余建民 / 262
专家建议书 12 ……………………………… 向 俊 顾剑胜 童朝宝 / 263
专家建议书 13 ……………………………… 王伟业 顾剑胜 余建民 / 265
专家建议书 14 ……………………………… 钟江波 熊传美 徐 南 / 267
专家建议书 15 …………………………………… 姚元重 周青松 / 268
专家建议书 16 …………………………………… 余小勇 吴小英 / 269
专家建议书 17 ……………………………… 杨 超 陈涌彪 顾剑胜 / 270
专家建议书 18 ……………………………… 王 雷 童朝宝 王伟业 / 272
专家建议书 19 ……………………………… 陈立安 顾剑胜 余建民 / 274
专家建议书 20 ……………………………… 肖 鸣 薛 飞 顾剑胜 / 276
专家建议书 21 ……………… 陈涌彪 顾剑胜 金南国 颜 兵 熊传美 / 278
专家建议书 22 ……………………………… 朱 彤 熊传美 姚元重 / 280
专家建议书 23 ……………………………… 邓文全 陈涌彪 熊传美 / 281
专家建议书 24 ……………………………… 吕蒙军 姚元重 白长江 / 283
专家建议书 25 ……………………………… 金南国 王伟业 彭银生 / 285
专家建议书 26 ……………………………… 王明波 顾剑胜 高登繁 / 287
专家建议书 27 ………………………… 高登繁 何佳杰 吴小英 熊传美 / 289
专家建议书 28 …………………………………… 相玉成 袁浩翔 / 290
专家建议书 29 ……………………………… 严伟飞 顾剑胜 张海泳 / 291
专家建议书 30 ……………………………… 陈 伟 王伟业 余建民 / 292
专家建议书 31 ……………………………… 童朝宝 严伟飞 顾剑胜 / 294
专家建议书 32 …………………………………… 卢彬荣 赵 勇 / 296
专家建议书 33 …………………………………… 金南国 王伟业 / 298
专家建议书 34 …………………………………… 田章华 严伟飞 / 299

专家建议书 35 …… 朱　敏　杨小平 / 300
专家建议书 36 …… 金南国　熊传美 / 301
专家建议书 37 …… 余新发　金南国　顾剑胜 / 302
专家建议书 38 …… 陈　鸣　顾剑胜　金南国　赵　勇　孙　兴 / 304
专家建议书 39 …… 颜　兵　余建民 / 305
专家建议书 40 …… 宣波湾　金南国　熊传美　吴小英 / 306
专家建议书 41 …… 赵　勇　张　纯　王伟业　顾剑胜 / 308

上篇　城市建设

智能排水管理系统研究及实践

摘　要：建立城市地下排水管线信息管理体系，实现地下排水管线信息管理的数字化、智能化和现代化，及时、精准地为相关部门提供排水管线运行的动态信息，有助于提高现代城市的管理水平。本研究旨在将传统的排水管理模式升级为“智慧排水”管理模式，通过运用计算机互联网、云计算与地理信息系统等技术，开发具有自主知识产权的智能排水管理系统，并进行应用实践验证。

关键词：排水系统；智能；管理平台

一、引言

（一）研究背景

地下管线是城市不可或缺的重要设施，也是城市运行和发展的基础设施，经常被喻为城市的血脉和神经。各种错综复杂的地下管线保障了城市的安全运转和居民日常生活所需的能源、物资、信息的有效传输。

研究智能管理平台在地下排水管线管理中的应用，进而指导地下排水管线的规划建设、日常维护和预警应急管理工作，提高管理水平和效率，可从根源上减少或避免灾害的发生。

（二）国内外相关研究

1. 国外情况

目前，GIS（地理信息系统）技术日趋成熟，这为实现城市地下管线信息的科学管理打下坚实的基础。

美国于 20 世纪 90 年代提出了“DIGITAL PIPELINE”（数字化管道）概念，即运用管网信息系统，将各类管道的属性和图形信息提供给相关管理人员及管理部门[1]。

2006 年，在英国贸易产业部牵头组织下，诺丁汉大学、利兹大学联合 19 家公司开发了“VISTA”可视化集成系统[2]，该系统可为各类道路作业提供全方位的技术支撑。

2006年,新加坡利用GIS技术来制定土地规划,以减少基于CAD(计算机辅助设计)应用的开支。

德国威斯特伐利亚区瓦伦多夫市已经使用大约5500个RFID(射频识别技术)标签来跟踪该市205 km长的地下污水管道的维修状况[3]。

2. 国内情况

20世纪80年代后期至90年代,我国对城市地下管网进行了大规模普查,绘制了城市地下管线位置CAD图,并运用数据库技术存储、管理相关信息。90年代初,我国陆续使用国外的GIS平台,有的地方尝试利用计算机辅助制图技术开发地下管线信息管理系统[4]。

2005年以来,城市地下管线的信息化建设和科学化管理越来越受重视。随着《城市地下管线工程档案管理办法》的颁布,城市地下管线信息更新速度明显加快。

2014年杭州市开始筹备"智慧排水"建设工作,2016年"智慧排水系统平台"竣工验收,正式投入使用。

3. 我国地下排水管线的状况

直到20世纪初,我国才有个别城市开始建设现代化排水系统。随着经济的发展和技术的进步,从80年代中后期起,许多城市加快了分流制排水系统的建设步伐,不少大城市的现代化排水系统已较为完善,但受经济与人口剧增和地域扩张的影响,地下排水管线系统依然存在诸多问题,如:个别合流制排水系统仍在老城区使用[5];局部管道设计参数不合理,排水不畅导致外溢;排水管道建设质量及养护水平偏低,客水大量进入管道影响排水能力。

(三)研究内容及技术路线

1. 主要内容

根据某高校及某开发区排水管道现状,结合国内外排水管道信息化技术进行研究,逐步实现"可持续城市排水系统"[6]。主要研究内容包括:对两个研究区域地下已建雨污水管道进行管线调研;在不利环境下数据采集和远距离传输分析及应用;智能监测系统与管理平台在排水管线管理中的作用;通过工程实践应用分析提高管理平台在应用中的能力。

2. 技术路线

①检索资料,全面掌握国内外现有智能监测系统与管理平台在排水管线管理中的应用情况。

②针对“对系统结构描述的不完善”这一缺陷[7]，对老旧排水管道进行检测排查，全面排查存在的问题，并进行分类统计；利用检测疏通维护的时机，复测排水管道及检查井等基础数据。

③对比分析在不利环境下排水管道运行数据采集适用的传感器类型和远距离数据传输适用的方式，设计智能排水监测数据采集传输系统。

④选取具有代表性的管网子系统，建立智能排水监测系统，设置智能探测传感器和信号传送器，搭建智能管理平台，并对收集的数据进行云存储和统计分析。

⑤通过实时监测，利用智能管理平台实现运行数据动态查询、资产管理、生产调度管理等基本功能；通过模拟计算设置预警、报警等功能，实现应急智能化管理，提高管理效率和水平，降低日常管理运行费用，避免或减少灾害损失。

二、智能排水管理系统

充分利用物联网、网络通信、云存储、在线监测、GIS 地图与排水管网模型等现代技术，设计研发一种能实时、动态、长期、高效管理排水管网运行状态与工程基础海量数据的技术平台，同时将排水管网数字化管理所需的数据及各类日常管理调度模块融入平台，从而构建一个集数据采集存储、统计分析、日常事务处理和辅助决策等功能于一体的“智能排水信息综合管理平台”，实现对地下排水管网系统的运行状况、管道超负荷及异常状态报警、管道及构筑物的地理位置及完好状况、管网正常运行的影响因素等动态信息数据进行采集及储存，并运用专业模块的模拟分析和综合研判功能，快速得到日常养护维修及应急决策建议，将排水管网事故消灭在萌芽阶段，实现防患于未然的目标。

（一）设计原则

①保证数据采集和传输的及时性、准确性、稳定性以及设备使用的耐久性。

②便于数据传输设施安装和维护，且容易融入周边环境。

③具备强大的云空间数据库功能，可以将各种排水管线空间属性、系统寿命状况及运行状态等复杂的信息数据一体化存储，并实现实时动态更新。

④具有各种专业分析功能和模拟预警功能，实时对管线的运行负荷状态做出判断，快速准确地对运行中出现的突发事故提出紧急处理建议；借助模拟计算功能制订应急方案；帮助管理部门对管线进行预防性维护和科学高效管理。

(二)智能管理系统的总体架构

将在线监测、模拟计算分析与地理信息系统完全融合,打造集在线监控、模拟分析、生产经营、巡查养护、事件管理、应急预警、指挥决策于一体的模块化、易扩展的智能排水信息综合管理平台。该系统采用 HYGIS(水力地理信息系统)技术和数学模型等核心技术,由 3 个层次组成[7],即感知层、传输层、管理应用层,如图 1 所示。

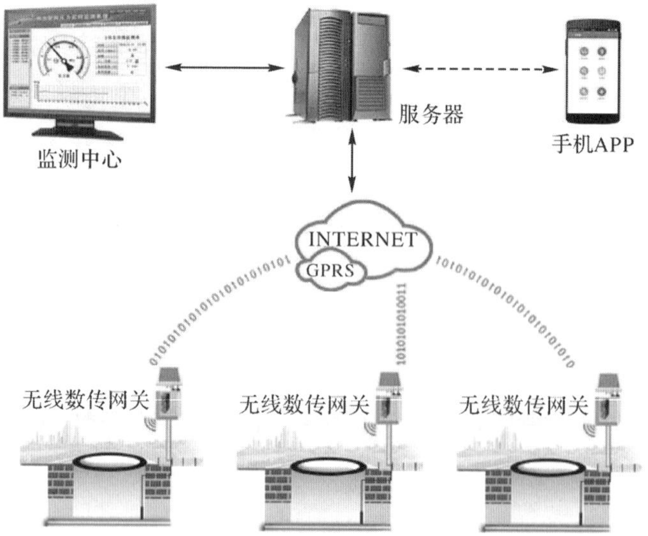

图 1　城市地下排水管线智能管理系统示意图

(三)在线监测系统的硬件

智能监测系统由感知层和传输层组成。硬件包括数据采集系统、数据传输系统、数据接收及处理系统、数据输出系统。

1. 探测器

通过对多种类型探测器的实际应用试验,对数据采集的准确性、稳定性,设备使用的耐久性,恶劣工况下工艺安装的便利性等技术经济指标进行比较,课题组最终选择了压力式水位探测器及多功能水质探测器。这是能满足系统基本需求的非常适宜的选择。

2. 无线传输系统

(1)无线传输装置设计原则

①传输工程安装与设计容易融入周边环境,安装和维护便利。

②信号连接有效，并具有节能、可变的效果。

③数据传送应具有准确性、及时性、稳定性、经济性等优势。

(2)无线传输装置优化设计

本课题探测器采集的排水管道内水位及水质数据按设定的时间频率传输到服务器上。

经过验证，课题组采用 4G DTU 作为数据传输系统主体，利用公用 4G 网络为用户无线长距离传输数据。

3. 数据服务器

数据服务器采用租用云服务器模式实现，从而大大提高了虚拟服务器的安全稳定性。云服务器是一种基于 WEB(全球广域网)的服务，提供可调整云主机配置的弹性云技术，在灵活性、可控性、扩展性及资源复用性上都有很大的提高。

4. 电源模块

经过试验对比，本课题采用太阳能配合锂电池为 DTU 和探测器供电，既可以延长传送设备的持续工作时间，又能保证传送设备在连续阴天的时候仍正常工作。

(四)智能管理平台软件

该软件可利用远程传感设备实时采集运行数据，将排水管网基础数据及其运行状态在 GIS 系统上呈现，并具备实时数据查询、运行分析监控、管线设施更新等诸多功能。

1. GIS 地图比选

地下排水管网智能管理平台不仅要提供管道、管井、泵站等设施信息，还需提供道路信息、地域信息、地形地貌信息等多种信息[7]。通过建立地理信息系统，将地图基础信息与管线系统属性信息完整结合，并在地图上准确直观地表达出来，甚至可以使地图各区域之间管井管线做到无缝连接，实现整体综合统筹管理。

(1)地图二次开发

研究并二次开发了在用的 2 个地图版本：一是百度电子地图，精度为 20 m 级；二是谷歌电子地图，精度为 5 m 级。

地下排水管网地理信息系统中使用的地图是由课题组开发人员利用地图切片自主形成的。

(2)静态图下载应用

考虑到地图不能满足用户工作需求这一情况，课题组还开发了静态图下载功能。下载的地图包括详细的地理位置信息、管井管线信息、管井编号等。

2. 管理平台软件架构

平台的软件设计使用 Linux 架构、MySQL 数据库、java 语言，采用双回路设计理念，形成开放式网络平台。同时，管理平台的软件设计还采用了 RMI 技术，保证各个模块互不干扰，独立运行，且新增系统模块时可直接连入，十分方便。

3. 功能模块

智能管理平台将管道特性、检查井特征、地面位置与标高等基础数据录入软件平台，并结合智能探测器实时采集的水位等相关数据，实现雨水、污水管网在地理信息系统上的综合展示和实时监测等功能，以及数据查询、数据分析、模拟预警、辅助分析决策等功能。

智能管理平台经 4 年多使用，目前运行良好，模拟真实度高。

三、智能管理平台成果应用

智能管理平台通过 GIS 技术和排水管网模型进行集成开发，以在线监测数据、管网空间数据为基础，实现雨水、污水管网信息在 GIS 地图上的集中表达，并具有参数查询、运行监测、异常报警和预警模拟等实用功能。

(一)数据查询及实时监测

1. 快速查询、上传排水构筑物信息

智能管理平台将地下管网直接展示在平台上，利用排水管道日常管理的基础数据，提升日常管养效率，减少灾害损失。管理者想要知道任何一个检查井或者管道的数据，只需点选该检查井或者管道，数据就能呈现在管理者面前。如图 2 和图 3 所示。

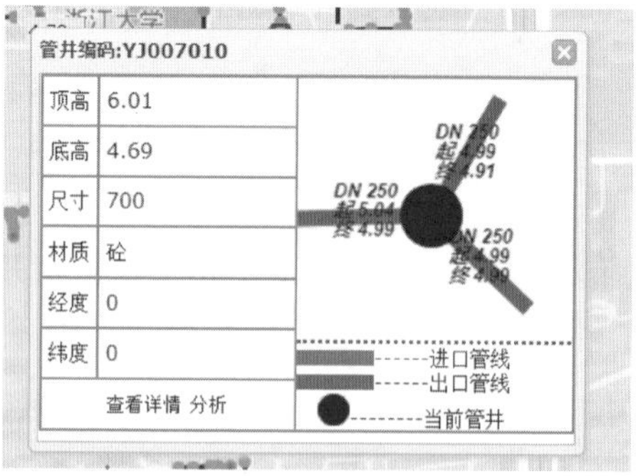

图 2 检查井数据展示图

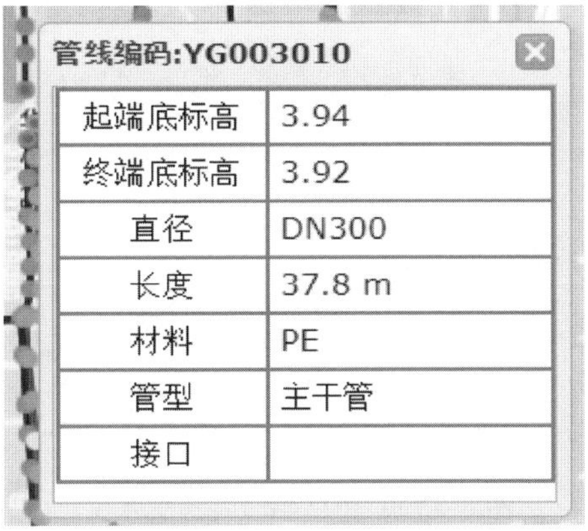

管线编码:YG003010

起端底标高	3.94
终端底标高	3.92
直径	DN300
长度	37.8 m
材料	PE
管型	主干管
接口	

图 3　排水管道数据展示图

智能管理平台除了能提供已有的排水基础设施数据，还可对设施数据进行增加、删除、修改等，方便后期排水设施提升时同步更新。

智能管理平台还能展示管线纵断面图，使得排水管道及设施中的水位等表达更加直观。如图 4 所示。

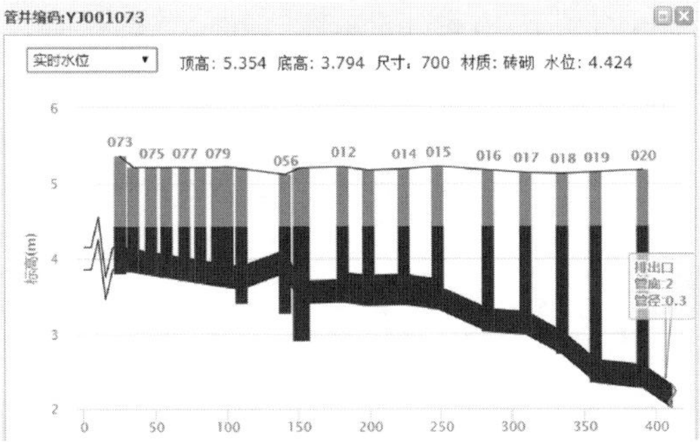

注：图中灰色部分为管中水位

图 4　排水管道纵断面图

2. 排水管道水位监测

智能管理平台除了能监测实时水位，还能展示历史水位。通过对比历史水位，可以分析该管道水位是否突破常规水位，从而提醒管理者摸排，排除管道异常情况，如淤积堵塞、管线错接等。如图 5 所示。

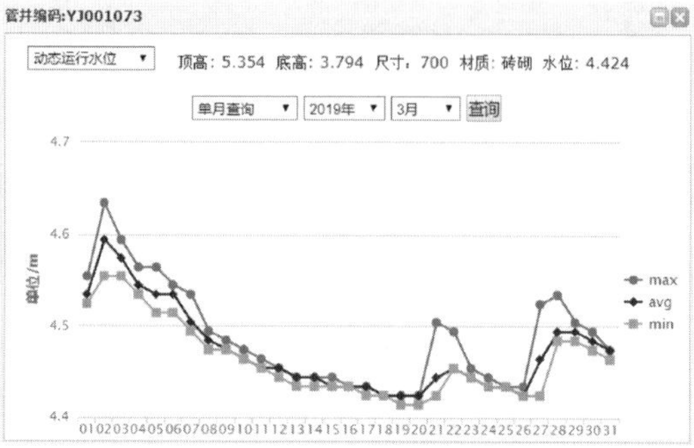

图 5　YJ001073 检查井历史水位

(二)排水管网的实时报警设置

通过对管道水位进行监测,实时掌握管道运行状况,遇异常情况及时报警,以便第一时间排查异常,排除影响管道运行的障碍。

平台报警系统现有设备分异常报警、溢流报警、堵塞报警三大类型。

(三)实时报警案例分析

2017 年 6 月 29 日,图 6 中“4.68 m”字样所在位置的检查井多次发出溢流报警信息,水位离地面 0.29 m。如图 7 所示。

图 6　YJ004015 检查井报警

图 7　水位报警图

查看各处探测数据(见图 8—图 10)后发现,在早上 7—8 时的大雨中,各管井水位明显升高,排水不畅,峰值过后,情况并没有完全好转。

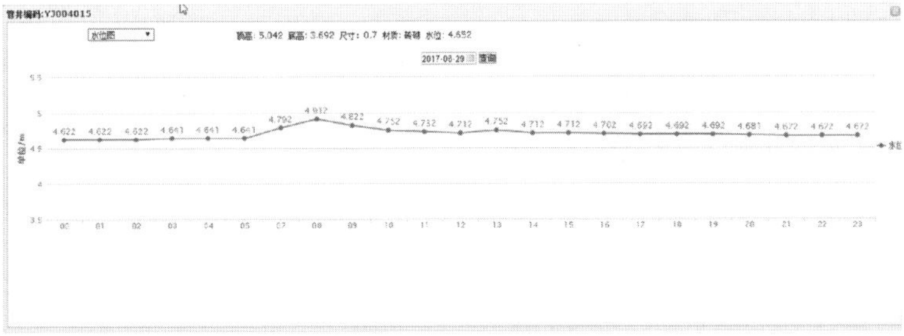

图 8　YJ004015 检查井水位图

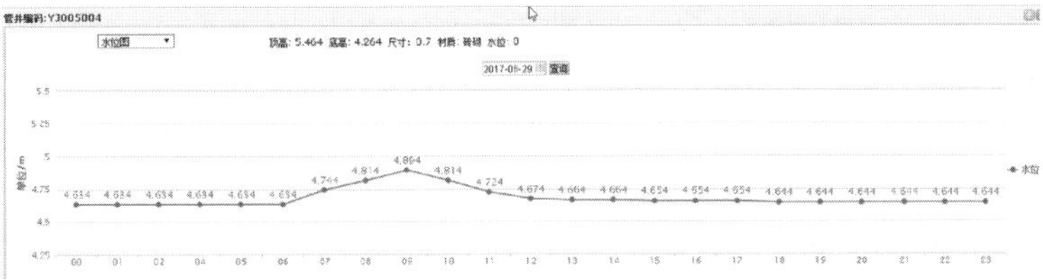

图 9　YJ005004 检查井水位图

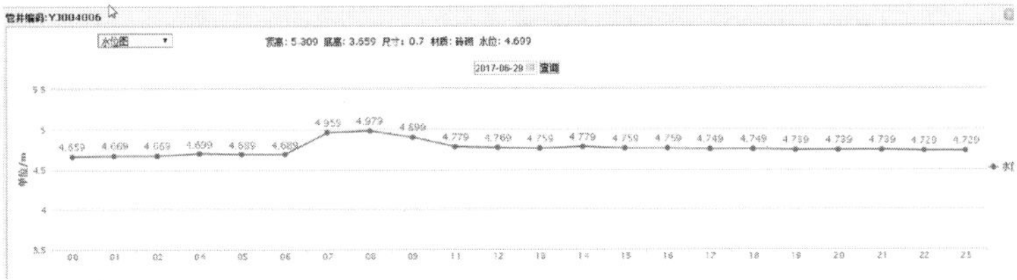

图 10　YJ004006 检查井水位图

查看现场后发现,连续大雨导致校湖水位上升明显,雨水子系统四、五的排出口均被淹没,导致排水不畅。同时发现学校体育馆附近南一门下方管段处东侧有明显积水,平台显示,此处雨水管中的雨水是排向风起东路的市政管网的,此处雨水管坡度符合设计要求,但管径偏小。如图 11 所示。

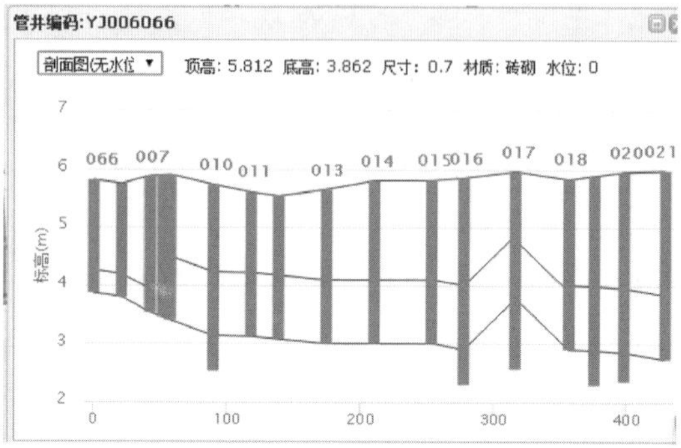

图 11 雨水管道纵断面图

根据分析，判断此处管道已出现问题，造成这片区域内整体水位偏高，从而导致了问题管道内一直存在压力水；另外，这处管道年代比较久，这也是管道出现故障的原因。现场开挖发现，管道脱节，导致排水不畅。

（四）排水管网模拟预警

1. 雨水管道模拟预警

由于该校区内管道建设年代不同，原有雨水管道的排水能力各不相同，平台可以模拟不同降雨重现期的水量，对现有排水管道排水能力进行模拟（见图 12），用以发现管线的流量“瓶颈”，并提醒管理者在下暴雨时进行重点监护或者后期进行改造。还可以分析校区内排水管道的排水能力，并通过对比实时天气预报，对重点管段进行重点监测，以减小甚至避免灾害损失。通过模拟，虽然该校区内雨水管径较小，但仍能满足 5 年重现期排涝标准的要求；但当降雨量超过 5 年重现期时，应采取必要的工程措施，对重点区块进行守护，防止灾害发生。

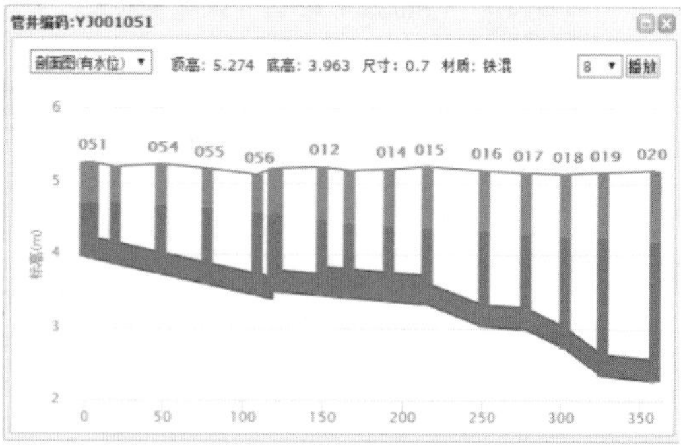

图 12 雨水管道模拟降雨历时水位

2.污水管道模拟预警

随着学校的发展、生活水平的提高，师生人数逐年增加，人均排污量也逐年增加。根据平台提供的各种人均排污量数据，参照校区内的污水管道实际情况，确定污水管道是否需要扩容提升(见图 13、图 14)。

图 13　污水管道人均排污量选择

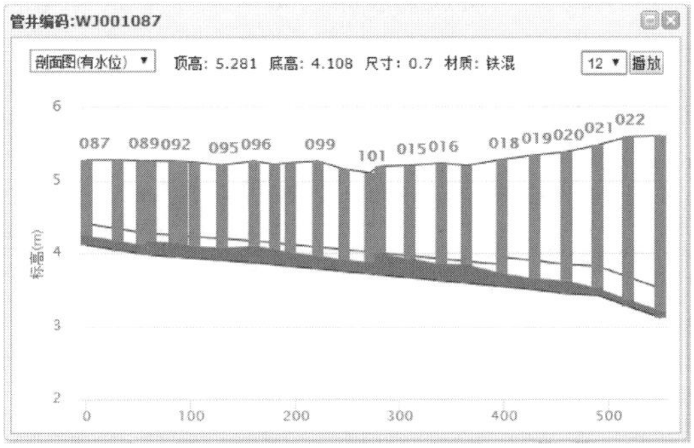

图 14　污水管道模拟排污量的管道水位图

通过对污水管道的模拟计算，考虑校区的特殊情况，人均综合生活污水量按照 450 L/d 考虑，校园内的污水管道可满足 34704 人的生活学习等需要。

四、结论

①对城市地下管线的现状和存在问题进行了调研，对某校区排水管道进行了实测、摄像监测、管道改造和疏通，全面录入完整的基础数据，更新地下管线数据库资料。

②通过实际试验和研究，完成了智能监测系统的硬件构成设计和智能化平台

的软件设计。管理系统安全性高，运行稳定，数据库轻量且性能好，具有多线程功能，方便 WEB 开发，平台的升级十分方便。

③工程实际应用表明，排水监测系统具有优良的性能，日常维护要求低，能够满足不同场合的排水管网监控与预警系统的软硬件支撑需要。

④管理平台在校区实际应用表明，智能监测、管理平台可以实现查询、实时监测、排水报警和模拟预警等功能。

参考文献：

[1] SCHADE T, BOULOS P, BAXTER C W, et al. Comprehensive ArcGIS-Based Urban Drainage Modeling for Dicision Support [EB/OL]. [2020-5-31] https://www.chijournal.org/Journals/PDF/R227-14.

[2] PARKER J. A New Vista on Buried Assets [EB/OL]. [2012-07-04] http://www.agi.org.uk/storage/events/AGI09PPTs/JoParker.pdf.

[3] 黄来源，李军辉，李远强，等. 基于物联网技术的城市地下管线智能管理系统[J]. 物联网技术，2012(4)：62-65，70.

[4] 陈靓，赵冬玲. 三维可视化地理信息系统在校园地下管线管理中的应用综述[J]. 北京测绘，2006(1)：42-46.

[5] 唐建国. 对城镇排水管网建设和运行管理的几点想法[J]. 给水排水，2007(4)：109-112.

[6] 董欣，陈吉宁，曾思育. 城市排水系统集成模拟研究进展[J]. 给水排水，2008(11)：118-123.

[7] 陈宇辉，刘遂庆. 城市给水排水管网系统专用 GIS 平台开发与应用[J]. 给水排水，2006(1)：101-104.

（颜　兵　赵贤魁　郑　策）

磁介质理论在钢筋锈蚀检测中的应用研究

摘　要：基于磁介质理论，根据钢筋混凝土结构中钢筋与铁锈、混凝土、水等成分的不同磁导率特征，采用数值模拟方法分析钢筋对空间磁场分布的影响。分析结果表明：钢筋对其周围磁场强度有显著的增强作用，随着钢筋直径的减小，增强作用逐渐减弱。根据数值模拟结果，设计了 MCD 钢筋锈蚀检测传感器，并对混凝土中钢筋锈蚀过程进行了检测。试验结果表明：仪器能够动态、定量化表征钢筋锈蚀率，检测结果具有较高的精度。

关键词：磁导率；钢筋锈蚀；数值模型；检测传感器

一、引言

钢筋锈蚀是钢筋混凝土结构性能劣化的主要因素之一[1-3]。实时、准确检测结构内钢筋锈蚀状态，对于合理制订钢筋混凝土结构的维护方案，保障结构的安全性具有重要意义[4-7]。

国内外许多学者对钢筋的锈蚀检测技术进行了研究，其中，基于电磁场理论的锈蚀检测技术是无损检测领域的一项创新。Alberto Polar 等[8]通过磁弹性传感器测量美标 410 号不锈钢在不同蠕变条件下的磁饱和度、矫顽力和剩磁，发现不锈钢磁化滞后曲线的形状随蠕变时间而变化；M. Raupach 和 P. Schießl[9]开发了德国阳极梯系统，将 6 个单阳极均匀地埋设在深度不同的混凝土内，根据钢筋锈蚀时产生的电阻变化、宏电流变化或电位变化可判断钢筋是否锈蚀；杨茂等[10]将金属磁记忆技术引入混凝土内部钢筋的锈蚀检测当中，实验结果表明此方法可以实现保护层未开裂期间的钢筋锈蚀区域定位，并能半定量检测钢筋锈蚀程度；罗萍萍[11]设计的钢筋混凝土锈蚀监测系统，通过远程端系统与中央控制端系统的配合，最终实现对钢筋不同锈蚀状态的实时检测；程俊[12]基于脉冲涡流工作原理，设计了一套电磁脉冲涡流检测系统，通过不同直径、不同保护层厚度的钢筋混凝土试件的对比检测试验，获得了锈蚀量与霍尔电压的关系曲线。然而，以上学者设计发明的电磁检测仪器均只得出输出信号与钢筋锈蚀之间的客观变化规律，无法根据仪器输出信号定量表征结构中钢筋真实锈蚀程度。

本文基于钢筋混凝土结构中钢筋与混凝土、铁锈、水等成分在磁场中的不同磁导率特征，设计了一种 MCD 钢筋锈蚀检测传感器，通过数值模拟分析和试验验证，探究磁介质理论在钢筋锈蚀检测中的应用。

二、传感器原理

当介质置于外磁场中，受磁场作用，介质中磁矩的排列取向逐步趋于一致，呈现出一定的磁性[13]，空间磁场强度为原磁场强度与介质磁化强度的叠加：

$$B = \mu_0 (H + M) \tag{1}$$

式中，B 为空间磁感应强度，单位为 T 或 Gs；H 为原磁场强度，单位为 A/m；M 为介质磁化强度，单位为 A/m；μ_0 为真空磁导率，大小为 $4\pi\times10^{-7}$ H/m（亨利/米）。

根据物质被磁化能力的大小，物质的磁性分为五大类：抗磁性、顺磁性、反铁磁性、铁磁性和亚铁磁性[14]。在钢筋混凝土结构中，作为铁磁性材料，铁与铁锈、混凝土、水、空气等介质的磁导率有巨大的差异，如表 1 所示。因此，如图 1 所示，将钢筋置于外加磁场中，空间磁场分布将会发生改变，钢筋周围磁感应强度会得到明显增强，随着钢筋锈蚀率增加，增强作用不断减弱。通过检测钢筋周围磁感应强度变化，即可判断钢筋锈蚀程度。

表 1　钢筋混凝土结构中常见介质磁导率

介质	磁导率/$(\mathrm{H\cdot m^{-1}})$	相对磁导率 μ/μ_0
铁(99.8%纯度)	6.3×10^{-3}	5000
空气	1.25663753×10^{-6}	1.00000037
铁锈	1.265043×10^{-6}	1.0072
混凝土	$4\pi\times10^{-7}$	1
水	1.256627×10^{-6}	0.999992

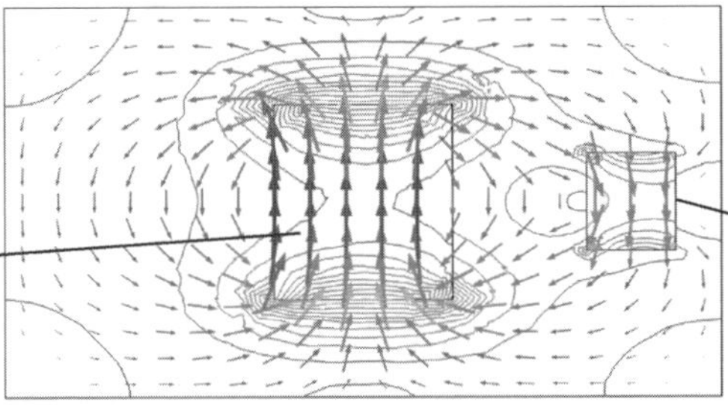

图 1 MCD 检测仪磁场原理

三、传感器数值模型的建立

1. 几何模型

根据传感器原理，使用 COMSOL 5.3a 软件建立如图 2 所示的传感器数值分析模型，该模型主要由永磁体、镀锌铁框架、检测钢筋构成。永磁体为空间磁场磁源，利用镀锌铁框架构造磁路，以防止磁场在空气域内急剧衰退。设置 3 个检测点来探究钢筋对空间不同位置磁感应强度的影响。

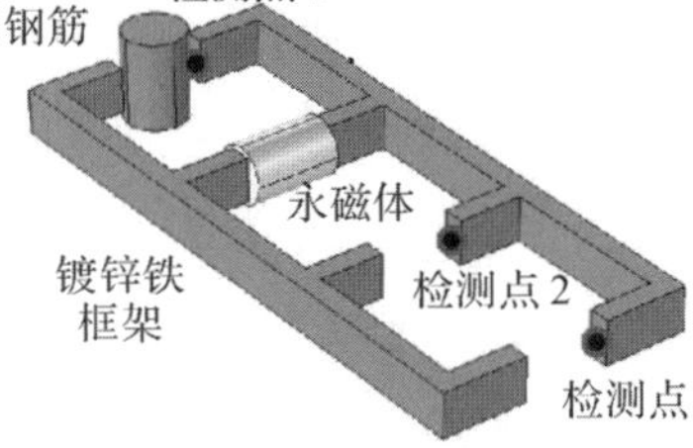

图 2 传感器数值分析模型

2. 本构关系及初始值

本物理场中，永磁体为磁源，其余介质为导磁性材料，应采用不同的磁场本构。其中，永磁体采用剩余磁通本构，如式(2)所示；其余介质采用相对磁导率本构，如式(3)所示。各构件参数初始值见表 2。

$$B = \mu_0 \mu_r H + B_r \tag{2}$$

$$B = \mu_0 \mu_r H \tag{3}$$

式中，μ_r 为介质相对磁导率，无单位；B_r 为永磁体剩余磁通密度，单位为 T 或 Gs。

表 2　各构件参数初始值

构件	剩磁密度 B_r/T	相对磁导率 μ_r	标量磁势 V_m/V
永磁体	−1813	4000	0
镀锌铁框架	/	5000	
检测钢筋	/	5000	
空气域	/	1	

四、数值模拟结果与分析

1.传感器空间磁场分布

图 3 为传感器空载及不同直径钢筋位于卡口区域时空间磁场分布图，在永磁体左侧 N 极区域磁势为正，右侧 S 极区域磁势为负，磁势大小以中线为轴呈反对称分布，左右两侧随着与永磁体距离的增加，磁势绝对值逐渐减小，中轴线为磁势交汇处，磁势趋近于 0。

永磁体磁感线整体以磁导率较大的镀锌铁框架为磁路形成闭合曲线，在卡口空气域内磁感应强度极速衰减，磁场分布整体呈灯笼状。此外，对比检测点 1 处磁感应强度，可发现随着钢筋直径增加，检测点 1 处磁感应强度逐渐增大，当16 mm 直径钢筋置于卡口区域时，霍尔元件检测点处磁场强度由空载时的 26.679 Gs 增为 80.772 Gs。

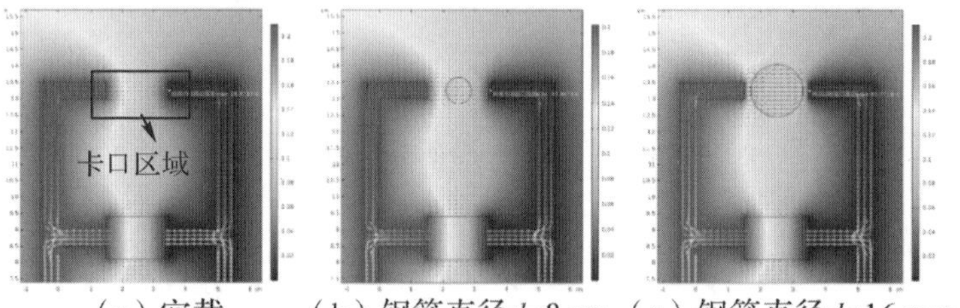

（a）空载　（b）钢筋直径d=8 cm　（c）钢筋直径d=16 mm

图 3　空载及不同直径钢筋位于卡口区域时传感器磁场分布

2.检测点磁感应强度与钢筋锈蚀率关系曲线

以钢筋直径变化代表钢筋锈蚀，长度为 10 cm、直径为 16 mm 的光圆钢筋置于卡口区域中心点时，3 个检测点锈蚀率分别为 0、2%、4%、6%、8%、10%、12%、14%、16%、18%、20%时的磁感应强度变化曲线如图 4 所示。检测点 1 位于镀锌铁框架与卡口区域交界处，对磁场变化最为敏感，随着锈蚀率的增加，磁感应强度逐渐减小。当钢筋锈蚀率从 0 增大到 20%时，磁感应强度由 80.772 Gs 减为 60.114 Gs。钢筋锈蚀对检测点 2 和检测点 3 处磁感应强度的影响则微乎其微，该两点可用于检测环境磁场对检测点 1 处磁感应强度造成的影响，起校正作用。

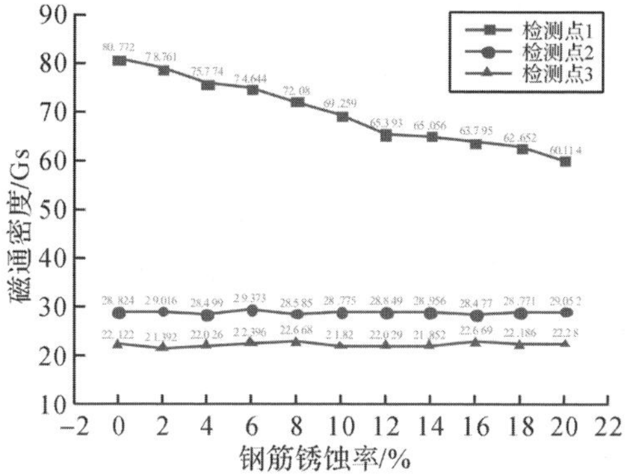

图 4　霍尔元件点磁感应强度随钢筋锈蚀变化曲线

鉴于电压信号在信号采集时具有较高的稳定性和精度，以及市场上成熟的霍尔元件产品工艺，选用 SS495A 型霍尔元件采集检测点处磁场强度。根据如图 5 所示 SS495A 型霍尔元件输出电压与磁感应强度相关关系，得到检测点 1 在不同锈蚀率条件下的输出电压。通过对输出电压进行归一化处理，钢筋锈蚀率与传感器电压变化率可表征为如图 6 所示的良好的线性关系，线性拟合公式为：

$$\Delta U = 0.1136 \cdot \Delta m \tag{4}$$

式中，ΔU 为传感器电压变化率；Δm 为钢筋锈蚀率。

根据式(4)，通过实时测量电压变化率，即可得出钢筋每一锈蚀时刻的锈蚀率，达到动态、定量检测钢筋锈蚀的目的。

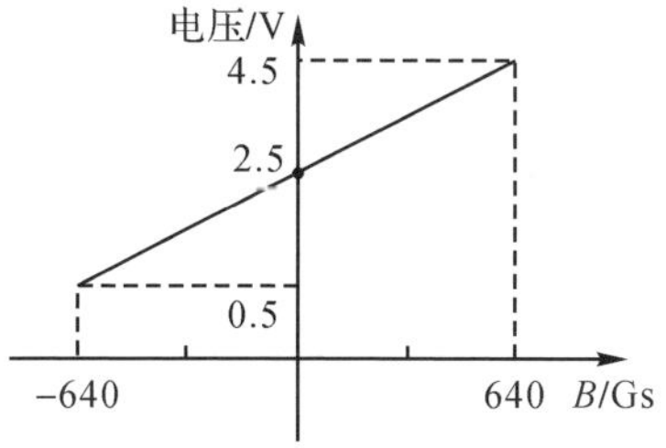

图 5　5V 供电电压条件下 SS495A 型霍尔元件传输特性

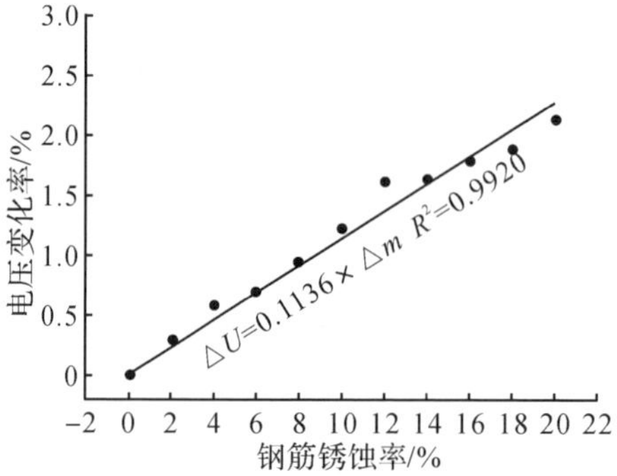

图 6　传感器电压变化率—钢筋锈蚀率线性拟合直线

五、试验验证

依照数值模拟分析模型，设计一套基于磁场的钢筋锈蚀检测仪（Magnetic-based Corrosion Detection Apparatus，简称 MCD 钢筋锈蚀检测仪），该钢筋锈蚀检测仪包括传感器、数据采集器和电脑软件系统三部分。传感器通过内埋的方式固定于检测钢筋处，其构造如图 7 所示。为了验证式（4）的准确性，选用直径为 16 mm、长度为 10 cm 的 HPB300 光圆钢筋作为锈蚀对象，采用电化学加速锈蚀方法获得钢筋的不同锈蚀率。对照每个锈蚀阶段传感器测量锈蚀率与称重法所得真实锈蚀率，比较结果如表 3 所示。

图 7　传感器构造

表 3　测量锈蚀率与真实锈蚀率对比

锈蚀时间	传感器电压/V	电压变化率/%	测量锈蚀率/%	真实锈蚀率/%
0	3.105	0	0	0
24 h	3.088	0.5354	4.713	3.84
48 h	3.080	0.8171	7.193	7.55
72 h	3.062	1.3909	12.244	10.96

续　表

锈蚀时间	传感器电压/V	电压变化率/%	测量锈蚀率/%	真实锈蚀率/%
96 h	3.050	1.7561	15.459	15.10
120 h	3.038	2.1472	18.901	18.37
144 h	3.025	2.5907	22.805	21.91
空载	2.816	—	—	—

由表3可知，不同锈蚀阶段传感器测量锈蚀率与真实锈蚀率之间偏差均小于1%，表明仪器测量结果有较高的准确性，可以表征结构内部钢筋真实锈蚀程度。

六、结语

通过COMSOL数值模拟分析，得出MCD钢筋锈蚀检测传感器内磁场分布，钢筋对卡口区域处的磁感应强度有显著的增强作用，随着钢筋锈蚀率的增加，钢筋直径减小，增强作用逐渐减弱；传感器输出霍尔电压变化率与钢筋锈蚀率之间表征为良好的线性关系，根据线性拟合公式，可动态、定量检测钢筋锈蚀程度。试验结果证明，传感器测量锈蚀率与真实锈蚀率之间的绝对误差均小于1%，测量锈蚀率具有较高的准确性，可真实表征钢筋锈蚀程度。

参考文献

[1] 金伟良，赵羽习．混凝土结构耐久性研究的回顾与展望[J]．浙江大学学报（工学版），2002，36(4)：371-380，403.

[2] 张誉，蒋利学，张伟平，等．混凝土结构耐久性概论[M]．上海：上海科学技术出版社，2003.

[3] 张苑竹．混凝土结构耐久性检测、评定及优化设计方法[D]．杭州：浙江大学，2003.

[4] 耿欧．混凝土构件中钢筋锈蚀速率预计模型研究[D]．徐州：中国矿业大学，2008.

[5] AHMAD S. Reinforcement corrosion in concrete structures, its monitoring and service life prediction-a review[J]. Cement and concrete composites, 2003(25): 459-471.

[6] 张伟平，张誉，刘亚芹．混凝土中钢筋锈蚀的电化学检测方法[J]．工业建筑，1998(12)：21-25，32.

[7] 王新祥，文梓芸，曹华先，等．混凝土结构物中钢筋腐蚀的检测与修复技术[J]．广东土木与建筑，2006(3)：3-6.

[8] POLAR A, INDACOCHEA J E, WANG M L. Sensing creep evolution in 410 stainless steel by magnetic measurements[J]. Journal of engineering materials and technology, 2010,

132(4):1-7.
[9] 江照.钢筋混凝土结构内部钢筋锈蚀监测传感器的研究与设计[D].青岛:青岛理工大学,2017.
[10] 杨茂,周建庭,张洪,等.混凝土内部钢筋锈蚀的磁记忆检测[J].建筑材料学报,2018,21(2):345-350.
[11] 罗萍萍.电磁法在钢筋混凝土检测中的应用研究[D].青岛:青岛理工大学,2017.
[12] 程俊.基于电磁脉冲涡流的桥梁内部钢筋锈蚀度检测试验研究[D].重庆:重庆交通大学,2015.
[13] ZHANAG J, LIU C, SUN M, et al. An innovative corrosion evaluation technique for reinforced concrete structures using magnetic sensors[J]. Construction and building Materials, 2017(135):68-75.
[14] 严密,彭晓领.磁学基础与磁性材料[M].杭州:浙江大学出版社,2006.

（高荣森　金南国　田　野　李宗津）

基于大数据分析的旧城区交通改善研究

摘　要：旧城区的交通拥堵问题一直困扰着许多城市，如何缓解拥堵，改善民生，以提升老百姓的幸福感，是本文所关注的。本案例以重庆市沙坪坝区东部核心区为研究对象，依托大数据，通过交通流量预测和停车需求预测，结合人防工程改造，综合考虑拆迁成本与难度、建设期间的影响、建设后的影响、总投资等因素，设计区域内的交通改造方案，以达到改善区域路网交通的目的，并为其他特大城市旧城区路网改善提供参考。

关键词：大数据；旧城区；交通改善

一、引言

随着城市的不断发展，旧城区的交通问题日益突出：一方面，现在旧城区核心商圈都很少建停车场或停车库，无法满足静态交通需求；另一方面，由于交通规划不到位，很多过境车辆还是从旧城区的核心区穿过，导致核心区的交通拥堵成为常态。这不但影响了核心区商业价值的发挥，商圈新业态、新产业的注入，也弱化了老百姓的幸福感，更为严重的，甚至会导致区域日渐衰落。

针对城市路网改善研究，杨强等[1]以重庆市渝中区为例，提出解决山地城市交通拥堵的对策措施，为山地城市路网改善提出合理建议。何家辉等[2]以南宁市青秀区路网提升为例，从路网结构、路网功能、交通管理等方面研究核心区路网提升优化策略。何小洲等[3]提出规划引领、强化落实、优化布局、制度创新、功能导向和精细化设计等六大支路网改善与提升策略。张强等[4]提出应该在交通需求预测的基础上，解决路网系统方面存在的问题，优化对外和内部交通通道的改善方案。周进均等[5]借助 Vissim 仿真软件，对片区改善前后城市路网进行交通仿真评价，为规划管理部门提供决策依据。

面对停车泊位需求，程铁信等[6]引入了停车场周转率和利用率、价格影响系数、停车服务水平以及路网容量等影响因素，建立了中心商业区公共停车场的短期和长期停车需求预测模型。段满珍等[7]将多元回归预测和区位修正系数、建筑类型修正系数相结合，以此预测值作为新建同类居住区停车资源配备的依据。陈峻等[8]全面总结了多种停车需求预测模型，并在此基础上提出静态交通发生率的模型及求解算法。

目前关于改善旧城区交通问题的研究，多数仅从改善路网结构考虑，以改善地面道路交通组织、提升地面道路路网连通度、制订相应交通管理措施等为主。但在大多数旧城核心区，建筑密度大，人口众多，产业发达，仅依靠调整道路交通组织和交通管控，成效并不显著，而推行新建高架等措施，则生态和社会效益差，实施难度也很大。

因此，本文以重庆市沙坪坝区三峡广场核心商圈为例，从静态交通和路网结构改善两个方面着手，依托大数据，系统思考，力求较好地解决旧城区交通拥堵问题。

沙坪坝区是重庆主城区之一，位于重庆市西南部，是红岩精神的重要发祥地。三峡广场位于沙坪坝区歌乐山下，始建于 1997 年，占地 80000 m^2，是一个大型城市广场，周边商业繁华。三峡广场商圈附近有重庆大学、重庆师范大学、南开中学等名校，是沙坪坝东部核心区域。本次研究范围包含了商圈周边 10 个街道，重点是本区域与北部井双片区、西部新城、西南部火车站、东南部九龙坡、东部渝中区、东北部江北区这 6 个区域的路网沟通与连接。

二、研究方法

（一）路网结构提升方法

目前，提升区域路网连通度的常规方法有 3 种，即地面路网改造、高架路网改造、地下路网改造。针对沙坪坝东部核心区域现状，从拆迁耗时、拆迁成本、工程投资、工程技术可行性、建设期间的影响、建成后的影响等方面，综合比较 3 种路网提升方法，结果如表 1 所示。

表 1　东部核心区域路网提升解决方法对比

<table>
<tr><th rowspan="2">路网类型</th><th colspan="2">拆迁</th><th colspan="2">投资</th><th rowspan="2">工程技术可行性</th><th rowspan="2">建设期间的影响</th><th rowspan="2">建成后的影响</th><th rowspan="2">综合比较</th></tr>
<tr><th>拆迁难度</th><th>耗用时间</th><th>拆迁成本</th><th>工程投资</th></tr>
<tr><td>地面路网改造</td><td rowspan="2">数量大，难度大，几乎无可拆地块</td><td rowspan="2">时间长</td><td rowspan="2">巨大，且不可控</td><td>较少</td><td rowspan="3">技术成熟</td><td rowspan="2">对目前的交通状况干扰巨大</td><td>对城市景观影响小</td><td>一般</td></tr>
<tr><td>高架路网改造</td><td>中等</td><td>对城市景观影响较大</td><td>最差</td></tr>
<tr><td>地下路网改造</td><td>数量少；除进出口以外，几乎没有拆迁</td><td>时间短</td><td>小，且可控</td><td>最大</td><td>对目前的交通状况干扰小</td><td>无影响</td><td>较优</td></tr>
</table>

本次研究区域为旧城区，建筑密度大，人口众多，产业发达，通过改造地面或高架路网来调整整个路网结构困难较大，生态和社会效益也相对较差，可行性不大；而新建地下路网的方法具有较大的可行性，故本次路网结构提升采用新建地下路网这一方法。

（二）商业区停车需求预测模型的建立

运用美国莱文森于 1984 年提出的模型来预测停车需求。该模型的基本假设是：这是一个以单一规模经营为主的地区，这一区域的长时间停车需求由该地区雇员上班的吸引量决定，而短时间停车需求则由该地区进行的经营活动吸引量决定。模型公式为：

$$d_i = A_L \times \frac{e_i}{\sum_i e_i} + A_S \times \frac{F_i}{\sum_i F_i} \tag{1}$$

式中：

d_i ——研究区域内第 i 区的停车需求预测量；

A_L ——整个区域内长时间停车的停车数；

A_S ——整个区域内短时间停车的停车数；

e_i ——第 i 区的岗位数或雇员数；

F_i ——第 i 区零售与服务业的建筑面积（或使用面积）。

根据土地利用模型的特点，以及通过分析商业区停车需求的特性，梁颂[9]对上述式（1）中的 A_L 与 A_S 重新标定模型如下：

$$A_L = \frac{B}{1 + b\mathrm{e}^{-cD}} \tag{2}$$

$$A_S = \frac{P}{(1+be^{-QR})\cdot\rho\cdot\gamma} \tag{3}$$

式中：B、P——商业区待招就业岗位人口数、消费吸引人口数；

D——商业区内部岗位工资；

Q——商业区内部消费水平；

R——区域周边居民平均收入；

e——自然对数；

ρ、γ——临时停车周转率、利用率；

b、c——参数，因为不同地区或城市的私家车限制政策不同，这两个参数因地区或城市而异。

由线性回归理论得出：

$$c = -\frac{\sum_{i=1}^{m} x_i \ln(y_i) - \overline{x}\cdot\sum_{i=1}^{m}\ln(y_i)}{\sum_{i=1}^{m} x_i^2 - m\overline{x}^2} \tag{4}$$

$$\ln(b) = \frac{1}{m}\sum_{i=1}^{n}\ln(y_i) + c\overline{x} \tag{5}$$

式中，$\overline{x}$ 为 x 的算术平均数；m 为样本容量。

三、数据统计

（一）交通流量调查

由表 2 可知，高峰时段外环线道路交通整体处于拥堵状态，严重影响居民出行安全与效率。

表 2　外环线交通流量调查表

道路名称	车道数	单向高峰流量(pcuh)	饱和度	服务水平	运行状态
沙中路	双向四车道	1960	0.98	F	阻塞
龙泉路	双向四车道	2234	0.89	E	十分缓慢
石小路	双向六车道	4001	1.33	F	阻塞
天马路	双向六车道	2730	0.88	E	十分缓慢
天梨路	双向六车道	3488	0.86	E	十分缓慢
杨梨路	双向六车道	3492	0.87	E	十分缓慢

分析表 3 可知，高峰时段内环线道路交通整体处于缓行状态，严重影响沙坪坝东部核心区商圈内居民出行安全与效率，从而间接影响商圈内部经济的发展。

表 3　内环线交通流量调查表

道路名称	车道数	单向高峰流量(pcuh)	饱和度	服务水平	运行状态
小龙坎新街	单向四车道	3456	0.96	F	阻塞
南开路	单向三车道	2640	0.88	E	十分缓慢
天陈路	单向四车道	3312	0.92	E	十分缓慢
站东路	单向五车道	3420	0.76	D	缓慢

分析表 4 可知，高峰时段沙坪坝东部核心区域与周边大学城方向、井双片区、江北区、渝中区、九龙坡、西站方向过境交通仍处于严重拥堵状态。

表 4　沙坪坝东部核心区向外辐射道路交通流量调查表

道路名称	车道数	单向高峰流量(pcuh)	饱和度	服务水平	运行状态
劳动路	双向四车道	2071	1.04	F	阻塞
汉渝路	双向四车道	2880	0.96	F	阻塞
上土湾路	双向四车道	1580	0.79	D	缓慢
石小路	双向四车道	4001	1.33	F	阻塞
凤天大道	双向四车道	2635	0.88	E	十分缓慢
天星桥正街	双向四车道	1694	0.85	D	缓慢
站西路	双向四车道	1360	0.68	C	不甚畅通
渝碚路	双向四车道	1780	0.89	E	十分缓慢

(二)商业区经济社会指标调查

沙坪坝东部核心区商圈内主要分布着新时代大厦、庆泰大厦、华宇广场、王府井、金城大厦、恒鑫大厦、煌华新纪元。经过调查处理得到各类建筑用地的临时泊位周转率与利用率，如表 5 所示。

表 5　核心商圈临时泊位周转率与利用率调查表

建筑名称	临时泊位周转率/%	临时泊位利用率/%
新时代大厦	1.85	0.74

续 表

建筑名称	临时泊位周转率/%	临时泊位利用率/%
庆泰大厦	1.64	0.66
华宇广场	1.98	0.79
王府井	1.88	0.75
金城大厦	1.71	0.68
恒鑫大厦	1.84	0.74
煌华新纪元	1.69	0.68

四、路网结构改善方案分析

(一)建设方案分析

针对沙坪坝东部核心区域的拥堵路段,研究制订改善方案,建议新建以下 6 条地下通道。

表 6 新建 6 条地下通道方案

序号	新建地下通道方案	建设必要性
1	凤西路—天马路下穿隧道	凤天大道作为南北向过境道路,高峰时段交通压力极大,急需将过境交通与地块内部交通分离
2	大学城—都市花园街下穿隧道	已有相关研究方案
	都市花园街—石小路下穿隧道	区域内缺少东西向连通道路,需通过外环线进行交通转换
3	汉渝路—劳动路下穿隧道	三峡循环道既承担商圈内部交通,又承担江北区与井双片区间的过境交通压力
4	劳动路—天陈路下穿隧道	三峡循环道既承担商圈内部交通,又承担井双片区与西站方向客运交通压力
5	高滩岩—凤中路下穿隧道	新桥循环道既承担周边地块交通流,又承担井双片区与西站之间过境交通压力
6	西南医院下穿隧道	高滩岩正街既承担西南医院、第三军医大学进出交通,又承担从南往北的过境交通,需要将过境交通进行分离

这些下穿隧道,构建了地下交通系统,一方面加强了沙坪坝区与江北区、井双

片区、渝中区、九龙坡区等周边行政区间的交通运输联系，促进重庆市各行政区经济可持续发展；另一方面，解决了沙坪坝东部核心区内过境交通运输需求较大导致区域交通在高峰时段易拥堵的问题。

（二）交通改善效果分析

通过路网交通流量调查，可知沙坪坝东部核心区目前路网与新建下穿隧道路网服务水平，如图 1—图 4 所示。

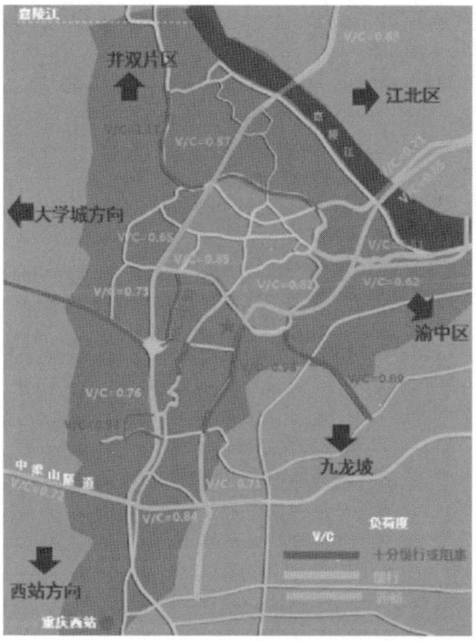

图 1　东部核心区目前路网服务水平

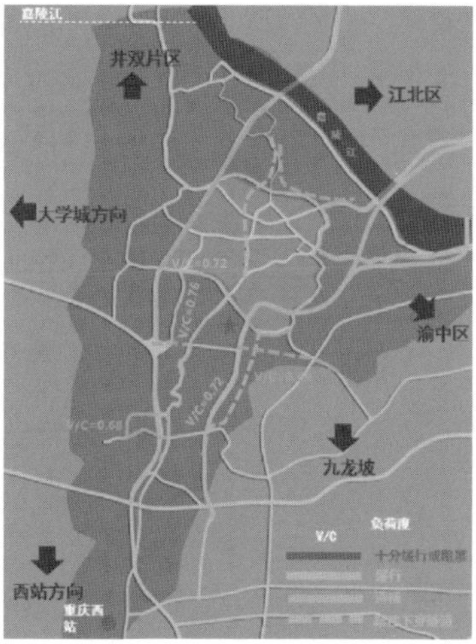

图 2　东部核心区新建路网服务水平

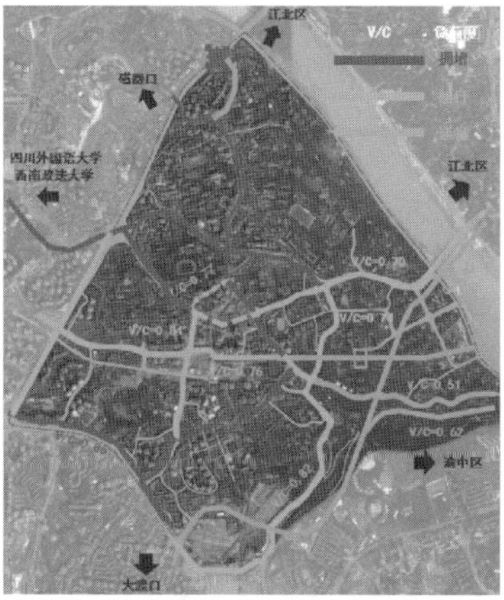

图 3　商圈核心区目前路网服务水平

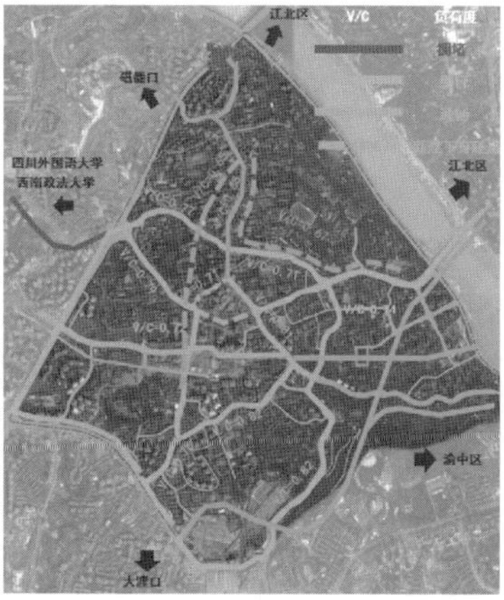

图 4　商圈核心区新建路网服务水平

由图 1—图 4 可知，地下方案实施后极大地提升了东部核心区部分路网内梨高路、凤天大道、天梨路、新桥循环道，以及商圈核心区内沙杨路、沙中路、小龙坎新街、劳动路、天星桥正街、渝碚路等道路通行能力及服务水平，且提升效果十分明显；同时，也减少了沿线噪音，生态和社会效益良好。

五、停车需求预测及地下人防改造策略

根据商业区相关数据，并结合商业区停车需求预测模型公式计算得出停车泊位需求量为 5492 个，现已有停车泊位 3606 个，需再增加 1886 泊位才能满足沙坪坝核心商圈的停车需求。目前，核心商圈人防工程由渝碚路人防工程、双巷子人防工程和三角碑人防工程组成，合理改造和利用这些人防工程，可以极大地缓解区域停车难题。可采取与核心商圈停车库进行连通改造、形成地下环道、借用大楼增建出入口等措施，使之形成一体化的地下停车与连接通道，如图 5 所示。

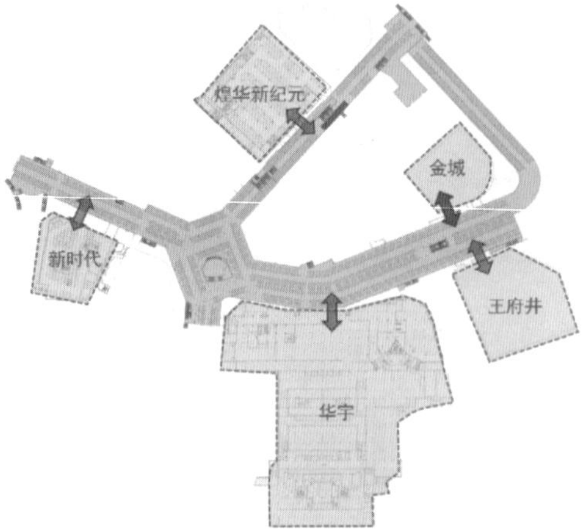

图 5　人防工程环道改造

人防工程建成后发挥的作用包括：增加三峡广场商圈约 2025 个停车泊位，大于根据停车需求预测模型计算得到的 1886 个停车泊位缺口数，能解决周边商圈停车难问题；促进商圈经营，可增加顾客量，增加社会零售总额；增加地下联通的能力，有效缓解地面交通压力，使商圈提档升级成为可能。

六、结论

本文以重庆为例，探讨了特大城市中心旧城区交通拥堵问题的解决方法，即基于大数据分析，兼顾静态交通，合理利用人防设施，以新建地下道路为手段，增加路

网密度，优化路网结构，最终缓解区域交通压力。

参考文献

[1] 杨强，杨波．山地城市中心区城市道路改善对策研究——以重庆市渝中区为例[J]．重庆建筑，2019，18(5)：15-18．

[2] 何家辉，刘勇，李强．中心城核心区路网规划研究——以南宁市青秀区路网提升为例[J]．低碳世界，2016(21)：187-188．

[3] 何小洲，占芝杰，刘超平，等．大城市建成区支路网规划改善提升策略[J]．交通运输研究，2019，5(5)：70-78．

[4] 张强，廖苑伶，李喆，等．上海市花木-龙阳路副中心路网系统改善研究[J]．城市道桥与防洪，2020(4)：8-10，27．

[5] 周进均，刘孟林，乐伍杉．基于 Vissim 仿真系统的片区路网改善方案评价研究[J]．黑龙江交通科技，2020，43(3)：163-164，167．

[6] 程铁信，陈敬柱，台苗苗．城市中心商业区停车需求预测模型及实证研究[J]．世界科技研究与发展，2012，34(6)：1008-1013．

[7] 段满珍，陈光，米雪玉，等．居住区停车泊位需求预测二步骤法[J]．重庆交通大学学报(自然科学版)，2016，35(1)：152-155．

[8] 陈峻，王炜，晏克非．城市停车设施需求预测研究[J]．东南大学学报，1999，29(增刊)：121-126．

[9] 梁颂．商业区停车需求预测方法的研究[D]．大连：大连交通大学，2012．

（奚　健　沈育平）

基于 BIM 技术的项目安全管理研究与应用

摘　要:本文从隐患辨识、隐患管理、安全教育、场地管理 4 个方面探讨了 BIM(建筑信息模型)技术在安全管理上的应用,得出以下结论:BIM 与施工进度计划相结合,将空间信息与时间信息整合在一个可视的 4D(3D＋时间)模型中,可实现针对不同施工阶段的安全隐患辨识与评价;BIM 与 GIS(地理信息系统)相结合,将安全隐患的地理信息整合在 BIM 内,可实现安全隐患在 BIM 中的位置显示和预警;BIM 与施工方案相结合,开展对施工方案复杂节点的过程模拟,可实现对方案可行性和合理性的评估,以及对作业人员的安全交底;运用 BIM 技术＋倾斜摄影技术,可实现对施工场地的最优规划布置,从而降低场地不足导致的安全风险。

关键词:隐患辨识;技术交底;场地布置

一、引言

随着施工现场环境越来越复杂、建设项目规模不断扩大,传统的安全管理方法如事前安全培训、事中安全检查等手段已无法满足项目安全管理需要。在这种形势下,BIM 技术应运而生。该技术具备可视化、动态化、协调性、模拟性等优势,通过三维形式表达安全管理的要求和内容,可帮助项目管理人员及时、直观地发现施工现场的安全隐患,并及时排查整改安全隐患,进行三维安全技术交底和告知、安全警示,提升项目安全管理水平,在项目安全管理中具有重要意义,正逐步成为安全管理的主要手段之一[1-4]。本文结合项目实践,对 BIM 在安全管理中的运用进行了探索。

二、基于 BIM 技术的项目安全管理研究与应用

(一)BIM 与网络信息系统相结合的安全隐患可视化表达研究

安全隐患的发现、整改和跟踪是项目安全管理的日常工作之一。安全隐患种

类复杂，量大，项目管理人员很难全面掌握现场的隐患分布、隐患种类等情况，从而无法提出科学而有针对性的处理措施。而人工跟踪不仅工作效率低，而且效果不佳[5-6]。将 BIM 与网络信息技术有机结合，开发基于 BIM＋网络的安全隐患管理信息系统，可在建筑模型中实现对隐患的定位可视化表达和统计分析，可为项目安全管理提供决策支持。

根据施工设计图搭建工程建筑 BIM 模型，并赋予其建筑属性(如果是桩基，则赋予其桩长、桩径、标高、桩类型、桩编号等信息)，将模型轻量化后，得到轻量化 BIM 模型。运用 HTML(超文本标记语言)语言进行编程，开发安全隐患管理系统，并将所发现的安全隐患地理信息与 BIM 模型进行连接，使得轻量化的 BIM 模型可在网页上进行显示和操作，技术路线如图 1 所示，可实现安全隐患在 BIM 模型中的位置显示和体现，查看安全隐患的具体内容，提醒相关人员经过该部位时注意安全，提醒相关责任人及时消除隐患。

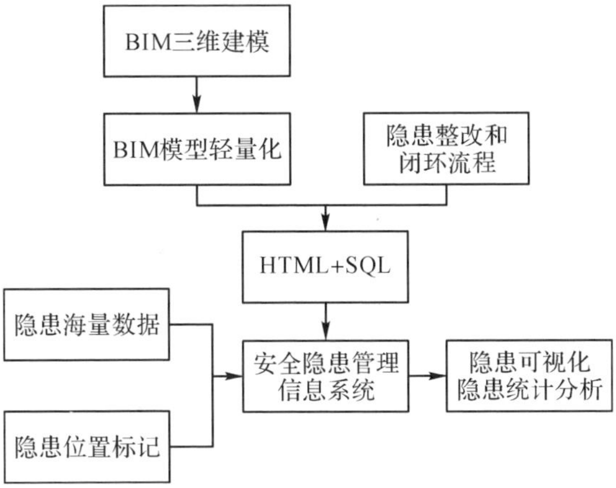

图 1　安全隐患管理系统开发技术路线

(二)基于 BIM 的隐患识别研究

项目开工前需开展危险源辨识工作，一般由项目安全管理人员组织施工专家、技术专家、安全管理专家根据项目环境特点和施工工序开展头脑风暴，从而形成项目初期的危险源辨识与评价清单，找出重要风险，提出针对性处置措施。但在实际操作中，该工作往往是由项目安全管理人员参照相关资料独自完成。受限于项目安全管理人员的知识和经验，此种做法容易导致识别不全面、不准确，从而疏漏重要风险，提出的控制措施针对性和可操作性也不强。通过基于 BIM 模型的虚拟建造技术，消除参与危险源辨识的人员对工艺或工序认知不足的缺陷，通过三维可视化技术对工序进行逐一表达，可提高危险源辨识的有效性和准确性。

运用 BIM 建模技术，结合施工图，可实现对工程的虚拟建造。将 BIM 模型与施工进度计划进行关联，将空间信息与时间信息整合在一个可视的 4D(3D+时间)模型中，可以直观、精确地反映整个建筑的施工过程。在计算机上对工程施工过程按时间属性虚拟建造，让安全管理人员分阶段参与虚拟建造，综合分析各个施工阶段人、材、机的组织和管理，提前识别各个施工阶段可能存在的安全隐患，制订并落实预防措施。技术路线如图 2 所示。

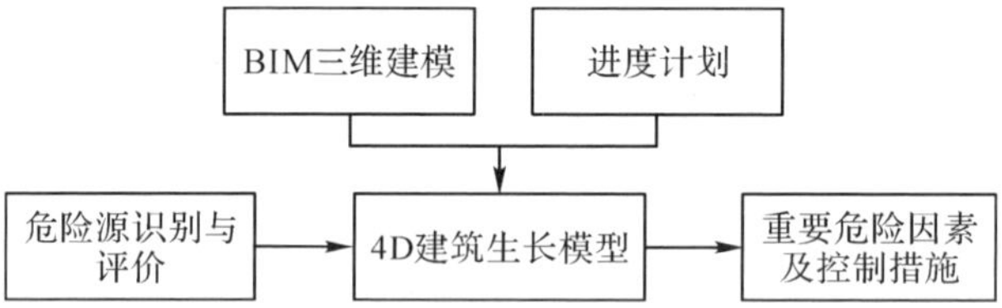

图 2　技术路线

(三)安全技术方案交底

通过 BIM 技术的虚拟建造，可将复杂的安全技术方案进行三维可视化展示，并动态模拟施工过程。如针对施工中的复杂节点工程、复杂且危险性较大的分部分项工程，利用三维模型开展安全交底[7-9]，可直观地展现施工过程中的安全管理要点，可以让现场施工人员更加全面地了解交底工作中施工方案的控制要点、施工重点、安全注意事项等，提升安全管理水平(见图 3)。

BIM 模型结合 VR 技术，还可以虚拟现实，让被交底人亲身感受到危险，从而提高安全意识(见图 4、图 5)。

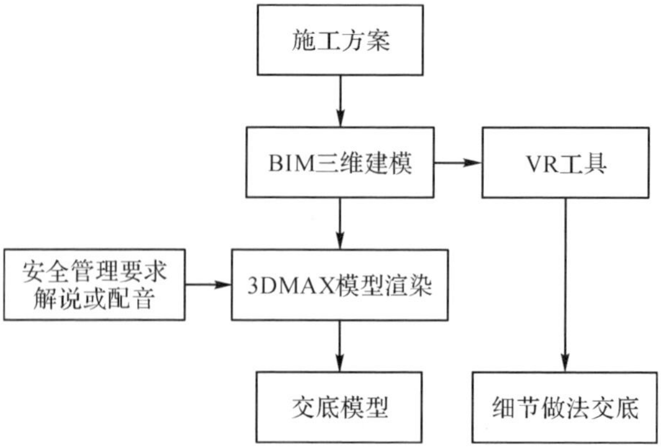

图 3　利用 BIM 三维模型进行安全交底

图 4　支模架方案交底模型

图 5　群吊方案交底模型

(四)基于 BIM 的施工场地规划

受施工环境或者其他因素的影响，城市内的工程建设项目可用的建设区域往往很小，这也使工程企业施工环境更加复杂，增大了施工过程中的安全风险，可利用土地成为项目的紧缺资源[10-11]。

因此，需要对材料堆放场、施工设备和现场设施进行合理布置，以避免影响施工安全。运用 BIM 技术＋倾斜摄影技术，对项目所在地进行三维实景建模，可全视角展示项目与周边实景，获得项目用地的准确模型。在倾斜摄影的基础上，通过 BIM 三维建模，在计算机上按施工阶段分别对现场材料堆放场、施工设备和现场设施进行虚拟布置，直观地表现施工现场、办公区、生活区的位置空间关系，给现场材料堆放、机械设备放置、行车路线规划提供参考，提高施工场地的利用率，从而获取项目施工场地的最优规划，保障现场的安全文明施工(见图 6—图 8)。

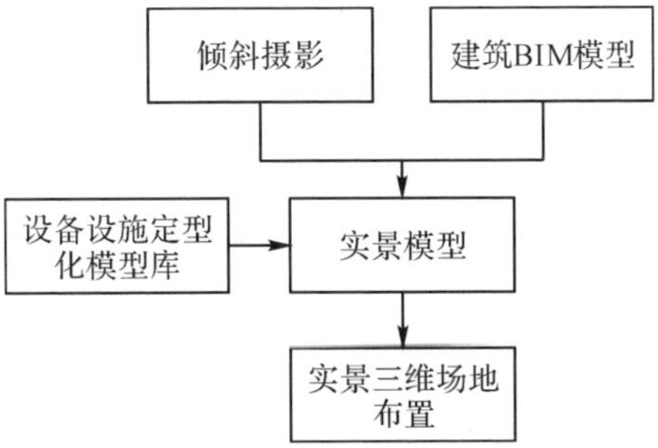

图 6　BIM 三维模型在施工场地最优规划中的作用

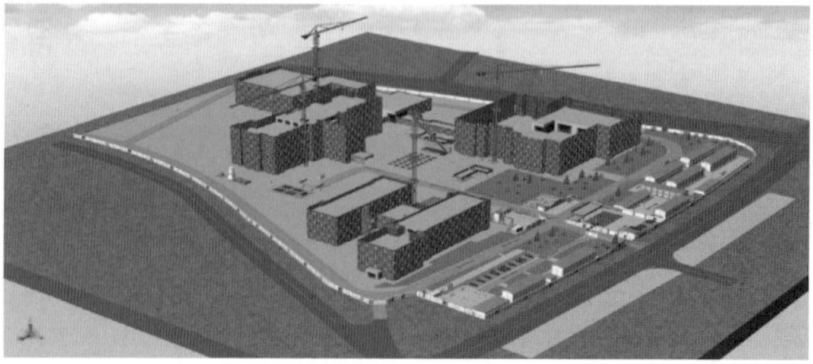

图 7　施工场地塔吊及交通路线规划

图 8　施工场地虚拟布置与实景布置对比图

三、结语

本文从隐患辨识、隐患管理、安全教育、场地管理 4 个方面探讨了 BIM 技术在安全管理上的应用，提供了技术路线，并结合项目实践完成了以下内容：

①BIM 与信息系统相结合的安全隐患可视化表达。通过将 BIM 模型轻量化后，与信息系统结合，实现了安全隐患可视化表达。

②研究了基于 BIM 的隐患识别方法。将 BIM 模型与施工进度计划进行关联，把空间信息与时间信息整合在一个可视的 4D(3D+时间)模型中，通过虚拟建造实现了针对不同施工阶段的危险源辨识与评价。

③提出了运用 BIM 模型开展复杂危险性工程的安全交底的方法。

④提出了运用 BIM 技术+倾斜摄影技术，实现对施工场地的最优规划，从而降低场地不足导致的安全风险。

参考文献

[1] 毛志兵.推进智慧工地建设　助力建筑业的持续健康发展[J].工程管理学报,2017,31(5):80-84.

[2] 曹洋,苏振民,金少军.基于BIM与AR的施工安全管理系统构建[J].武汉理工大学学报(信息与管理工程版),2018,40(6):600-605.

[3] 郭红领,刘文平,张伟胜.集成BIM和PT的工人不安全行为预警系统研究[J].中国安全科学学报,2014,24(4):104-109.

[4] 李童.BIM技术在建筑施工安全管理中应用的思考[J].价值工程,2018,37(3):27-28.

[5] 刘文平.基于BIM与定位技术的施工事故预警机制研究[D].北京:清华大学,2015.

[6] 孟祥瑞,徐雪战,赵光明,等.基于三维可视化与Zigbee技术的真三维煤矿人员定位[J].煤炭学报,2014,39(增刊2):603-608.

[7] 陈文宝,魏志松,张航,等.BIM技术在装配式桥梁工程中的应用[J].北京交通大学学报,2019,43(4):65-70.

[8] 朱爱民.BIM技术在扣件式钢管脚手架设计中的应用[D].长沙:湖南大学,2017.

[9] 姚军军,刘利生.信息+智能技术在铁路施工安全管理中的应用[J].中国安全科学学报,2018,28(增刊2):110-114.

[10] 周晓敏,孟晓林,张雪萍,等.倾斜摄影测量的城市真三维模型构建方法[J].测绘科学,2016,41(9):159-163.

[11] 柳婷,陈小松,张伟.无人机倾斜摄影辅助BIM+GIS技术在城市轨道交通规划选线中的应用[J].测绘通报,2017(增刊):197-200.

（杨　彪　王　昶　周　平）

基于智慧市政管理系统平台的管养新模式探讨

摘　要:在分析杭州市市政设施管养模式创新必要性的基础上,本文介绍了杭州市智慧市政管理系统项目建设情况与具体功能内容,分析了智慧化系统平台应用的积极作用与意义,以及对市政设施管理养护所能够提供的帮助,探讨了智慧管养新模式,为今后市政设施精细化管理提供借鉴与参考。

关键词:市政设施;智慧化;管养模式

市政设施是城市运行的重要载体,直接关系到社会公共利益,为提升市政设施精细化管理水平,杭州市市政设施管理中心立足设施管理现代化与智慧化的需要,构建了全新的智慧市政管理系统。本文通过分析智慧市政管理系统创新的必要性,详细介绍系统模块功能与作用,从加强设施普查、设施维修、决策分析、养护监管等角度出发,探讨如何改变传统人工管理方式,探索更高质量、更高效率的市政设施管养模式,从而确保市政设施运行安全、稳定、可靠。

一、市政设施管养模式创新的必要性

(一)市政设施体量飞速增长

城市道路、桥梁等市政设施是城市交通运行的必要载体,是城市建设发展的重要基石,是群众生活出行的可靠保障。随着杭州城市化的推进,杭州的市政设施体量快速增长。以城市大型桥隧设施为例,超过50%的设施都是在近10年内建设完成的,设施总量较2008年更是增长近150%。

市政设施体量的增长在为城市生产生活创造良好条件的同时,也带来了巨大的管理压力,人民对城市管理的要求与期望越来越高,城市精细化管理的呼声不断高涨,人民对美好生活的期盼使得市政设施管理者需要不断提高市政设施管理养护标准与水平。

（二）传统市政设施管理模式亟待更新

与市政设施快速增长的体量相比，市政设施的管理模式可以说仍然比较传统，虽然经历了管养体制机制的变革，但具体运作模式仍以人为管控为主，主要依靠手写、口传、纸记等，管理精细化程度亟待提升。目前，城市设施管理中主要存在以下几方面问题：

一是基础数据不够详细。市政设施的“一设施一档”均为纸质档案保存，更新历年设施养护、改造、修缮等情况耗时耗力，且设施原有的简单分类已经难以有效区分不同类型的数据，从而影响设施巡查、养护维修、挖掘审批等业务工作的开展。

二是管理流程缺乏统筹。日常大量设施管理工作仍然依靠手工、纸质等方式进行信息传递，同时相应的数据无法得到有效保存，也难以合理利用历史数据，管理单位、养护单位的运作缺乏数据化、流程化的全过程管理。

三是远程监管能力薄弱。管理人员忙于现场奔波，缺乏有效的设施远程监管和分析手段，同时问题的发现上报主要通过微信群等基本沟通软件，工作无法快速流转，业务效率难以提升，业务数据容易丢失。

传统市政设施管理行业的运行模式已难以适应城市空间急剧扩张的形势，也无法满足现代化城市对时间的要求，如何在管理人手、经费等客观条件的限制下，创新改革市政设施管理模式，满足市政设施快速增长的体量与不断提高的管养标准要求，成为摆在市政设施管理者面前的一道难题。

二、智慧化市政设施管理平台的创新

基于市政设施管养模式创新的必要性与迫切性，杭州市市政设施管理中心（以下简称市政中心）积极运用新一代云平台、大数据信息技术、5G 网络技术、智能物联网技术等前沿科技，开发建设了智慧市政管理系统平台，通过信息化的管理手段，以数字赋能助力城市管理，有效缩短城市管理的时空距离，提升设施管养效率与管理水平，降低设施管养成本。

（一）项目基本建设情况

2019 年，市政中心开展了智慧市政管理系统项目建设，以全市域城市道路、桥隧等市政设施顶层管理为目标，运用科技化、信息化手段切实提高城市市政设施的精细化管理水平，搭建了市政设施综合一体化管理系统平台，接入整合了原本孤立的设施视频监控系统、桥梁健康监测系统、超重车辆动态称重系统等单一系统，构建了基础数据管理、可视化展示、综合分析管理、抄告考核管理、工程管理、检测评估管理、养护单位监管等七大功能模块以及移动作业端，实现了市政设施的统筹管理。

（二）项目具体建设内容

1. 基础数据管理模块

制定新的数据标准，细化设施数据分类，将设施分解为“部件”乃至“构件”，并为每座市政设施建立单独的信息资料库，完善设施基础数据库并建立各类业务数据库，基础数据库可根据设施名称等基本信息实现和养护数据、管理数据、检测数据等的关联，确保准确掌握并及时更新设施信息。

2. 可视化展示模块

基于GIS（地理信息系统）地图，通过数据资源的整合，展示全市域范围内市政设施状态特征，可直接查询设施基础数据、养护任务、作业人员、巡查轨迹等，相关感知监测设备实时产生的数据信息也可基于地理信息的可视化进行常态和实时展现，提升管控能力和指挥调度能力。

3. 综合分析管理模块

通过逐步完善基础数据，可以从市政设施的养护周期、设施类型、数量、所属部件等不同维度，综合分析设施养护情况，例如病害数量、维修及时率、巡更到位率等，针对重复维修情况还可以进行专项研判，输出相应报表，为科学养护决策提供参考。

4. 抄告考核管理模块

与移动终端相关联，实现时效类养护任务的全过程管理，管理人员、巡查人员等通过移动终端上报发现的问题，问题受理后派遣至维修人员，维修人员整改完成后上报，管理人员最终确认销项，管理人员也可通过此模块开展定期检查考核。

5. 工程管理模块

统一管理市政设施改善工程项目、需养护的大中修项目，对行政许可审批后的项目进行监管等，对工程项目进行过程监控，实现全过程资料电子存档，加强对养护工作与市政工程的有效管理。

6. 检测评估管理模块

自动生成设施检测计划，实现检测评估过程的监控与电子存档，并对设施检测结果进行分析，根据评估等级变化趋势，清晰了解被检测对象的状况，为养护提供数据支撑。同时，将检测评估发现的问题与其他模块无缝对接，确保问题及时得到处置。

7. 养护单位监管模块

对养护人员日常巡查线路、巡查区域、巡查区域巡更点、巡查时间进行设定，可以有效监管养护人员巡更计划及巡更结果；对历史巡查计划、未进行的巡查计划、养护巡查人员和线路等进行跟踪，能够加强对养护队伍的监管，从而增强养护队伍的实际运行效能。

三、基于智慧市政管理平台的管养新模式

智慧市政管理系统平台的建设，极大地改变了原先的设施管养模式，实现了基础数据信息化、监控监测可视化、问题抄告无纸化、养护管理效率化、维修处置科学化、检测评估可追溯化、统计分析大数据化等目标，能够有效保障市政设施健康运行，为市民营造安心、顺心的出行环境。从智慧市政管理平台出发，设施管养模式的创新主要体现在以下几方面：

（一）信息数字化，基础设施一张网

原先市政设施基础资料均为纸质档案，遇到突发事件需要查阅资料时必须从档案室调取翻阅，耗时耗力。而智慧市政管理系统实现了设施档案信息化管理，为每一处道路、桥梁、隧道等市政设施建立了单独的信息资料库，并构建了 GIS 地图，能够帮助管理单位全面掌握设施基础信息，随时找到所需数据。

（二）监测集成化，健康监测一平台

大型桥隧设施结构安全关系着市民安全出行与城市正常运行，为实时掌握大型桥隧设施的运行状况，智慧市政管理系统梳理整合了桥隧设施视频监控系统、结构健康监测系统、积水点监测系统、动态称重系统等“数据孤岛”，使管理人员能够远程监控设施运行情况，随时查看设施各项指标信息，以最快速度应对突发事件。

（三）巡查监管化，日常巡查全覆盖

根据不同的养护等级，市政设施日常巡查频率不一。此前日常巡查是否到位主要依靠养护人员的自觉性，管理单位缺乏监管手段，但智慧市政管理系统可以为每一处道路、桥隧等设施设置单独的巡更点位和巡更频次，巡查人员通过基于钉钉软件建立的移动端智慧市政管理系统，打开手机即可进行日常巡查，系统可自动记录巡查轨迹，后台自动对照巡更计划统计巡查完成情况，巡查是否到位一目了然。

(四)维修标准化,处置流程全闭合

由于设施体量庞大,管理单位难以面面俱到,只能根据台账资料检查设施病害处置维修的及时率和整改成效,滞后性与不确定性较强。智慧市政管理系统根据实际情况建立了详细、完整的设施病害数据库,统一了病害问题上报模板,一旦发现问题,就能通过手机及时、规范地上报,经系统派单后,维修人员将处置完成情况再次通过手机上报销项。管理人员可在系统上远程关注施工流程与维修进度,并根据维修上传的情况审核问题是否整改到位。从病害发现到处置完毕,整个监管流程都通过系统进行,使得维修工作更加透明、便利,提高了问题处置的规范性和及时性。

(五)突出疑难点,重复病害智能分析

市政设施病害处置的统计分析一直是管理中的短板。比如,某路段上,坑洞处置完毕后不久可能再次出现坑洞,尽管问题都能得到处置,但缺乏对重复病害的统计分析,难以切中要点,从根本上解决问题。通过智慧市政管理系统的大数据管理,深入分析病害分布、维修及时率、维修密集度等情况,总结病害发生规律,帮助预判设施管理养护行为,有效提高设施养护的效率与精准度。

(六)评估智能化,定期检测可追溯

城市道路、桥隧设施均实施定期检测评估制度,如桥隧设施每年开展常规定期检测,检测评估工作量大,纸质报告堆积成山,且检测评估发现的问题难以直接纳入日常养护维修范畴。通过智慧市政管理系统,检测单位可直接把检测发现的问题与照片录入系统并生成检测报告,问题可直接转入养护维修模块得到处置;同时,根据逐年设施评估等级变化趋势,可以切实掌握设施状况,为养护维修提供数据支撑。

(七)审批可追溯,批后监管在路上

随着城市建设的发展,涉及市政设施的行政许可审批也逐年增多,近年来许多建设单位申请办理桥涵安全保护区域内施工许可,但目前关注度主要集中在前期的审批手续上,对于后续施工行为的监管缺少统一标准。智慧市政管理系统建立批后监管模块,要求施工单位及时录入施工情况与监测数据,便于各方实时查看监测数据,跟踪监测情况,能够及时预警处置突发情况。

四、未来展望

为更好地利用智慧市政管理系统，提升设施管养工作效率，今后智慧市政管理系统二期开发可以从硬件与软件两方面出发。硬件方面是进一步优化设施设备管理，集中整合各类市政设施中控系统，实时掌握设施日常运行维护数据，包括设备状态、故障、视频、报警等内容，实现设施管控信息化；软件方面是进一步升级数据分析模块，提升市政设施管养数据关联对比分析能力，进一步发挥监测数据作用，丰富市政设施运行状况实时展现内容，为大中修、设施改善等管养决策提供数据支持。

市政设施智慧化管理工作任重道远，提升设施管养水平需要管理人员与智慧系统不断磨合、相互促进，在以先进科技帮助业务开展的同时，用与时俱进的理念指引系统不断完善，最终实现市政设施的智能化、智慧化管理。

（王健伟　周宁聪　何佳杰）

基于光纤传感的市政设施结构监测物联网多元感知技术

摘　要：近年来，光纤传感技术作为一种新型监测手段被引入市政设施结构健康监测领域。将光纤传感技术与市政工程（桥梁、隧道、道路、综合管廊、建筑等）相结合，对设施的结构状态进行长距离、无盲区、实时监测，形成市政设施结构监测物联网的多元感知传感阵列，为市政大数据分析提供多元数据源，助力城市智慧化发展。为此，笔者对光纤传感技术应用于结构工程监测领域的可行性、合理性和有效性做了大量理论研究、试验测试及工程应用等工作。

关键词：光纤传感技术；市政设施结构；健康监测

一、引言

我国交通基础设施的不断完善、科学技术的一次次突破，为城市智慧化夯实了基础。在城市智慧化道路上，市政设施扮演着重要的角色，尤其近几年安全事故频发，社会各界对市政设施结构的安全性、稳定性、耐久性等表现出前所未有的关注。与此同时，光纤传感技术因其稳定性好、抗干扰能力强、监测范围广、维护成本低、体积小、重量轻等优良特性被引入结构健康监测领域，为中国由“建设大国”向“建养大国”转变贡献一分力量。

本文研究了光纤传感技术在市政工程领域中运用的可行性、先进性、可靠性以及工程实用性，并为此做了大量理论研究、试验测试、工程应用等工作。

二、市政设施结构监测物联网

各种市政设施为社会经济发展做出了巨大贡献，但它的管理养护工作却面临着日益严峻的挑战。为保障设施安全平稳运营，必须强化设施结构安全管养工作，而结构健康监测是管养工作中必不可少的一环。与此同时，城市智慧化需求催生了物联网技术,“万物互联”慢慢实现。

将物联网技术应用于结构健康监测领域,可实现数据的实时化、自动化、集成化及网络化,可时刻掌握结构运行状态。在结构健康监测系统中,数据的真实性与准确性是最重要也是最基础的一部分,它决定了系统能否准确判断结构状态。由此可见,采集结构各参数数据的传感端无疑是整个结构健康监测系统中举足轻重的一环。在20世纪,光纤的出现是传感技术领域的一次革命。近些年,光纤传感技术日趋成熟,并在电力、石化、交通、煤炭等领域逐步得到应用,其中的智能化监测技术,为结构全生命周期管理奠定了基础。

将光纤传感技术(包含光纤光栅传感技术和分布式光纤传感技术),应用于市政基础设施,为桥梁、隧道、道路、综合管廊、建筑等设施安装一双“监测眼睛”,不仅可实时获得各设施结构的监测数据,还可串联各设施结构的监测网络,形成市政设施结构监测物联网(见图1),有利于市政大数据分析多元数据源,推动智慧城市的发展。

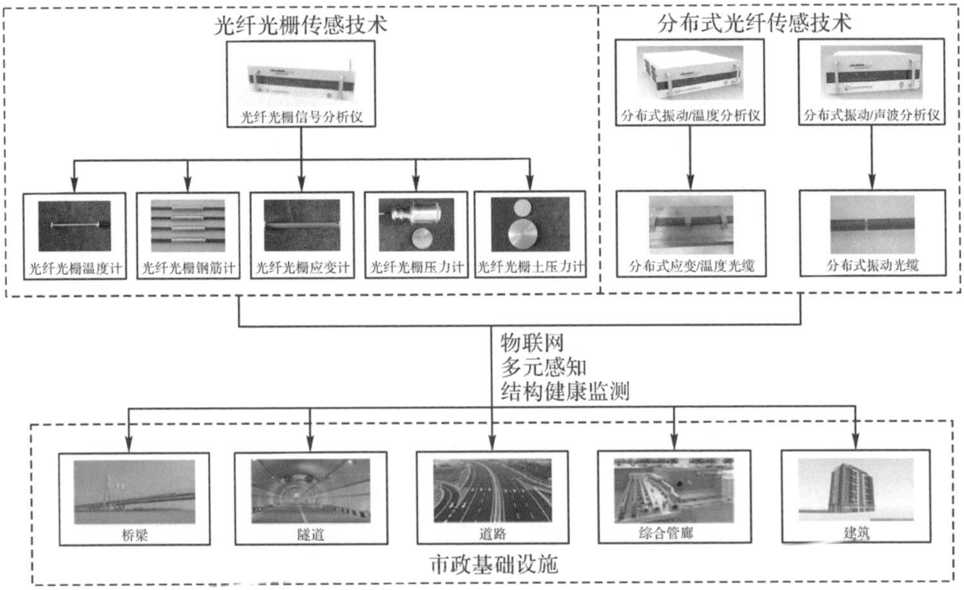

图1　市政设施结构监测物联网多元感知传感阵列

三、光纤传感技术

（一）光纤光栅传感技术

光纤光栅是基于光纤高压载氢增敏技术并光致折射率变化技术，通过激光横向写入法使光纤纤芯的折射率发生周期性的变化。当宽带光源通过光纤光栅时，满足布拉格反射条件的光波进行反射，并沿反向传输；不满足条件的光波继续无损耗地传播。透射光可继续传输至其他光纤光栅，如图 2 所示。

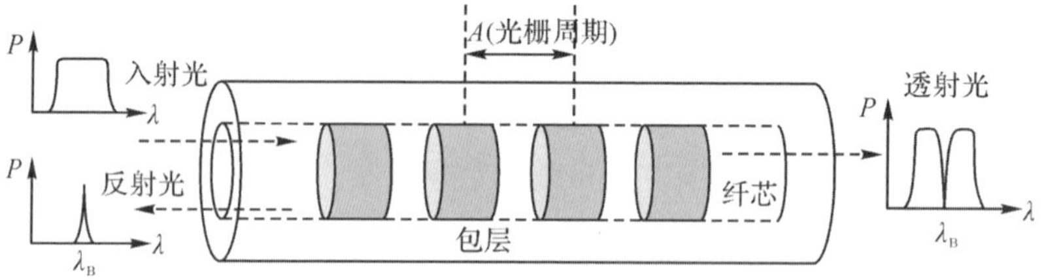

图 2　光纤光栅传感原理图

当光纤布拉格光栅受到外界应变（应力）作用时，光栅周期会发生变化，同时光弹效应会导致光栅有效折射率发生变化；当布拉格光栅受外界温度影响时，热膨胀会使光栅周期发生变化，同时，热敏效应会导致光栅有效折射率发生变化。

应变（应力）及温度的变化会引起布拉格波长的变化，轴向应变 ε、温度 T 与波长变化值 $\Delta\lambda_B$ 之间的关系为：

$$\Delta\lambda_B = K_\varepsilon \Delta\varepsilon + K_T \Delta T$$

式中，K_T 为光栅的温度灵敏系数，K_ε 为光栅的应变灵敏系数。

（二）分布式光纤传感技术

分布式光纤传感具有光纤的一维空间特性，其传感原理是把需要测量的物理参量当作光纤位置长度的函数，通过对光纤沿线周围的外界参数不断地进行实时测量，获得被测物理量在空间上的状态分布及其随时间的推移而发生的变化。

分布式光纤传感系统按其监测的范围大小可以分为 2 种：准分布式光纤传感系统和全分布式光纤传感系统。

其中，准分布式光纤传感系统是将许多单个的光纤传感器通过耦合器加以串联、并联或是将其他网络拓扑模式耦合到同一根光纤上，通过光电探测器及相关的电子计算机技术来接收解调信号，从而获取被监测区域的空间状态信息。在该系统中，光纤只负责传光而不具备传感功能，其基本原理如图 3 所示。

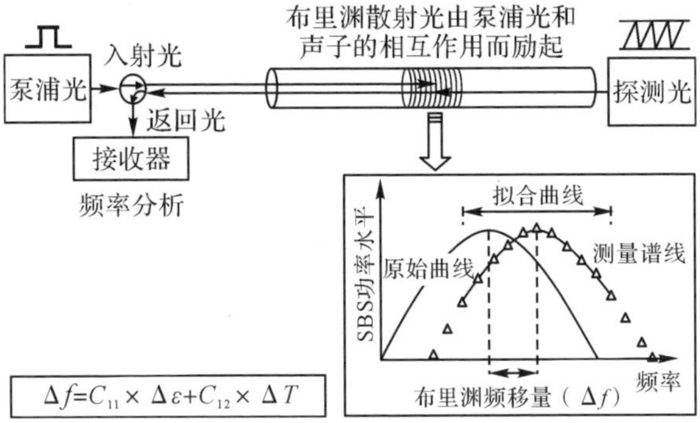

图 3　分布式光纤传感原理图

准分布式光纤传感器能够较为精确地感知空间上不同位置的被测物理量，获取其相应的状态信息。然而，由于光纤传感器自身的结构特点会导致其探测范围有限，故而准分布式光纤传感系统中仍然存在一些无法感知的区域，即盲区，且由于其需要通过多个独立的传感器进行耦合，其结构较为复杂，成本也较高，如图 4 所示。

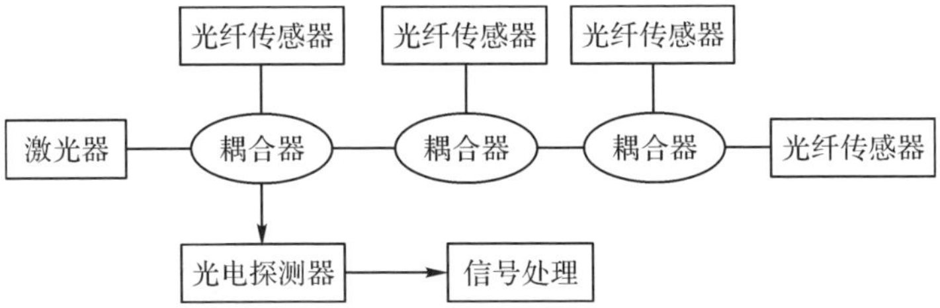

图 4　准分布式光纤传感系统原理结构图

与准分布式光纤传感器不同，全分布式光纤传感器不仅能够传光，而且还能够传感。其结构如图 5 所示。

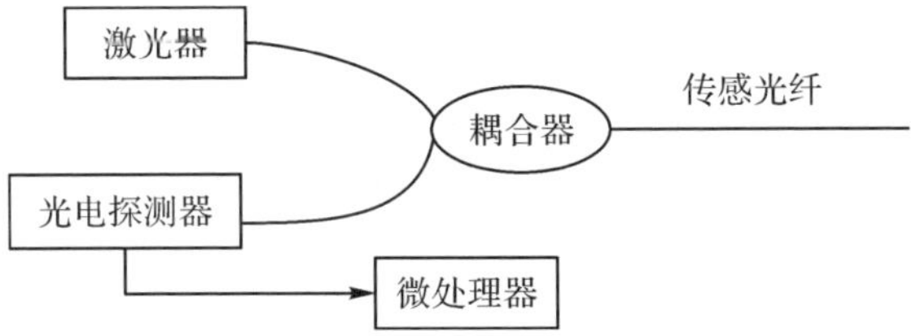

图 5　全分布式光纤传感系统原理结构图

整个系统基于一根传感光纤，光纤中的每一段都可以视为一个感应器件，同时又是其他感应器件传输感应信息的通道。相比准分布式光纤传感器系统，全分布式光纤传感器系统不仅消除了其存在的感应盲区，使得其监测范围扩大，而且由于整个系统是基于一根光纤建立的，故而其成本大大降低，为越来越多的监测系统所采用。

四、应用案例

多年来，笔者致力于光纤传感技术在市政工程领域中运用的可行性、先进性、可靠性以及工程实用性研究，并为此做了大量理论研究、试验测试、工程应用等工作。近年来，笔者所在团队将光纤传感技术应用于全国 20 余座桥梁、隧道，下面将简单介绍典型应用案例。

（一）桥梁

笔者所在团队为宁波象山港大桥和清水浦大桥进行了结构健康监测系统升级与改造，将分布式光纤传感技术和光纤光栅传感技术应用于这两座大桥（见图 6），实现长距离无盲区监测大桥整体结构和关键位置结构的应力应变与温度情况，为全面掌握桥梁状态提供支持，为桥梁全生命周期管理奠定了基础。

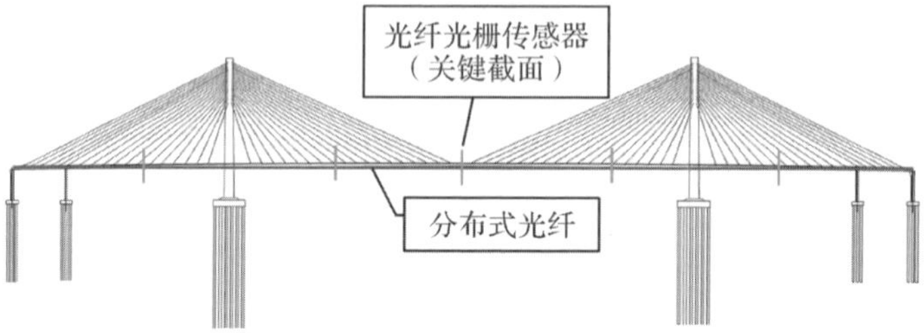

图 6　分布式光纤与光纤光栅传感器布设示意图

（二）隧道

砚岭隧道位于杭州市建德市境内，通过使用分布式光纤传感监测手段，可在短期内实时监控隧道开挖过程，监测不同围岩等级的隧道开挖状态，也可长期监控隧道健康状况，为新建隧道、老隧道的扩建工程提供新型健康监测手段。隧道内光纤可按纵向或环向布设。

（三）道路路面

为研究分布式传感技术监测道路路面应变情况的可行性，笔者所在团队在陕西省境内某高速公路沥青路面下，铺设应变光缆，监测工程车经过路面后，沥青路面的应变情况。检测结果表明，采用分布式传感技术可实时监测道路路面应变情况，为路面健康状态提供一份保障。

（四）综合管廊

综合管廊是一座城市的生命线，包含着电力、通信、燃气、热力、给排水等各种工程管线。而管道泄漏毫无疑问会影响一座城市的正常运行，给人民生活带来不便，使经济损遭受损失，而运用智能的管理技术，则是规避这一风险的有效手段。

1. 排水管道

在杭州市内某道路排水管道内布设光纤光栅压力传感器监测管道内液位和淤泥沉积情况，传感器布设如图 7 所示。

雨天管道内水流较大时，传感器上方较难聚积淤泥，此时，布设在较高位置的光纤光栅压力传感器可通过测量水流的压力实时监测所在位置的液位。当不下雨时，管道内水流较小或无水流，淤泥逐渐沉积。此时，布设在较低位置的光纤光栅压力传感器可通过测量淤泥的压力实时监测所在位置的淤泥厚度。

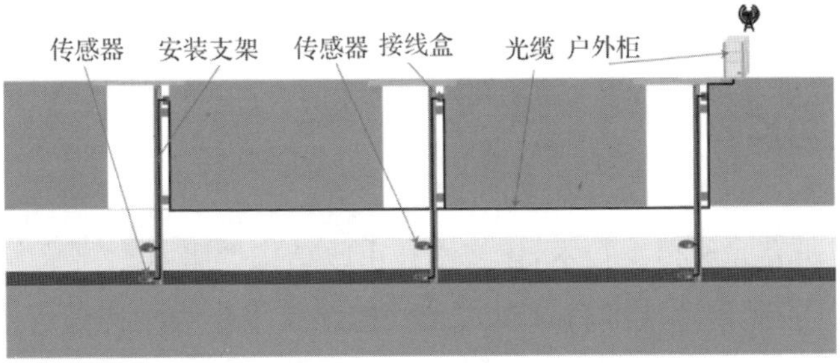

图 7　光纤光栅压力传感器布设示意图

2. 热力管道

分布式光纤传感技术的出现为管道泄漏监测提供了新思路。将光缆沿管道纵向布设，当发生泄漏时，泄漏点发生声波信号，作用于该点光缆，声波作用于光缆引起光信号调制，通过解调信号处理得到声波信号，经模式识别算法判断泄漏点特征，通过光脉冲定位泄漏点位置（见图 8）。

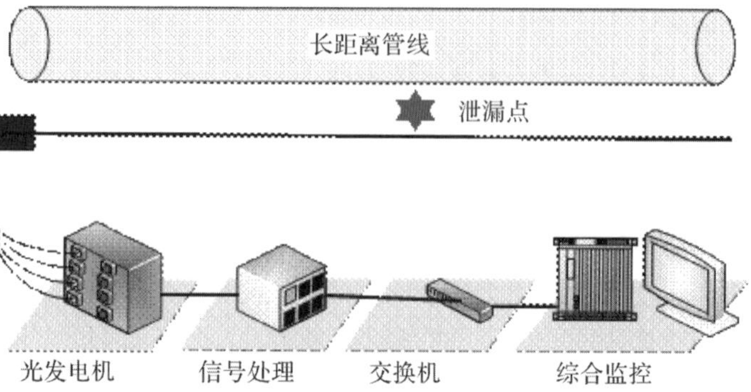

图 8　管道泄漏监测系统示意图

在北京小区热力站进行了热力管道泄漏现场试验，将光缆布设于管道上的泄压阀（距传感器安装位置约 50 m），放水模拟热力管道泄漏。

（五）高层建筑

某裙房采用钢结构框架支撑体系，三楼和四楼的钢桁架为转换桁架，受力比较复杂，采用分段吊装的安装方法，在施工过程中设置了一定数量的临时支撑，在钢桁架施焊及探伤完成后需进行卸载，避免上部过多荷载通过临时支撑传递给首层楼面。在临时支撑拆除过程中，存在结构受力体系转换，为确保结构的安全性和受力符合设计要求，需要在施工临时支撑拆除过程中对钢结构应变进行监测。

五、结论与展望

笔者多年研究光纤传感技术，该技术在市政结构健康监测领域多有应用，诸多实践证明，光纤光栅传感技术和分布式光纤传感技术作为结构健康监测的手段是十分有效的。

将光纤传感技术与市政设施结构领域紧密结合，可为市政设施结构监测物联网提供多元数据源，形成市政结构大数据分析系统，便于结构全生命周期管理。

市政设施结构监测物联网的运用是城市动脉的升级进化，有利于推动城市智慧化发展。

（李东明）

以城市为本，构建蓝绿交融的海绵体

——以杭州上城区[①]为例浅谈海绵城市理念在城市建设中的应用

2013年12月12日，习近平总书记在中央城镇化工作会议上提出，要建设“自然积存、自然渗透、自然净化”的海绵城市。随即，全国掀起了一波海绵城市建设的浪潮。海绵城市是指城市能够像海绵一样，在适应环境变化和应对自然灾害等方面具有良好的弹性：下雨时吸水、蓄水、渗水、净水，需要时将蓄存的水释放并加以利用。城市建设，尤其在配套设施比较完善的老城区，我们需要根据城市本身的特点在其中见缝插针地融入海绵的建设理念，针对城市不同建设区域因地制宜地确定海绵城市建设指标、标准、策略、措施等。现以杭州市上城区为例，浅谈海绵城市理念在城市建设中的应用。

一、上城区的现状与发展

上城区位于杭州市中部偏南处，总面积为18.17 km^2，是杭州中心城区之一，也是南宋王朝皇城所在地，是杭州商贸旅游中心、文创中心，是浙江省面积最小、单位生产总值最高的城区（在杭州城市区域调整以前）。

根据《杭州市上城分区规划（2017—2020）》，上城区的总体定位为中央活动区（CAZ）。上城区将被打造成集文化时尚、商贸旅游、金融研发、生态居住等多功能于一体，集中展现南宋风韵、古都精华、国际一流的高品质中央活动区。近期空间发展拟按照“四大发展优化类型，实现四区全覆盖联动发展”思路开展城市建设和整治工程（见图1）。

（一）重点改造区

望江、南星地区及北落马营地区：围绕望江金融科技城的建设，结合近江村、望江村的城中村改造，通过置换现有的农居以及需拆迁、改造的住宅和工业仓储用

① 本文中涉及的杭州市上城区系指2021年4月区划调整前的区域。

地，为上城区拥江发展、打造钱塘江主要建设区域创造条件。近期项目主要围绕居民安置房建设、三公设施建设展开。

（二）重点整治区

玉皇山南以及紫阳地区：该地区以城中村改造为契机，结合基金小镇和南宋皇城小镇的建设，一方面对现有农居、工业、仓储等建筑进行综合整治，进一步完善内部基础设施，改善整体环境，另一方面，加快周边道路建设，加强历史地段、历史街区周边整治。

（三）重点优化区

湖滨清波地区：该地区以地块改造为主，如胜利剧院周边地块及吴山广场周边等，在尊重用地现状的基础上，置换经济效益较低或者对环境景观影响较大的用地，为新型商贸业态的进入提供空间，同时结合地铁站点的建设，增加绿化和广场等公共空间，通过微观、渐进的土地优化方式提高城市品质。

（四）一般整治区

小营地区：改善现有的居住社区，改造或拆除破旧建筑，加强对历史建筑的保护，完善停车场等公共服务设施。

复兴等沿江居住区：保留现有居住社区，进一步完善公共服务设施体系和分布，并增加绿化用地和公共活动场地。结合市政设施的改造，通过集约开发模式，强化拥江发展策略。

上城区科技工业基地：建设成交通便捷、设施完善、环境优美、集约高效的现代化科技工业基地。主要项目有工业厂房的建设和内部基础设施建设。

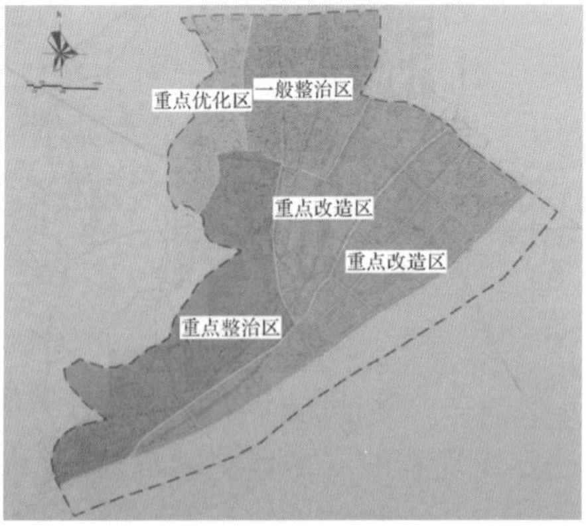

图1　四大区域分布图

二、上城区不同区域海绵城市建设要点分析

（一）海绵城市建设的原则

最少民生干扰：上城区位于地理位置优越、人口稠密的主城区，已建成的办公、医疗、教育科研、居住等用地集聚，且现有建筑、设施的品质较好。海绵城市建设要尽量减少对周边市民，特别是小区居民正常生活的干扰。

立足于城市开发项目：海绵城市建设主要依附于城市开发项目，“十三五”期间的热点开发地块是近期海绵城市建设项目的重要来源。

充分发掘自然蓝绿空间的海绵体：利用玉皇山、凤凰山山麓周边的民居，基金小镇，江洋畈生态公园等空间打造绿色海绵体；利用上城区纵横交错的新开河、中河、东河、贴沙河等河网水系，开发水域空间的调蓄功能和净化功能，打造蓝色海绵网络。

规划引领，统筹谋划，逐步推进：遵循海绵城市专项规划对上城区海绵城市建设任务和指标的规划目标和要求，以及海绵城市建设实施方案对重点实施区域的细化分级和实施策略，在三年行动计划的指导下形成全面统筹、逐步推进的一体化建设体制和机制。

（二）不同区域海绵城市建设要点

重点改造区：该区域是上城区新建改建项目比较集中的区域，但是作为钱江新城核心区及扩散区域，该区域的开发强度较大。拟将该区域作为海绵城市连片建设的主战场，主要措施是在新建项目上严格贯彻海绵城市建设控制指标，适当提高新建项目的控制指标，以弥补已建成项目控制率不足的缺陷，总体平衡全面达标。

重点整治区：玉皇山南区域海绵基底条件较好，拟作为海绵连片建设启动区和示范区域；复兴路沿线区域主要为近10年新建品质较好的小区，拟利用现有海绵本底条件以及河道的调蓄空间，以较小的海绵工程设施建设，达到海绵控制指标。

重点优化区：借助新型商贸业态进入的契机，同时结合地铁站点的建设，通过增加绿化（包括屋顶绿化、垂直绿化）和广场（渗透铺装、调蓄利用）等措施手段，通过微观、渐进的优化方式提高海绵城市控制率。

一般整治区：借助现有的居住社区的整治改善工程、停车场等公共服务设施完善工程，通过增加绿化（包括屋顶绿化、垂直绿化）、渗透铺装、调蓄利用设施等措施手段，通过微观、渐进的优化方式提高海绵城市控制率。

(三)近期重点建设区域确定

通过对上城区不同区域海绵城市建设要点和模式的分析，拟将重点改造区和重点整治区作为近期海绵城市建设的重点区域，具体范围如下：湖滨清波单元，面积为2.61 km^2；小营紫阳单元，面积为4.35 km^2；望江单元，面积为2.09 km^2；近江单元，面积为1.97 km^2；南星单元，面积为0.67 km^2；复兴单元，面积为2.59 km^2。

三、上城区海绵城市建设重点区域指标确定

(一)望江单元的望南望北区域

望南望北热点开发区域位于望江单元，范围为贴沙河以东、甘王路以南、秋涛路以西、新开河以北区域，总面积约1.79 km^2。其中：建筑面积约为0.32 km^2，占总面积的17.88%；绿地面积约为0.64 km^2，占总面积的35.75%；道路面积约为0.45 km^2，占总面积的25.14%；铺装面积约为0.35 km^2，占总面积的19.55%；水域面积约0.03 km^2，占总面积的1.68%。目前综合径流系数为0.61，年径流总量控制率约为39%。

通过地块建设开发分析(见图2)，在不同性质、功能、建设时序的地块上增设海绵调蓄设施(绿色屋顶，下沉式绿地，透水铺装，雨水利用、调蓄设施等)，最终该区域建成后年径流总量控制率约为74%。各地块的海绵方案指标见表1。

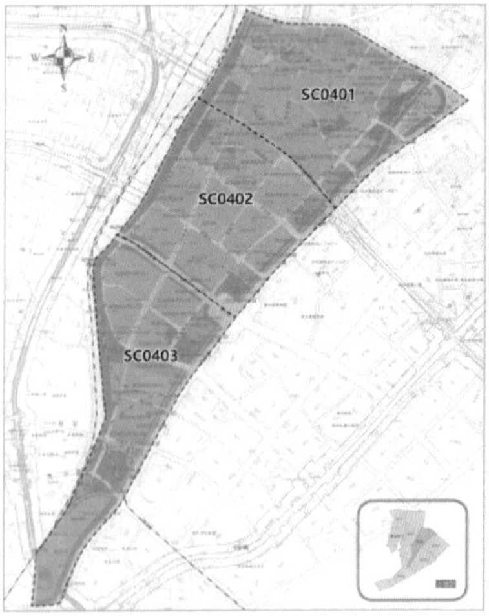

图2 望江单元海绵城市三级分区图

表1　望江单元海绵方案指标汇总表

类型	用地面积/km^2	年径流总量控制率/%	TSS消减率/%	下沉式绿地率/%	绿色屋顶率/%	透水铺装率/%	雨水资源化量/m^3	调蓄空间/m^3
SC0401地块	0.67	75	45	16.99	0.46	9.58	886	3000
SC0402地块	0.52	76	46	16.14	1.36	14.73	1212	300
SC0403地块	0.53	76	46	15.56	2.97	12.48	1297	200
城市道路	0.61	64	38	25.03	0	90.76	0	0

（二）白塔—八卦田区块

白塔—八卦田区块在上城区西南方向，位于钱塘江北岸，属于上城区和西湖风景名胜区共同开发用地，总面积约1.51 km^2。其中，建筑面积约为0.15 km^2，绿地面积约为1.06 km^2，道路面积约为0.17 km^2，铺装面积约为0.07 km^2，水域面积约为0.06 km^2。从总体来看，该区域海绵本底条件较好，目前综合径流系数0.37，年径流总量控制率为63%。在该范围内有水塘62423 m^2，考虑利用20 cm高度的水位差作为海绵城市建设的调蓄水位，可调蓄的容积约为12485 m^3，则该区域年径流总量控制率可以达到77%。

（三）复兴单元

复兴单元在上城区西南方向，位于钱塘江北岸，总面积约2.59 km^2。该区域内雨水管网和汇水范围相对清晰；复兴单元的用地基本建成，存在少量在建和新建项目；已建成用地中绿化率较高的高档小区较多，也存在一定比例需要改造的老小区。目前综合径流系数为0.66，年径流总量控制率约为34%。

该区域属于中河南段汇水范围，在该范围内中河长4171 m，宽约12 m，两端均有节制闸可进行水位控制。考虑利用中河30 cm高度的水位差作为海绵城市建设的调蓄水位，可调蓄的容积约为15015 m^3，则该区域年径流总量控制率可以达到50%。结合阳台雨污水治理，对老小区开展海绵改造，区域年径流总量控制率可以达到61%。

四、上城区海绵城市建设案例分享

(一)未来社区

1. 项目概况

本项目位于杭州市上城区望江单元始版桥社区，西侧为望清路，北侧为东宝路，东侧为新开河与秋涛高架，南侧为映霞街，是始版桥未来社区的一部分。望江单元未来社区项目拟通过“新坊巷街区”模式的建构，实现以“立体市井、立体花园、立体联通”为特色的九大生活场景，成为旧城中心区改造的创新示范项目，成为杭州国际文化名城的典范。项目以高密度、高复合度、高容积率的空中坊巷模式，实现资源高效利用与优质宜居生活环境的结合，通过空间极优配置、资源极大聚集、治理极有机制的创新改革，破解老旧小区改造中资金平衡、居民融合、文化传承三大难题。

2. 海绵设计目标

发挥上城区海绵城市建设项目示范点效应，推动上城区持续推进海绵城市建设工作。

为杭州市未来社区＋海绵项目提供学习样板，推动未来社区＋海绵项目的建设。

根据杭州市上城区发布的《杭州市上城区海绵城市建设实施方案(修编)》中望江单元始版桥未来社区九号地块海绵城市建设要求，本项目年径流总量控制率须达到85%，对应设计降雨量为30.7 mm，SS综合去除率须达到51%，综合雨量径流系数为0.49；排水管渠系统重现期达到3年以上。

雨水资源化利用，实现公共用水的100%减量。

塑造项目多元化景观设计，提升项目景观品质。

设置雨水体验区，通过亲身体验宣传普及海绵城市理念。

3. 海绵城市设计的理念

将立体绿化体现在生态项目中，通过立体绿化设计，实现城市社区中全面绿色的获取。将底层景观、阳台景观、屋顶景观及垂直绿化布置在社区建筑中，增加社区生态性，提升景观性，满足未来城市的居民对于自然生态的体验需求。此外，多重绿化可改善当地水文，减少雨水径流，降低热岛效应，使未来生活更舒适宜居。

打造雨水花园景观。在社区绿地门户位置设计雨水花园，打造海绵城市的景观工程，选择耐旱、耐涝且美观的植物，打破海绵城市景观效果差的固有印象，提高公众对海绵设施的接纳度。

消防车道铺装透水。对红线范围内项目的消防车道进行透水铺装，减少地面雨水径流，实现“小雨不湿鞋”。

雨落水管接入绿地。改变屋面雨水经雨落水管直接排放至管网的传统排水方式，将建筑雨落水管接入下沉式绿地或在雨落水管下端增设雨水收集设施，实现小雨滞流浇洒植物、大雨溢流排放管网的功能。

雨水回用节约资源。项目所有 LID(低影响开发)设施末端均通过雨水管接入蓄水池中，雨水在各前置设施内进行净化，使水质满足回用标准。回用雨水可用于绿化浇灌和车库冲洗等，实现水资源的节约。

雨水体验深入人心。雨水体验区可让居民亲身体验各项设施，寓教于乐，使海绵城市理念深入人心。

（二）南班巷微更新

1. 项目概况

项目位于杭州市上城区小营街道金钱社区，南北分别以南班巷、严衙弄为界，主要包括 6～14 幢建筑立面、室外环境及一处邻里公园，占地面积约 9900 m^2，其中室外景观面积约 5600 m^2，建筑占地约 4300 m^2。本项目微更新内容主要包括：海绵城市建设、建筑立面改造、电梯加装、增加停车位、景观提升、空间改造等方面。

2. 海绵设计目标

参考《杭州市上城区海绵城市建设实施方案(修编)》中小营单元附近的望江单元关于老旧小区地块海绵城市建设要求，所制定的项目的控制指标为：年径流总量控制率达到 60%，对应设计降雨量为 13.2 mm；南班巷小区 SS 削减率达到 40%；通过海绵城市建设，提升南班巷小区排水系统排水能力。

3. 海绵城市设计的理念

绿地整体下凹。改变以往下凹式绿地择地深度下凹的做法，在不影响大树成活和基础设施运行的前提下，绿地整体下凹 5～10 cm。按以往做法，场地内会形成大大小小的洼地，破坏景观效果，园林部门反对声音较多；整体下凹，深度不大，待植物生长茂盛后几无下凹效果，场地平整美观，也能实现海绵城市控制能力。

打造雨水花园景观。在小区邻里公园的绿地门户位置设计一处植草沟和雨水花园，打造海绵城市的景观工程，选择耐旱涝且美观的植物，打破海绵城市景观效果差的固有印象。

非车行道铺装设计为透水。项目红线范围内的铺装整体改造，除车行道因结构性原因不能透水外，其他如健身步道、停车位、邻里公园等的铺装均设计为透水铺装，减少地面雨水径流。

改造雨落水管。改变屋面雨水经雨落水管直接排放至管网的传统排水方式，在有改造条件的雨落水管下端增设高位花坛，实现小雨滞流浇洒植物、大雨溢流排放管网的功能。

（三）江洋畈生态公园

江洋畈生态公园原来是西湖南面的一个山间谷地，1999 年开始实施西湖疏浚工程后，西湖湖底上百万吨的淤泥被送到了江洋畈，形成一个封闭式的淤泥库，淤泥沉积最深处达 26 m。经过近 10 年的表层自然干化，这里形成了类似沼泽的地貌。

到 2011 年，化腐朽为神奇的江洋畈生态公园建成。可以说，江洋畈公园就是按照“海绵”理念建设的。首先，由于淤泥含水率高，承载力低，不适合做地基，因此在公园建设中，结合国外的透水制作工艺，以本地的廉价材料——山体亚风华硅砂为主材，建造了砂石路，具有感官自然、降低夏季辐射热、高透水性、耐压等特性。其次，本着最少干预的原则，在公园建设中保留了场地内原有的次生湿地植被景观，场地内收集雨水补充土壤水分，最大限度地保障了湿地的水源、容量、区域的流动机制和水质健康，形成了良好的水体生态循环。

江洋畈就是一座生态海绵公园，同时也是一座露天的生态博物馆。

（朱　彤）

大城北核心区污染修复治理策略与思考

摘　要：杭州大城北核心区是展示运河文化带建设成果的重要窗口。本文对大城北核心区的环境现状进行了分析，据此提出了大城北核心区污染修复治理策略。根据区域最新控制性详细规划，对杭钢和炼油厂等大城北重点污染区域，实施生态景观改造，建设用地根据用途管理，有序开展污染地块治理修复，加强修复能力建设，完善保障措施，为大城北核心区污染修复治理及类似区域土壤污染治理提供参考。

关键词：大城北核心区；运河文化；污染治理修复

一、引言

土壤是人们赖以生存、城市可持续发展的基础性资源，具有不可或缺、不可替代、不可再生等特点。当前严峻的环境问题和对城市可持续发展的重视，使得城市污染地块的修复治理和改造利用成为热点。随着土地资源日趋紧张，大城市的发展逐渐由增量的扩张向存量的提升转变，因此高品质、高质量地发展成为城市在新时代转型发展的必经之路。

2017年，习近平总书记对大运河做出了“保护好、传承好、利用好”的重要指示，为大运河文化带建设创造了历史机遇，杭州大城北核心区是展示运河文化带建设成果的重要窗口，而大城北核心区污染地块的修复治理是其建设发展的先决条件。

杭州城北地区曾是杭州的工业基地，毗邻京杭大运河（杭州段），在此诞生了杭钢、杭玻、炼油厂和热电厂等一批大型工业企业，聚集了主城区近1/4的人口，杭钢等企业搬迁后，具有区位和空间双重优势的城北迎来发展新机遇，同时工业企业搬迁遗留的地块污染也亟待修复和治理。

二、大城北核心区的概况及现状分析

(一)大城北地区概况

杭州市大城北地区总面积为 135.5 km^2,总人口为 122.8 万,作为杭州北部发展的战略重心区域,大城北地区具备连片开发条件和文化、生态等多重优势,同时也是杭州推进大运河文化传承的中心区域。大城北核心区位置如图 1 所示。

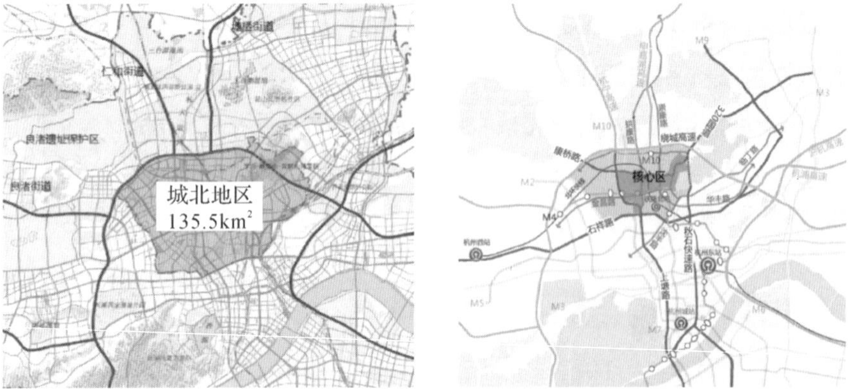

图 1　大城北核心区位置示意图

(二)大城北核心区规划

大城北核心区总面积为 13.82 km^2,是沿大运河进入主城中心的门户,同时也是运河文化和工业遗存最集中的区域。在大城北核心区的规划中,运河新城单元和杭钢单元是该区域现阶段重点规划建设的 2 个单元,也是打造运河文化景观带、城北副中心的重要片区。

1. 运河新城单元规划

运河新城单元规划为"一芯、两带、两廊、四片区"。

"一芯",即由炼油厂综合文化公园和大运河博物院组成的以运河文化、艺术展示为特色的城北之芯。"两带",即运河文化展示带和平炼路历史年轮带。"两廊",即电厂河景观廊道、杭钢河景观廊道,是山水景观环链的西端部分。"四片区",即电厂河以北宜居片区、运河文化示范片区、杭钢河以南宜居片区、运河湾文旅综合片区。

2. 杭钢单元规划

杭钢单元规划为"一心一带、一轴一环、四片区"。

"一心",即杭钢休闲文化中心,也是城北副中心的"东翼"。"一带",即平炼路历史年轮带。"一轴",即康园路城市发展轴。"一环",即电厂河、吴家角港、杭钢河、大运河等山水景观环链的组成部分。"四片区",即康桥路以南的综合功能片区、康桥路以北到刘一路的杭钢新兴产业片区、刘一路以北至绕城高速公路的商务科研功能片区、绕城高速公路以北的北城智汇产业片区。

(三)区域内老工业区环境现状

土壤污染是看不见的污染,具有治理周期长、修复费用大等特点。大城北核心区域内,杭钢和炼油厂等老工业区已完成搬迁,半山电厂、中石化康桥油库等改造工作已启动(见图 2)。目前区域内首先要解决的问题是,杭钢地块和炼油厂地块土地开发前污染土壤如何治理。

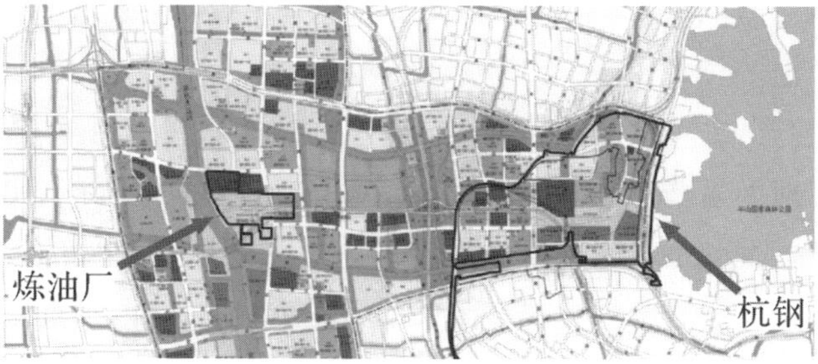

图 2　炼油厂和杭钢位置示意图

1. 杭钢场地环境现状

杭钢地块北至轧钢路,西至独城公园、沿山港东岸,东至 320 国道,南至金昌路沿线,用地面积约 1.78 km^2。主要由转炉区、焦化区、炼铁区三大区域组成。原生产工艺流程主要为:原料—烧结—焦化—炼铁—炼钢—轧钢。

杭钢地块即原杭钢半山基地,其中大型标志性建(构)筑物尚未拆除,如煤场运输铁路、焦化车间焦炉和烟囱、炼铁主厂房、轧钢厂主厂房等。杭钢地块区域总体水文地质情况复杂,污染物种类繁多,局部区域污染深度较深,土壤污染量巨大。主要污染物包括苯、萘、芘、菲、二苯并[a,h]蒽、苯并[a]芘等有机污染物和镉、铅、铜、铍、铊、汞等重金属污染物以及其他类型污染物。

杭钢地块未来规划为商业用地、住宅用地、公园绿地、文教用地、公共设施用地以及其他用地,同时保留一部分具有历史价值和景观价值的工业遗存,建设形成工业遗址公园。

2. 炼油厂场地环境现状

杭州炼油厂地块位于杭州市拱墅区康桥平炼路48号，总占地面积约0.27 km²。地块西侧紧临运河，南侧部分区域紧邻杭钢河，2014年杭州炼油厂全面停产。炼油厂地块分为T1、T2和T3等3个区块。这3个区块由于工业生产时间长，区域内均存在大量污染问题，包括有机物污染和重金属污染。

炼油厂后期主要规划为公园兼容广场用地、商服用地以及少量居住用地。炼油厂内一部分具有历史价值和景观价值的工业元素，如储油罐、焦化塔等保留下来，作为炼油厂工业遗存的见证，进行一定的活化利用，打造包括未来艺术中心、公共艺术公园、运河塔等象征棕色工业的文化景观带。

（四）环境问题分析

这2个地块修复体量巨大，修复成本高昂。根据目前的初步核算，杭钢地块内污染土壤超过150万 m³，炼油厂地块内污染土壤超过20万 m³，土壤修复成本初步匡算高达20亿～30亿元。

修复标准过严，未考虑实际规划。现有杭钢的修复标准主要是基于居住用地情景，为建设用地中最严格的标准，基本未考虑到后期土壤实际利用规划的不同及土地不同的用途，尤其是未来该地块若规划为道路用地、绿化用地、工业旧址公园等非敏感性用地，而土壤修复标准直接采用居住用地的标准，则土壤修复要求就显得过于严格。

调查精度不高，修复范围不确定性较大。由于前期的污染调查网格相对较为稀疏（40 m×40 m），且受原有构筑物、设施的影响，以及杭钢原来4个分区调查报告交界处缺乏有效的点位数据支撑等，所以修复范围的划分存在较大的不确定性。

限制因素较多，宏观决策困难。修复总体定位、修复周期和费用估算、修复开发时序、修复过程中的二次污染防控、修复后土壤的处置以及修复工程中政策的合规性等问题，都是制约场地修复工程顺利实施的重要因素。

三、污染修复治理策略

（一）污染修复工作思路和模式选择

根据前期的调查与风险评估结果，大城北核心区污染地块存在修复体量巨大、修复成本高昂、修复标准过严、未考虑实际规划、调查精度不高、修复范围不确定性较大、限制因素较多、宏观决策困难等问题。优化工作思路主要从以下 4 个方面展开：一是全面规划，统筹开展治理修复工作；二是优化策略，开展特定场景风险管控；三是摸清底数，进行补充调查，对症施策；四是区域平衡，实现污染土壤就地消纳。

结合污染地块的污染物类型、特点及国内外同类型场地所采用的修复治理模式和技术，对不同污染地块可采用污染源处置、切断暴露途径以及限制受体暴露行为等不同修复治理模式，可采用物理修复技术、化学修复技术、生物修复技术等不同修复治理技术。针对不同污染物采用相应的技术，如有机污染物宜采用的技术有气相抽提、热脱附、化学氧化还原、水泥窑协同处置、微生物降解等，无机污染物宜采用的技术有固化稳定化、阻隔填埋、水泥窑协同处置等。同时结合风险管控，形成较优的修复策略。

（二）污染修复治理策略

1. 生态景观改造

以杭钢地块为例，项目规划拟利用现场极富感染力的工业遗存，通过增设杭钢湖，打通地块南北水系，形成山水景观环链的水上功能集聚区，打造多个室内外自由联动的活动空间，包括沿河生态景观带、城市绿地公园、文化地标建筑、综合运动场馆、会议展览中心、慢行游步路线等，满足都市居民的多种需求。

针对工业遗存保护及建设，可从以下几个方面着手。一是借鉴国内外先进经验，不同国家和地区对工业遗存保护改造侧重点不同，我们应博采众长，提出适合自身发展的生态改造策略。二是保留建（构）筑物，使之与运河整体环境协调，通过对遗址地历史完整性的保护来突显工业遗址地的厚重历史，使人产生强烈历史共鸣。三是工业遗存修旧如旧，结合景观布局，将其打造成集展示、休闲、旅游、娱乐于一体的特色文化旅游产品。四是扩大工业遗址开放空间，结合厂区内景观效果较好的绿化区域，构建大尺度的公共休闲服务空间，通过自然景观和休闲空间充分体现厂区的历史变迁过程，延续工业历史遗存和文化品牌。五是挖掘非物质文化遗产，保留工业遗址范围内的厂区原有路名，延续厂区历史文化特征和社会活动，深入挖掘遗址地范围内历史文化、人文环境和发展进程等故事、典故及重要事件，进一步丰富非实物文化内涵，创造历史与现代、传承与浪漫的特色文化价值[1]。

2. 建设用地实施分用途管理

开展污染地块补充调查，摸清污染状况，识别风险等级，建立污染地块清单，针对不同土壤污染程度及土地利用情况，实施分类分级的风险管控与修复治理措施，提高防治成效。

加强建设用地流转过程监管，根据土地利用总体规划、城市总体规划、控制性详细规划等相关规划，将已有的土壤环境调查评估结果作为确定土地用途的重要条件。经调查评估确认符合土地利用规划和项目用地土壤环境质量要求的地块，可进入用地程序；不符合土壤环境质量要求的污染地块，须调整规划或治理修复，达到要求后，方可进入用地程序。对拟开发利用地块突出风险管控，以“景观生态恢复＋工程控制”为主，采取有效措施阻断污染物扩散或暴露途径[2]。

严控暂不开发污染地块环境风险，对暂不开发利用或现阶段不具备治理修复条件的高风险污染地块，组织划定管控区域，设立标识，发布公告，开展土壤、地表水、地下水、空气环境监测[3]。

3.有序开展污染地块修复治理

根据区块污染物类型、污染介质、污染程度、拟采用的污染修复技术等对区域土地的利用规划及开发时序进行优化，将更有助于地块治理修复工作的开展及后续的顺利开发。

结合大城北建设进程，根据土壤环境质量详查结果及土地开发利用需求，梳理土壤污染治理与修复项目清单，明确重点任务、责任单位和分年度实施计划，编制污染土壤治理工程项目建议书、实施方案等。逐步建立土壤污染治理与修复项目库，并开展工业污染地块治理修复试点示范工程。

强化治理与修复工程监管，治理与修复前编制治理与修复工程实施方案，经专家评审后报送区级环境保护部门备案。工程施工期间，责任单位须设立公告牌，公开工程基本情况、环境影响及其防范措施，并委托第三方机构对治理与修复工程进行环境监理，确保不对土壤及其周边环境造成新的污染。治理与修复工程完工后，应委托第三方机构对治理与修复效果进行评估并向社会公开评估结果。

依照地块控制规划，针对修复治理后的地块，如炼油厂临近大运河地带，打造山水风光与人文气息相互交融、历史文化与国际时尚相得益彰的运河慢行带，形成具有景观、休闲、商贸、文娱、旅游等功能的休憩长廊，使滨水景观空间进一步完善；开展历史文化相关活动，保护和修复存有市民记忆的沿水历史文化遗产，满足市民的精神需求[4]。

4.大力支持土壤污染的分区治理修复与安全利用的科技创新

分区研究土壤污染形成机制、监测预警、风险管控、治理修复、安全利用等技术、材料和装备，形成区域土壤污染防控与绿色可持续修复系统解决技术方案与产业化模式，开展典型区规模化示范应用，实现经济社会、生态环境、安全健康等综合效益。开展污染地块土壤及含水层污染协同控制与联合修复技术集成研究与工程示范，形成可复制、可推广的科学创新及技术推广的体制与机制。

加强土壤污染治理与修复技术示范建设。因地制宜提出不同区块土壤污染治理与修复技术系统性集成方案，分区建设地块综合治理技术集成与示范区，为大城北核心区土壤环境综合治理提供科技支撑和宣教基地。

5.污染土壤修复治理后就地消纳

针对修复后土壤消纳问题，结合场地未来规划，一方面可利用区域内的道路和绿化等非敏感区域回填和资源化再利用压制免烧砖的方式消纳部分处置后的土壤，另一方面，可以通过调整区域内土地标高，来增加修复后土壤的消纳量。土壤消纳问题的解决有助于区域土壤污染问题的整体解决，以及治理修复资金的节约和合理使用。

根据初步测算，道路区域下填管控预计可以消纳修复后土壤56万m^3，用作绿化用土预计可以消纳修复后土壤10万m^3，土地标高调整预计可消纳修复后土壤20万～30万m^3。

(三)实施保障

为做好核心区污染地块修复工作，研究建立“核心区修复”工作机制，成立专门的“核心区修复”工作领导小组。小组对核心区修复的事宜进行统筹、决策、实施。建立监督评价机制，可适当引入第三方评估等。形成制度后有效推进工作的开展，制订“核心区修复”实施计划，建立工程清单项目库，合理安排建设时序和资金，落实各相关责任主体、实施主体。

在工程推进过程中，积极做好公众参与工作，广泛采纳群众意见，利用各种媒体，向社会各界发布实时进程和成效，让全社会都了解“核心区”土壤治理和地块开发建设工作，消除公众环境方面的疑虑，从前端解决“邻避”效应，形成良好的社会舆论氛围。

四、小结与展望

城市发展是对城市生态环境、城市功能、城市空间、历史记忆变化的升级改造。科学合理、稳步高效地推进杭州大城北核心区污染修复治理工作，可为整个大城北建设创造有利条件，进而打造大运河文化带重要窗口，塑造世界级文化地标。本文通过对杭州大城北核心区现状进行梳理，指出大城北核心区在生态环境、城市功能和空间、交通系统和历史文化等方面存在的问题，确定发展目标，阐述了大城北核心区污染修复治理策略，强调在大城北核心区污染修复治理中突出综合性、有序性、高效性、经济性和实用性，同时为杭州大城北核心区的可持续和健康发展探索有效路径。

参考文献

[1] 蓝杰.工业遗产档案保护与利用研究——以杭州市大城北炼油厂为例[J].浙江档案，2020(5)：62-63.

[2] 李志涛.不同污染地块，如何选用处置策略？——对几个具体案例的风险管控和治理修复实践分析[J].中国生态文明，2020(3)：76-77.

[3] 吴展康.旧城更新中的“城市双修”策略研究——以苏州吴中区为例[D].苏州：苏州科技大学.

[4] 赵悬悬，徐肖薇，曹国华.面向高质量发展的城乡生态修复策略研究——以张家港市为例[J].江苏城市规划，2020(6)：13-16.

（吕蒙军　马　栋　俞　栋）

古石塔结构安全监测

一、工程概况

之江路输水管廊及道路提升工程西起梅灵南路，东至复兴路，全长约 6.3 km，采用输水、交通、景观三合一同步建设模式。新建双向 4 车道地下隧道，西起之浦路以西，沿之江路敷设，终于复兴路，长约 5.6 km，采用明挖法＋盾构法施工，含 1.5 km 明挖段、4.1 km 盾构段，结合交通功能需求，在之浦路、之江路分别设置一对进出匝道。闸口白塔在施工影响区域范围内(见图 1)。

图 1　项目概况图

根据场地地质条件，隧道主线及匝道标准段可采用盾构法或明挖法施工。白塔北侧区域现存在较多涉铁建筑，不具备拆迁条件。综合考虑，主线隧道线位设置于白塔和涉铁建筑之间，并尽量远离白塔布设。

经方案深化研究和论证，南线盾构隧道距白塔塔基水平净距为 24.02 m，盾构隧道埋深为 9.16 m[见图 2(a)]。4 号盾构工作井采用明挖法施工，基坑开挖深度为 26.16 m,与白塔塔基最小水平距离为 45.20 m,大于 1.5 倍基坑深度,如图 2(b)所示。

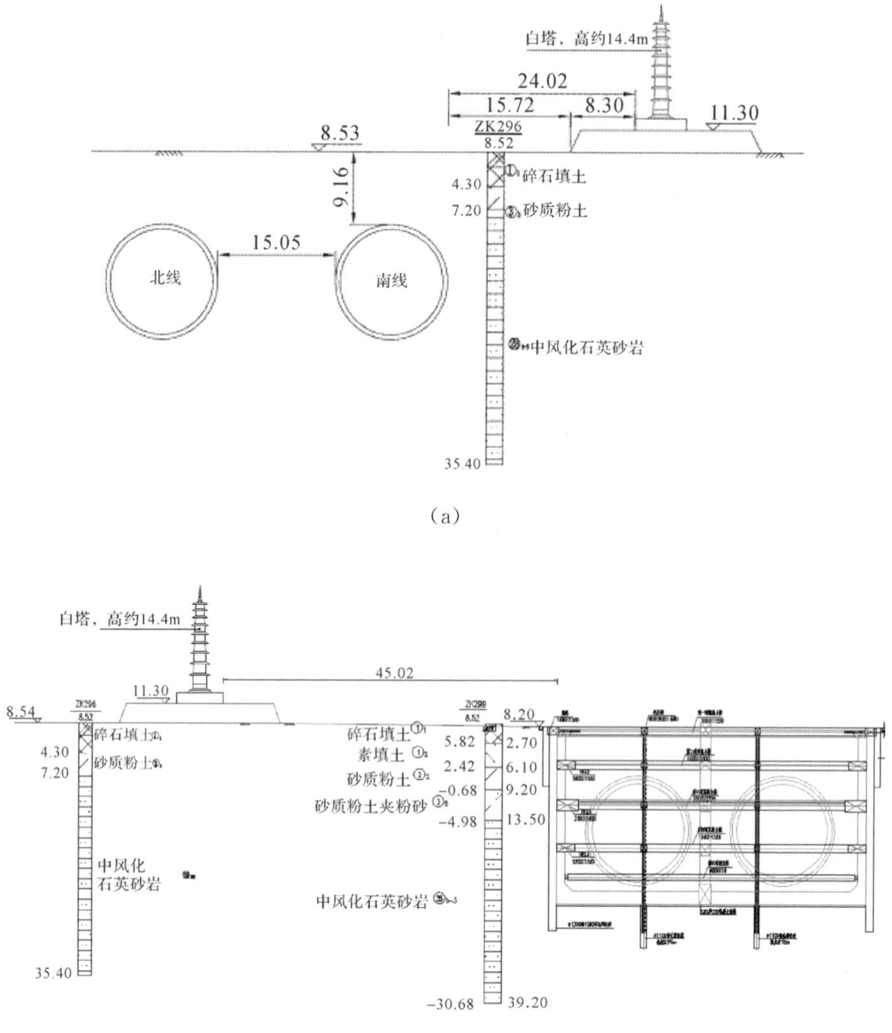

(a)

(b)

图 2　隧道与白塔的剖面关系

二、白塔结构评估

闸口白塔始建于五代吴越国末期,是第三批全国重点文物保护单位。闸口白塔为仿木结构楼阁式实心石塔，由基座、塔身及塔刹三部分组成，高约 14.4 m(包含塔刹)。基台部分的磐石上雕刻有山峰、海浪等纹饰，象征“九山八海”，须弥座的束腰处刻有佛经。塔身共 9 层，平面呈八边形，每层由平座、塔身和腰檐组成，全部以汉白玉分段雕凿而成，逐层收分，上下十字错缝，造型秀丽，雕刻精美，出檐深远，起翘舒缓。

由于白塔可能会受施工影响，前期对白塔进行了结构现状评估、振动影响模拟、塔基地质雷达扫描和塔身雷达扫描。综合评估后可知：

①塔身石材存在不同程度的风化现象，石材表层风化较为严重。石材表面裂隙存在发展的迹象。白塔的整体性相对较差。

②塔基存在不均匀沉降，塔身向西南倾斜。

③模拟计算结果表明，隧道施工及运营期间各工况对闸口白塔的沉降和振动影响小于相应规范要求。

三、监测方案

(一)监测原则

根据前期现状检测可知，白塔是一个石质堆砌结构，同时还存在一定倾斜和裂缝等问题。在监测过程中，必须根据白塔的现状制订监测方案。监测方案主要遵循以下原则：

1. 监测内容有针对性

由于白塔是一个石质堆砌结构，在条件允许的前提下，每一层应设置相应的观测内容。针对白塔现状，主要观测内容包括：塔基沉降、塔基水平位移、塔身水平位移、塔身倾斜、塔身裂缝、振动观测以及环境因素中的风速、风压和环境温湿度。

2. 仪器安装遵循对文物最小干预原则

在各种传感器和仪器安装过程中，遵循对文物最小干预原则。在石头表面，在无雕刻、无花纹、无文字的区域安放传感器，尽量采用绑扎的形式安装仪器。

3. 监测结果及时性

白塔属于国家级文物，通过实时监测，及时了解结构状况。如果发现异常情况，应及时向工程管理各方汇报，并采取相应的预案，对白塔进行保护。

本次采用实时监测，通过具有安全监测、预警、巡检管理等服务功能的综合管理系统，快速、可靠、智能地监测白塔的各种状况。通过监测数据，对白塔进行有效监测，掌握塔基、塔身、塔顶结构的安全状况。

(二)监测内容

根据监测原则，对监测内容采用在线仪器进行测试，对传感器采集的数据进行分析，及时反馈测试结果。具体内容详见监测内容一览表(见表1)。

表1 监测内容一览表

序号	内容	监测频率		数量
		基坑开挖期间 盾构掘进前后100 m	工后及运营期	
1	塔基沉降	自动监测，每5分钟采集一次数据	自动监测，每30分钟采集一次数据	8个
2	塔刹水平位移	自动监测，每5分钟采集一次数据	自动监测，每30分钟采集一次数据	1个
3	塔基周边地表沉降、水平位移	自动监测，每5分钟采集一次数据	自动监测，每30分钟采集一次数据	4+4个
4	塔身水平位移	自动监测，每5分钟采集一次数据	自动监测，每30分钟采集一次数据	36个
5	塔顶水平位移	自动监测，每5分钟采集一次数据	自动监测，每30分钟采集一次数据	4个
6	塔身倾斜	自动监测，每5分钟采集一次数据	自动监测，每30分钟采集一次数据	9个
7	塔身缝隙(拼缝+裂缝)	自动监测，每5分钟采集一次数据	自动监测，每30分钟采集一次数据	2条
8	塔基振动	自动监测，每5分钟采集一次特征值。典型时段200 Hz采集15分钟	自动监测，每30分钟采集一次特征值。典型时段200 Hz采集15分钟	三向(3个)
9	塔身振动	自动监测，每5分钟采集一次特征值。典型时段200 Hz采集15分钟	自动监测，每30分钟采集一次特征值。典型时段200 Hz采集15分钟	三向(3个)
10	周边地面振动	自动监测，每5分钟采集一次特征值。典型时段200 Hz采集15分钟	自动监测，每30分钟采集一次特征值。典型时段200 Hz采集15分钟	4套(三向)
11	风速振动	自动监测，每5分钟采集一次数据	自动监测，每30分钟采集一次数据	1个
12	酸碱度(雨)	1次/月	1次/季度	1个
13	温湿度	自动监测，每5分钟采集一次数据	自动监测，每30分钟采集一次数据	1个

(三)监测方法

1. 塔基沉降监测实施方案

监测塔基沉降的同时，增设塔基平台下地表沉降监测点，可以较早监测出周边地表变形情况。沉降自动监测采用静力水准仪进行测试，定期采用光学水准仪进行校核(见图3)。

图3　塔基沉降测点布置

2. 塔刹水平位移、倾斜监测实施方案

在塔刹安装高精度的在线双轴倾角计，自动测试塔身的倾斜情况。根据塔刹高度，推算塔刹顶部的水平位移。

3. 水平位移监测实施方案

塔基和塔身水平位移，采用自动激光收敛计进行观测(见图4)，同时考虑塔身倾斜所引起的水平位移变化情况，该部分数据根据塔身倾斜观测值进行推算。塔基水平位移定期采用全站仪进行复测。

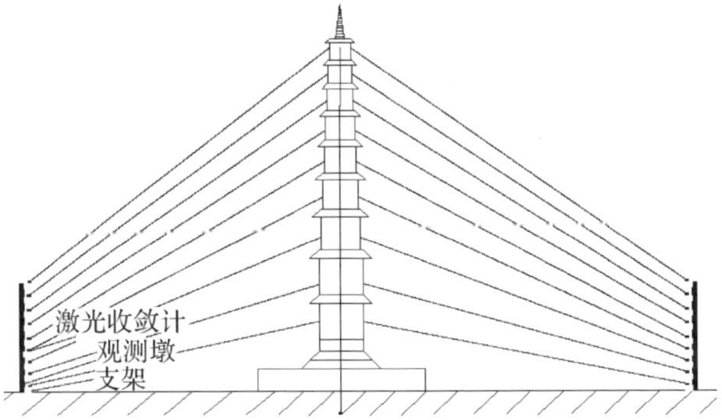

图4　塔身水平位移监测点布设示意图

4. 塔身倾斜监测实施方案

在塔身西南面，布设双向倾角计。具体测点布置如图 5 所示。

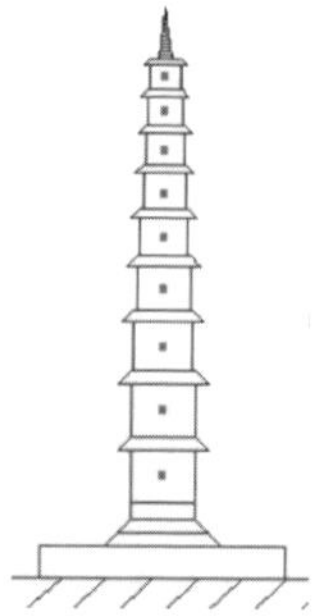

图 5　塔身倾斜监测点布设示意图

5. 塔身缝隙监测实施方案

由于白塔以块石砌筑成层，因此裂缝对安全的影响主要以石缝开裂为主。通过选取若干较为明显的拼接缝或灰浆缝，设置裂缝计进行监测。塔身每层选取两条典型裂缝进行监测。

6. 塔顶、塔基及周边地面振动监测实施方案

施工振动通过在塔顶和塔基设置三轴振动传感器进行监测，可测试速度、加速度及位移，如图 6 和图 7 所示。

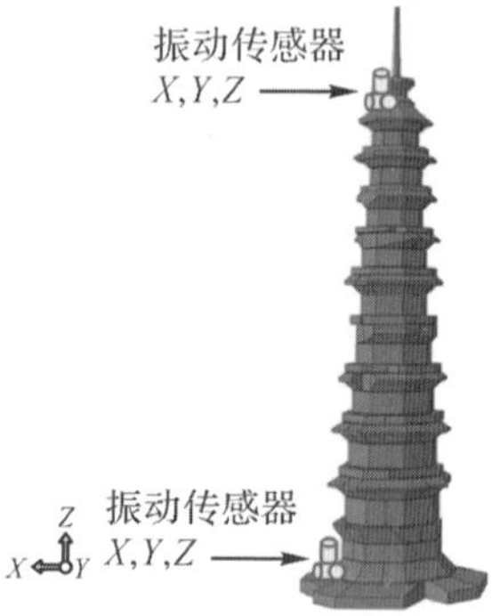

图 6　塔顶及塔基振动监测布置示意图

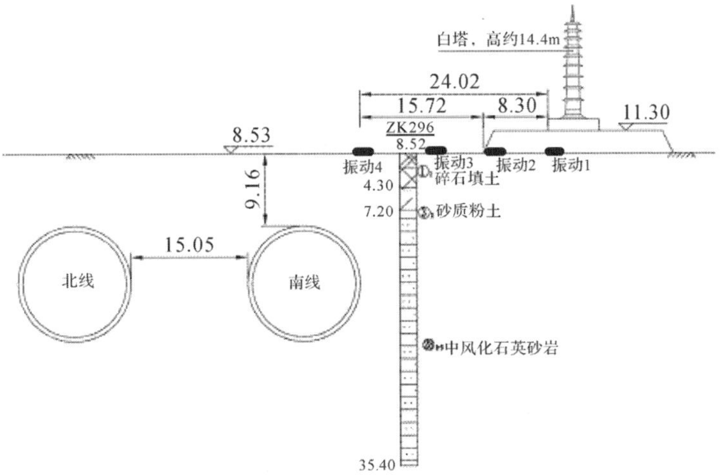

图 7　周边地面振动监测布置示意图

7. 白塔落物追踪实施方案

为防止塔身碎片掉落，围绕塔身布置多个自动摄像头，实时对塔身及周边进行动态追踪，如图 8 所示。远程监控摄像头可以遥控摄像机进行左右 320°、上下 60°旋转监视，对画面进行拍照、录像，并及时传回服务器上。摄像机具有移动侦测功能，可追踪塔身掉块情况，并设定发送信息示警。

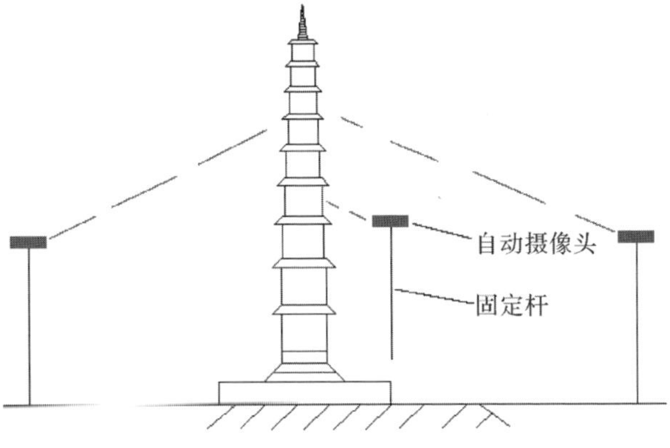

图 8　监控摄像头布置示意图

全部仪器安装完毕，整体效果如图 9 所示。

图9　整体效果图

四、安全监控与风险控制

(一)安全监控平台

利用在线仪器,建立远程监测系统,对监测物进行综合性自动监测。远程监测系统以高精度检测设备远程监测和人工巡检结合的方式对监测物进行自动安全监控。

远程监测系统包含数据接收、数据转化、数据输出、数据交互等数字化运行平台,针对监测物的监测数据异常预警、针对监测设备运行状态的异常预警的风险控制平台,人工现场巡检与记录的小程序移动平台,监测设备管理、监测数据分析、监测结果输出的数据分析平台(见图10和图11)。

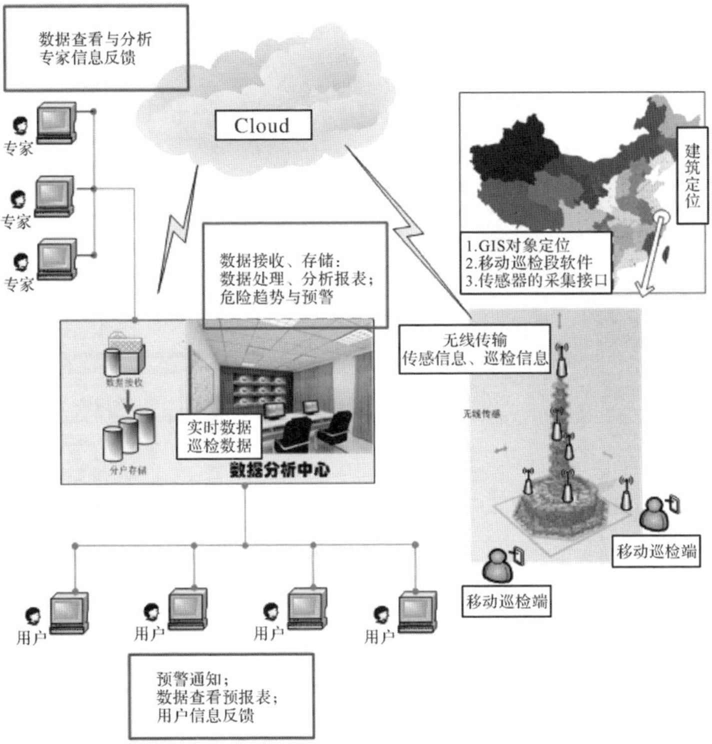

图 10　远程系统动态监测图

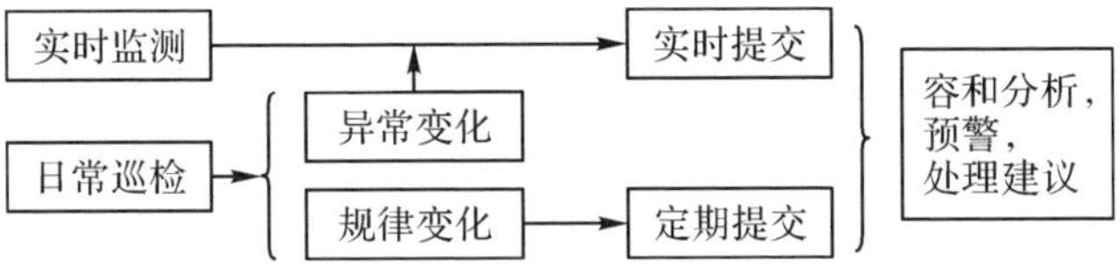

图 11　监测与巡检融合体系

巡检系统(见图 12)主要采用巡检小程序,对监测物的外观、构件等信息进行人工巡检,并录入系统中建立人工巡检信息库,对结构外观情况进行及时和长期的记录和描述。古建筑刚好也有日常巡检的工作要求,二者结合,共同管理古塔结构的安全。

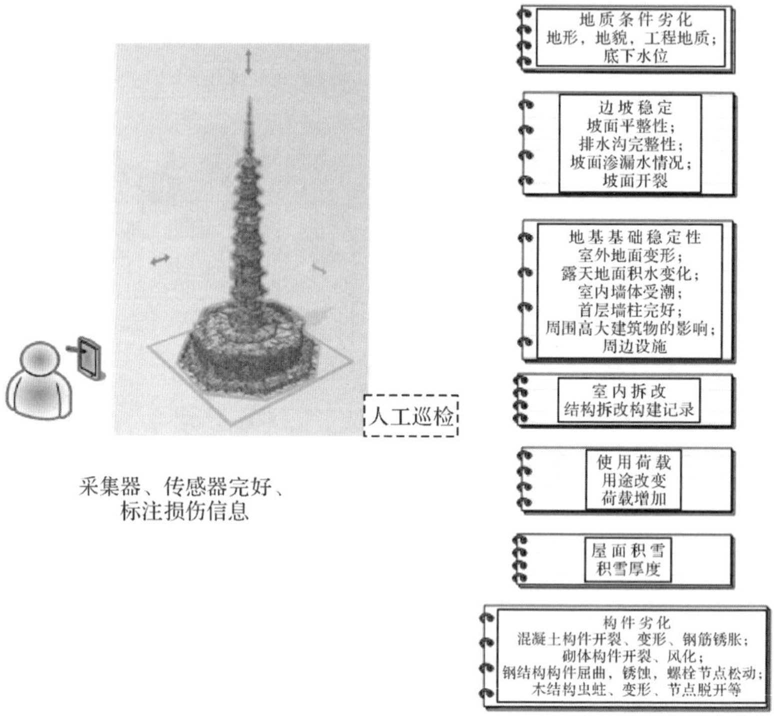

图 12　巡检系统

(二)风险控制

在项目施工过程中，白塔结构的主要风险源来自以下几个方面：

①施工区域，前期为基坑风险，后期为盾构施工风险。基坑开挖过程引起的土体变形和振动，如果数值较大，最终会波及白塔基础，引起白塔结构风险。

②施工场地与白塔间的间隔区域场地风险。间隔区域的土体变形，一方面可能来自施工区域的场地变形(围护结构变形)；另一方面，如果地下连续墙漏水，间隔区域的水会渗向基坑，地下连续墙未变形，但是间隔区域由于排水效应，致使场地变形。这些变形会更加直接地影响白塔。

③白塔结构自身风险，比如台风天引起大的风荷载等因素。

将工程场地分为施工区域、间隔区域和白塔结构区域。在施工过程中，白塔的风险主要来自施工区域和间隔区域。故监测过程中，应分区控制，实时关注各监测区域的监测数据。建立施工场地的第三方监测、施工方监测和文物监测的数据联动机制，为白塔风险控制和应急管理提供足够的决策时间，能够在合适的时间点，开始应急方案准备或启动，对白塔进行防护。

施工区域监测数据异常，数据联动及对策如图 13 所示。

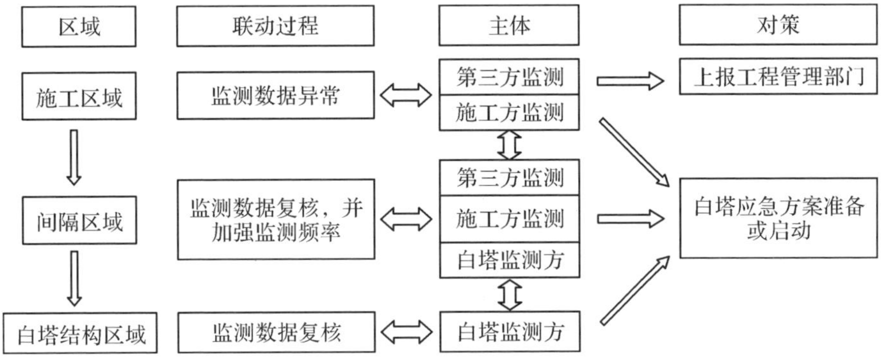

图 13　施工区域监测数据异常对策图

五、总结

古塔结构安全监控，必须考虑古建筑特征和需求，遵循对文物最小干预的原则。监测方案和监测内容，应结合结构现状评估和施工情况进行确定。监测过程中，分析多方数据，建立监测联动机制，确保古塔结构安全。

（杨玉龙）

由钢管混凝土系杆拱桥吊杆损坏引发桥梁事故的思考

摘　要:结合全国目前可查的钢管混凝土拱桥事故,从桥梁结构方面对中承式拱桥的损害机理进行适当分析,并结合笔者多年工程实施经验,从理论上对避免拱桥吊杆崩溃性损害提出可行的解决方案。

关键词:钢管混凝土;拱桥;吊杆断裂;设计;优化

一、概述

2013 年 11 月 1 日,住房和城乡建设部和国家质量监督检验检疫总局联合发布了一个桥梁行业的国家标准,即《钢管混凝土拱桥技术规范》(GB 50923—2013)[1]。该标准于 2014 年 6 月 1 日起执行。

至此,作为一个桥梁专业技术人员,笔者依据多年来积累的一些关于这项规范所涉及的钢管混凝土拱桥的认识与思考,浅谈一下自己的想法。

从目前可见资料得知,最早在 1937 年,苏联在列宁格勒用集束小直径钢管混凝土作为拱肋建造了跨径为 110 m 的涅瓦河拱梁组合桥;尔后,在 1939 年,苏联又在西伯利亚建造了跨径达到 140 m 的铁路上承式钢管混凝土二铰拱桥。在此后半个世纪,这种桥梁并没有得到业界的真正关注,是中国人再次发掘出这种桥型,并且将其结构理论及施工技术发扬光大。

1990 年,我国在四川旺苍建成了跨径为 110 m 的下承式钢管混凝土拱桥东河大桥,这种桥型才开始在中国得到广泛的应用。从目前可靠的统计资料来看,至 2010 年 6 月,全国已建成并投入使用的跨径大于 50 m 的钢管混凝土拱桥数量达到了 327 座。

在这 20 余年里,这类拱桥理论并不成熟,特别是计算模型及计算公式等没有一个统一的标准。最初,这类桥大多用于交通工程,后来向市政工程领域延伸,这两个行业钢管混凝土拱桥所占比例达到总数的 87.9%(据 2010 年 6 月统计数据)。

在铁路工程建设中，直到2001年才出现了第一座钢管混凝土拱桥。这一方面得益于在20世纪末的10余年里这种桥型施工工艺的不断研究和提升，另一方面也是因为这种钢管混凝土拱桥在软土地基特别是山区施工所具有的不可替代的优势。这种桥型有比索结构更大的刚度和比钢筋混凝土结构更轻盈的造型，这使钢管混凝土拱桥在施工工艺、工程造价上有相对优势，最终得到铁路工程建设部门的认可。

从初步了解到的数据来看，2014年前4年全国钢管混凝土拱桥的增速远远超过前20年。同时在钢管混凝土拱桥的跨径上有了大幅增长，2008年建成通车的上海卢浦大桥创造了跨度达550 m的中承提篮式钢箱系杆拱的世界纪录，2013年建成的四川合江中承式钢管混凝土大桥，跨径再次突破500 m，达到了530 m。可以这样说，自合江大桥开始，钢管混凝土拱桥的跨越能力达到了钢拱桥同一级别的水平。

综上所述，我们可以明显地发现，钢管混凝土拱桥作为我国近年来桥梁建设发展的新技术，具有自重轻、强度大、抗变形能力强、承载能力大等优点，并且用料省，安装重量轻，施工简便，工期短，养护工作量小。所以我们说它是大跨度拱桥中一种比较理想的结构形式。

但是由于我国桥梁建设发展速度过快，钢管混凝土拱桥存在设计施工不够规范，以及质量检验评定标准不科学等因素，在过去的15年中，陆续发生了一系列钢管混凝土拱桥的损毁事故。经调查，目前已发生的事故中，大致分为两大类：一是部分结构失效，二是桥梁结构崩溃性损毁。前者主要表现在预制或现浇横梁裂缝、吊杆锈蚀、桥面板开裂、柔性系杆应力损失等方面；而后者则表现为桥梁整个体系崩溃，如影响较大的綦江彩虹桥事故以及河北怀柔一座人行钢管拱桥倒塌事故等。近年来，由系杆拱桥吊杆问题引发的事故在不断增加，已有的研究表明，就钢管混凝土拱桥及钢筋混凝土拱桥而言，吊杆才是这类桥梁最薄弱的环节，所以整桥的使用寿命设计及运营养护重点都应以这个构件为中心。

二、案例分析

在宜宾小南门大桥、新疆孔雀河大桥及福建武夷山公馆大桥这3个广为人知的桥梁事故案例中，我们不难发现一个惊人的相似之处，那就是它们都是在活荷载作用下吊杆发生断裂，直接拉断了纵向柔性系杆。同时，在这3个案例中，从现场情况看，3 座大桥采用的钢管混凝土拱肋体系均完好无损。

同样是建成于 20 世纪 90 年代的盐城通榆河大桥、河南漯河泰山路大桥，也发生过同样的事故。总结并探索钢管混凝土拱桥损毁的机理，并从理论上提出工程设计改进建议，是一个急需解决的技术难题。下面具体分析 3 座典型的吊杆断裂事故的相关情况。

（一）宜宾小南门大桥

宜宾小南门大桥主桥系中承式钢筋混凝土肋拱桥，矢跨比为 1/5，是当时国内跨径最大的钢筋混凝土拱桥，于 1990 年建成。该桥桥面系分两部分：中部 180 m 范围为钢筋混凝土连续桥面，由预制横梁及空心板组成“飘浮式”桥面系，用 12 根柔性吊杆将桥面悬挂于拱肋上；两端各 30 m 为钢筋混凝土门式框架，两拱肋间桥面以下部分设置 3 道风撑以加强侧向刚度，桥面以上部分设置的两道 K 式横撑与拱肋组成框架。主拱基础为分离式拱架。该桥采用劲性钢骨架、缆索吊装施工工艺。2001 年 11 月 7 日凌晨 4 时，大桥发生了吊杆及桥面断裂事故，桥两端同时塌陷，造成交通中断。事故发生的主要原因是连接拱体和桥面预制板的 4 对 8 根钢缆吊杆断裂，致使两岸共 4 片横梁及相连的桥面板、人行道坠落江中。两边的断裂部位都是位于主桥与引桥的结合点，恰恰也是吊桥动态与静态的结合点。因受力不均，一边垮塌后，桥面的支撑力发生波浪形摆动，连锁反应造成另一边也跟着垮塌。宜宾小南门大桥垮塌后场景如图 1 所示。

图 1　宜宾小南门大桥垮塌后场景

对结构及构件进行综合检查，发现拱肋完好，未见破坏痕迹。但是在该桥修复过程中，发现吊杆内部有锈水，吊杆外包的 PE 护套老化后完全裂开，吊杆钢绞线严重锈蚀，有的吊杆钢绞线从中横梁顶面断裂，还有部分较短吊杆在纵向水平力作用下局部发生损坏。

（二）新疆孔雀河大桥

新疆孔雀河大桥是314国道跨越孔雀河的一座重要桥梁，桥跨为150 m，宽24.5 m，是和（硕）库（尔勒）高速公路与库（尔勒）库（车）高速公路的连接点，1998年建成通车，是当时西北地区跨径最大的钢筋混凝土系杆拱桥。2011年4月12日凌晨5时，国道314线库尔勒孔雀河大桥主跨第二根吊杆断裂，造成桥面塌陷，断裂部分长约10 m，宽约12 m，交通中断。新疆孔雀河大桥垮塌后场景如图2所示。

图2　新疆孔雀河大桥垮塌后场景

由于该桥处于天山以南，桥梁所在区域常年少雨干燥，在吊杆断裂事故发生后，对桥梁结构进行检查，未发现像宜宾小南门大桥那样较为普遍的镦头锚及钢丝锈蚀现象。

（三）福建武夷山公馆大桥

武夷山公馆大桥于1996年11月8日动工兴建，1999年11月20日竣工通车。武夷山公馆大桥为中承式钢架拱桥，上部结构为3孔中承式悬链线等截面（拱脚处截面加高加厚）钢筋混凝土箱型无铰拱桥，设两墩两台，中间跨度为100 m，两边跨度为80 m，全长为301 m，是当时闽北此类桥型中最大的桥梁。2011年7月14日上午8时50分，桥梁部分吊杆发生断裂，导致桥面荷载失去承载而发生垮塌（见图3）。

图3　武夷山公馆大桥垮塌后场景

（四）特征分析

对以上3座大跨径拱桥垮塌案例进行分析，发现吊杆断裂具有以下几个特征：

①这类桥梁在桥面系崩溃时拱肋体系基本完好。不管是钢筋混凝土拱还是钢管混凝土拱，按目前我国适用的理论计算规范[2]，该类实心拱肋在截面刚度、强度、截面承载能力及稳定性验算时，还是有相当的安全余量的。

②所有桥梁体系崩溃时，桥面都是在车辆等活荷载作用下，特别是从这些事故桥梁看，桥面系崩溃时活荷载基本上不低于设计荷载。

③不是所有的桥面系均一次整体崩溃。事后调查，甚至可以清晰地看到，吊杆断裂处均位于肋间横梁最近的两根或者更多，都在端部断裂或是对称断裂，所断的均为短吊杆，长吊杆无一断裂。

④所有断裂点均位于下端。从笔者目前掌握的超过5例吊杆断裂桥梁案例来看，无一吊杆断裂位于上端。

三、吊杆拱桥现状

上面所列举的3个案例，桥梁的吊杆无一例外地采用了OVM平行热镀锌钢丝外裹PE冷铸镦头锚体系。自20世纪80年代以来，“高强平行钢丝束+PE保护套技术”随着斜拉桥结构引进我国，其以纤细的造型、通透的视觉效果、较高的性价比引起了桥梁设计人员的关注，在拱桥吊杆中被广泛使用。

在目前国内的此类桥梁设计中，多见锚固端护罩加设不锈钢注油管，在自由段上下增设通向PE护套内的不锈钢注油管。另外，为防止紫外线辐射造成PE护套损坏，在吊杆自由段增设外装式不锈钢或HDPE护套。经柳州专业厂家研究测试，不加防紫外线PE护套的吊杆一般5年即出现环状应力开裂，15～20年出现网状老化开裂。从设计意图上看，在吊杆端头增设护套后，内部温度比外部温度低，且可以防水，对延长吊杆使用寿命较为有利。在桥面系的温度、车辆制动力、冲击力等荷载作用下，吊杆下端处于反复弯剪状态，久而久之导致吊杆护套破损、进水，致使钢绞线（钢丝）锈蚀、破坏。笔者建议设计吊杆时，应着重加强和改善短吊杆的结构和防护。

受科学技术和工业水平发展进程的制约，人们对金属、非金属材料腐蚀机理（氢脆、应力腐蚀、腐蚀疲劳等）的认识和防腐意识及防腐措施有待增强。直至今天，这些认识、意识和措施还在不断深化、完善和发展；许多材料、工艺技术和方法还有待环境和时间的检验。

一座桥梁安全与否，建设单位的判断与设计人员对结构和材料的理解起主导作用，直接相关单位有监理单位、材料生产厂家、施工单位、养护维修单位。多年来，腐蚀导致桥梁损坏事故发生的教训是极其深刻和惨痛的。

四、吊杆断裂的机理分析

吊杆是如何断裂的？结合多种文献资料和事故现场的调研[3]，目前基本可以得到确认的原因大致如下：

①吊杆安装不当，及桥面"飘浮体系"的特性，横梁的轻微扭动反复摩擦吊杆，导致吊杆损伤，最终在荷载的作用下断裂。

②吊杆体系的安装不密封，致使桥梁积水及雨水进入吊杆底部或顶部，镦头锚具锈蚀，直至约束效应失效。

③人为损坏，如在吊杆上刻划或是烧灼等，导致吊杆损伤，直至失效破坏。

④车辆的撞击或者超重车经过，使吊杆疲劳进入后屈服强度，造成断裂或者永久性的损伤，从而严重影响吊杆的使用寿命，直到突然引起断裂。

五、吊杆断裂的理论推演

依据材料力学理论分析，当吊杆的材质截面系数相同时，我们即认为该座桥梁吊杆的力学性能也是一样的。另外，使用吊杆的桥梁在运行过程中，它的恒载即桥梁的自重是不会改变的，而活载的主要组成部分车辆荷载是变化的。即使如此，一辆载重车自它前轮驶上桥面的那一瞬间，假设其做匀速运动，那么它对所通过桥面的作用力以及作用效应应该是相同的，因为在其通过桥梁的过程中，没有任何理由使其变得更重或者变得更轻。同时，桥面是平整的，按目前的车辆荷载计算理论，一般在车速小于 80 km/h 时，是不计车辆冲击系数的，但若是桥平整度存在严重偏差，则冲击荷载就变得不容忽略了。

①根据胡克弹性力学定理，不管吊杆的大小和截面系数是怎样的，所有的吊杆在受到相同荷载(恒载＋活载)作用时，应力都是相同的，因为吊杆应力只与荷载组合有关。

②相同材质的吊杆在承载如上描述的荷载组合时，拉应力相同，根据胡克定理

$\Delta F=-k\cdot\Delta x$，其相同材质的吊杆的 k 值是相同的（k 的单位是 N/m），伸长量（率）只与应力相关，故其伸长量一定是相同的。也就是说，一座拱桥中，不论它是中承式还是下承式拱，吊杆的长度一定是长短不一的，从拱脚位置最短到跨中最长渐变对称布置，但不管其长短如何，其所受拉应力都是相同的，故不论吊杆长短，其伸长量（率）一定是相同的。

③相同材质相同截面的吊杆，在弹性变形范围内，其因长短的不同而允许伸长量是不同的。更明确的是，长吊杆的允许伸长量一定大于短吊杆的允许伸长量。换个角度来说，即短吊杆较长吊杆更容易接近屈服强度点。

④在相同荷载组合作用下，虽然短吊杆与长吊杆伸长量相同，但直观的判断就是短吊杆较长吊杆更容易接近弹性变形极限，甚至超出弹性变形范围，直接进入材料的屈服强度阶段。

⑤即便同一座吊杆拱桥使用相同截面的吊杆，短吊杆也会因为其应变反复冲击弹性变形极限，致使其相较长吊杆而言更易疲劳，也因而更易断裂。

六、针对吊杆设计的一些建议

经过如上的分析和推演，可以认为，吊杆的断裂确实不是偶然和超出常理的，其符合弹性力学的基本规律。故而从弹性力学的基本规律来对这类桥梁做一定的预防，并因此大幅度延长吊杆的使用寿命，增强其安全性是可行的，也是必要的。

从弹性理论可以看到，吊杆的安全性能除了材料本身的质量保证和提升外（材料的弹性系数 h 值的提升），无外乎要从应力控制及应变控制两个大的方面着手。具体措施如下：

①根据我国交通管理的实际状况，目前，不可能做到规范的车辆载重管理，过去数年中许多事故桥梁背后都存在车辆超载现象。2013 年哈尔滨阳明滩大桥的引桥及河北怀柔白水河大桥的坍塌都是超载引起的，在终审判决里，交通管理部门及超载车辆为第一责任人，这在全国动辄批评“豆腐渣工程”的氛围里，算是一个相对积极的案例。相对众多实际因超载引起的塌桥事故而言，正确地评价桥梁使用过程的安全管理还有漫长的路要走。所以减轻交通活荷载的可能性从严格意义上说是不可行的。

②可行的方案是通过优化设计来减轻恒载及桥梁桥面系的自重，而且恒载的减轻与吊杆的应力减小呈线性关系。伴随着我国钢结构加工工艺、大构件预制能

力的发展，以及组拼式施工工艺的进一步推广和成熟，桥面板、刚性系梁、护栏等构件的加工制作及安装能力与20年前相比发生了翻天覆地的变化。在此基础上，采用相对钢筋混凝土预制梁的自重显著减轻的钢箱梁、叠合梁或者钢桁式梁[4]都是可行的。

③在现有吊杆本身材料质量得到保证的基础上，适当增加吊杆的截面积，以此来增加吊杆的允许应力，从而增强吊杆的安全性。经实际市场调查，并结合现有设计规范[5]，在现有可靠性验算的基础上，提高吊杆的截面积是最为经济、最能产生直接效果的措施。若是从制造成本来考虑，可以采用在同一吊点平行增加吊杆数量来达到同样的效果。这样的措施可以与《钢管混凝土拱桥技术规范》(GB 50923—2013)中的强制性条文“7.4.1”款内容进行理论与实践的结合。即采用多组共同作用的吊杆，既在使用上有充足的安全储备，又为后期局部吊杆的更换提供不中断交通保障，是一举两得的措施。杭州钱塘江四桥的吊杆设置即是按此考虑的。

④在同一座桥梁中，针对长短吊杆在弹性允许应变范围上的不同，以现在的加工及安装工艺是有条件把短吊杆的截面系数设计得比长吊杆更大的，它所起到的效果也是显著的。

⑤考虑到同样应力作用下的吊杆，短吊杆更容易疲劳，因此在桥梁设计时，可以考虑在纵断面上适当加密短吊杆布置，亦即吊杆的布置间距从拱肋最短处向跨中最长吊杆处渐变，该布置方法即可合理避免相同应变对吊杆寿命的不同影响，而且经济性明显，同时现有技术规程及制造、安装工艺水平已完全能达到设计使用功能意图。

⑥在基础设施建设高速发展的形势下，是该在理论和实践中对桥梁建设予以充分的认识、研究和处理，为桥梁行业的真正健康发展起到切实的指导作用，可以说该工作已是刻不容缓！

七、《钢管混凝土拱桥技术规范》的重点和有待改进内容的建议

2014年6月1日开始实施的国家标准《钢管混凝土拱桥技术规范》(GB 50923—2013)是近年来在福建、重庆等地方标准出台后的一个质的进步，该规范在拱桥的设计及施工工艺方面做了许多研究，对结构计算如冲击系数及检评标准等，基本做到明确的界定和规定。笔者借此文对新规范中的重点进行简要列述。

①强制性条文只有2条，这也是笔者10余年来在拱桥建设过程中深有体会的2条，笔者迫切期盼借本规范强制条文的颁布引起桥梁界的思考和警示。

"7.4.1"款：钢管混凝土拱桥的吊索与系杆索必须具有可检查、可更换的构造与措施。

"7.5.1"款：中承式和下承式拱桥的悬吊桥面系应采用整体性结构，以横梁受力为主的悬吊桥面系必须设置加劲纵梁，并应具有一根横梁两端相对应的吊索失效后不落梁的能力。

②关于钢管拱肋混凝土结构质量的检测方式，在本规范的"12.3"款中做了较原交通部规范[6]更详细的规定。但对于采用压注方式灌注的钢管混凝土，在密实度检测及拱力脱粘(角度)率的检测方式和检测评定参数上，仍然缺乏可操作性，比如用人工敲击方式以声音辨识密实度看似可行，实则不合理也不科学；规范规定在敲击声音异常时采用超声波检测，由于钢管与混凝土的套箍作用，这样的声波检测方式在实际判定中同样不科学。

③根据钢管混凝土拱的本身特性，拱肋内灌注的混凝土会产生收缩，并因而引起拱肋的收缩变形，这种变形在超静定拱肋体系中会产生附加应力(收缩次内力)。针对这个特性，在我国一些钢管拱桥梁的设计中，会考虑采用具有微膨胀性能的混凝土灌注，但对微膨胀系数目前无明确而统一的规定。因此在理论上还需做更进一步的研究，相应地，关于施工技术规程的规范化也有待进一步完善。只有符合客观规律的理论、切实可行的操作工艺、可以量化并定性分析的检测方式和全寿命期安全，才是一种结构完善的标志。

八、本文探讨问题的延伸

笔者在本文的开头已申明本文旨在探讨吊杆的结构安全本身，结合当今我们基础设计建设领域的技术创新，特别是桥梁结构的创新，吊杆这种体外金属材料构件应用领域也在不断发展，同样用到吊杆的桥梁类型中除本文探讨到的中承式及下承式拱桥外，其他比如悬索桥的吊杆、斜拉桥的拉索、膜结构的拉杆，以及大量应用于大型公共设计如体育场馆的拉索结构等等，都属同样的理论范畴。

过去10余年中，全国各地发生的关于吊杆断裂、吊杆锈蚀致应力失效等现象层出不穷，图4即为一座拱桥吊杆断裂图，所幸因该桥梁采用了纵向刚性系梁，吊杆的断裂未造成桥梁桥面体系的整体落梁事故，这类事故在过去已多次发生。

图4　一座拱桥吊杆断裂图

九、结语

每一座桥梁的成功都是基于相同的理由，而每一次桥梁事故的理由又不尽相同。对钢管混凝土系杆拱桥吊杆损坏引发桥梁事故的思考，应从设计根源上加以思考，在保证桥梁设计使用功能的前提下，通过优化设计来提高吊杆的安全储备是可行的方案。作为一个桥梁建设从业者，笔者认为：钢管混凝土系杆拱桥的吊杆优化设计是预防吊杆断裂造成桥梁坍塌事故发生的极为有效的措施，应引起桥梁设计人员的高度重视。

参考文献

[1] 中华人民共和国住房和城乡建设部，国家质量监督检验检疫总局. 钢管混凝土拱桥技术规范：GB 50923—2013 [S]. 北京：中国计划出版社，2014.

[2] 中华人民共和国住房和城乡建设部. 城市桥梁工程施工与质量验收规范：CJJ 2—2008 [S]. 北京：中国建筑工业出版社，2009.

[3] 中华人民共和国交通运输部. 公路钢管混凝土拱桥设计规范：JTG/T D65-06-2015 [S]. 北京：人民交通出版社，2015.

[4] 陈宝春，韦建刚，吴庆雄. 钢管混凝土拱桥设计计算方法与应用[M]. 北京：中国建筑工业出版社，2014.

[5] 聂建国. 钢-混凝土组合结构原理与实例[M]. 北京：科学出版社，2009.

[6] 中华人民共和国交通运输部. 公路工程质量检验评定标准：JTG F80/1-2017 [S]. 北京：人民交通出版社，2018.

（李昌耀　张振强）

双护盾 TBM 在杭州市江南线山岭段的应用

摘　要：实施合理的总体施工方案，选择合适的 TBM(tunnel boring machine，全断面硬岩隧道掘进机)设备，是双护盾 TBM 在杭州市江南线山岭段工程成功应用的关键。本文总结双护盾 TBM 在杭州市第二水源输水通道江南线山岭段的应用经验，为后续类似项目提供借鉴。

关键词：双护盾 TBM；引水隧洞；TBM 选型

一、引言

TBM 是一种靠刀盘旋转破岩推进，隧道支护与出渣同时进行，并使隧道全断面一次成型的大型机械。我国自 20 世纪 90 年代开始将 TBM 推广应用到引水隧洞、铁路(地铁)隧道等工程中，目前已成功实施了西康铁路秦岭隧道、辽宁大伙房引水工程、锦屏电站引水隧洞、吉林引松等一批重大工程。笔者总结双护盾 TBM 在杭州市第二水源输水通道江南线山岭段引水隧洞工程的应用经验，可为后续类似工程提供技术支持。

二、工程概况

杭州市第二水源输水通道江南线输水工程为杭州市第二水源千岛湖配水工程下游配套工程的一部分，工程竣工后，千岛湖水源与钱塘江水源可互为应急备用水源，优化供水格局。

江南线输水线路全长约 26.23 km，分为山岭段、平原段和过江段三期施工。千岛湖配水工程闲林取水口配水井至花山为山岭段，长约 13.13 km；花山至双浦节点段为平原段，长约 6.22 km；双浦节点至渔浦为过江段，长约 6.88 km。

三、施工方案比选

(一)可供选择的施工方案

根据本工程山岭段隧洞沿线地形地质条件、隧洞长度、开挖洞径和工期要求等,参考国内目前较为成熟的隧洞施工经验,适合本工程山岭段输水隧洞的施工方案主要有钻爆法、TBM 法两种。

钻爆法适应性强,较为经济,是隧洞开挖中最为传统、常规的施工方法,绝大多数山岭隧道均采用此方法。根据隧洞不同的地质条件、洞径和进洞长度等,一般钻爆法洞挖每月进尺为 60～180 m。TBM 法可以实现连续掘进,能同时完成破岩、出渣、支护及运输等作业,实现工厂化施工,单工作面掘进速度较快,效率较高。目前 TBM 按护盾形式主要分为开敞式 TBM、单护盾 TBM、双护盾 TBM 等 3 种形式。根据隧洞不同的地质条件、洞径等,TBM 法洞挖每月综合进尺为 500～800 m。

方案一:全段采用钻爆法施工。根据沿线地形地质条件及工期要求,可设 7 个施工支洞,从闲林配水井进口开始根据各施工支洞的布置,山岭段输水隧洞共有 15 个工作面。

方案二:全段采用 TBM 法施工。滕村至花山段以生物碎屑灰岩、白云岩为主,岩溶发育,以目前的地质物探无法准确探明,采用 TBM 方案有极大风险,不宜采用。

方案三:采用 TBM 法＋钻爆法施工。本工程山岭段输水隧洞长约13.13 km,其中闲林水库至转塘滕村采用 TBM 法施工(约 8 km),滕村至花山灰岩溶蚀区(约 5 km)采用钻爆法施工,在滕村设一支洞作为 TBM 的始发洞。在中村、石龙山、乌龟山各设一支洞作为钻爆段的施工支洞。

(二)施工方案比选

施工工期对比:钻爆法施工总工期为 36 个月,TBM 法＋钻爆法施工工期为 25 个月。

投资对比:钻爆法投资 92187 万元,TBM 法＋钻爆法投资 107327 万元。

优缺点对比如表 1 所示。

表 1　钻爆法与 TBM 法＋钻爆法对比

施工方案	钻爆法	TBM 法＋钻爆法
优点	①投资较小； ②施工方法成熟，适应性强，遇不良地质条件处理方法成熟	①施工工作面少，政策处理难度较小，管理方便； ②全断面机械施工，施工安全性高； ③开挖断面完整性好，隧洞开挖扰动小。 ④工期短，较钻爆法短 11 个月
缺点	①施工工作面多，政策处理难度和施工干扰大； ②钻爆法受政策处理、炸药供应、社会稳定等因素影响较大，施工工期存在不确定性风险； ③施工安全风险相对较大； ④对环境造成的影响较大； ⑤施工工期较 TBM 法＋钻爆法延长约 11 个月	①投资较大； ②开挖出来的洞渣为薄片状，利用率低，处置难度较大； ③对不良地质条件适应性较差，施工进度和投资受隧洞围岩情况影响较大

（三）施工方案选定

①结合隧洞沿线工程地质情况、政策处理难度、工期要求，经经济性分析，TBM 法＋钻爆法施工方案优于其他方案。

②闲林水库至滕村段采用 TBM 法可以解决施工用地政策处理及爆破作业扰民等难题，滕村至花山采用钻爆法施工对居民的干扰较小。

③TBM 法＋钻爆法组合方案，工期上可以满足杭州市政府 2020 年底通水的要求。

④在静态总投资上 TBM 法＋钻爆法比全段采用钻爆法多 15140 万元，但是在可接受的范围内。

四、设备选型

目前国内应用比较成熟的主要为开敞式 TBM、双护盾 TBM 施工方法。

在Ⅱ、Ⅲ类围岩条件下，开敞式 TBM 施工能够取得很好的掘进效果，破岩效率高且初期支护与弃渣清理工作量很小，平均月进尺可达到 600～800 m 甚至更高。在Ⅳ、Ⅴ类围岩条件下，采用开敞式 TBM 施工，初期支护与清渣工作量较大，平均月进尺可达 400～600 m。

开敞式 TBM 施工需要在隧洞贯通后进行二次衬砌，隧洞贯通时间为开挖时间和衬砌时间之和。

双护盾 TBM 施工使用管片衬砌，掘进与衬砌是同步进行的，隧洞贯通即意味着隧洞完工，整体工期比开敞式 TBM 施工短。同时，管片衬砌使得前方支护量大幅度减少，双护盾 TBM 法的掘进效率比开敞式要高。

综上，本项目考虑采用双护盾 TBM。

五、施工情况

TBM 设备具有专用性、单件性等特点，需进行针对性设计制造，本设备制造工期为 7 个月。2019 年 2 月 23 日设备进场，5 天完成主机就位工作。白天进行设备调试，晚上进行技术培训，用时 7 天。步进方式：采用单护盾模式，步进反力机构配合 TBM 辅推系统，推动整机沿弧形滑槽向前步进。每步进 1.5 m 向前移动一次反力机构，循环作业，直至 TBM 滑行到始发洞段。步进用时 15 天。

TBM 主机进入始发洞且撑靴能够支撑到洞身侧壁时，可使用双护盾模式向前步进。当尾盾进入管片起始环后，预留合适位置停机，开始安装首环管片，焊接反力支撑。采用单护盾模式，步进至始发掌子面，安装刀盘边滚刀，开始始发掘进，速度控制在 20 mm/min 以内。

整体采用有轨运输方案，采用 43 kg/m 钢轨，铺设轨距为 900 mm，每列编组的运输能力按 TBM 掘进 1.5 个循环（2.25 m）的出渣、管片和材料供应需求配置。高峰期共计配置 4 列编组进行运输，1 列编组运输车辆包括：4 节（2 节）管片车、1 节砂浆平板车、1 节空平板车、1 节豆砾石平板车、10 辆渣车、30T 小马机车、1 节灌浆平板车、1 节机动平板车。编组车辆连接方式采用威尔逊碰钩，支洞大坡度段增加一台 45T 小马机车辅助编组爬坡运输，洞外配置 1 台 45T 小马机车用于编组车辆调度。

通风系统采用压入式通风的整体方案。滕村支洞洞口安装一套主通风系统，选用 3×75 kW 瑞典 GIA 高压轴流变频风机，风机型号为 AVH-R125.75.4.8，采用优质通风软管，直径为 1.6 m（单根长度为 200 m），百米漏风率小于 0.5%。

TBM 于 2019 年 7 月 21 日开始掘进施工，至 2020 年 6 月 22 日贯通，总历时 337 天，TBM 平均日进尺为 23.91 m。施工过程中顺利穿过 7 条地质断层带，并顺利下穿金家岭浅埋段（包含 320 国道）。春节期间克服疫情影响，对 TBM 班组实行进度激励措施，充分调动施工人员工作积极性，创造了单班最高进尺为25.20 m、最高日进尺为 47.20 m、最高月进尺为 1068.23 m 的施工纪录，并在 2020 年 3 月、4 月、5 月连续 3 个月月进尺突破千米大关，如图 1 所示。整体来说，TBM 施工过程顺利，施工进度就全国来说属于领先水平。

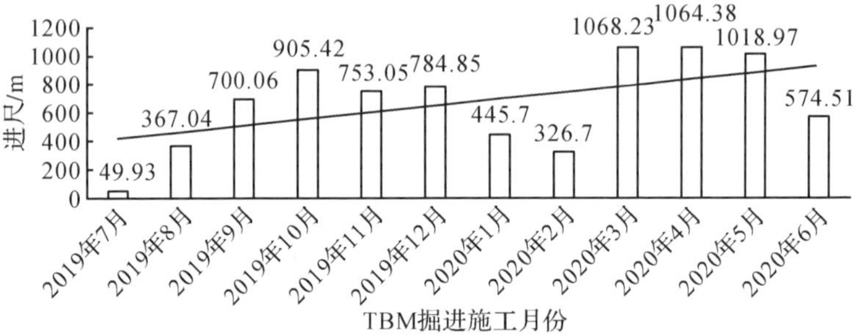

图 1　TBM 施工进度

六、结语

本项目采用双护盾 TBM 法＋钻爆法组合施工方案达到了预期目标。通过本项目的顺利实施，积累了硬岩隧道 TBM 法施工经验，为后续类似工程提供技术依据。

（项　斌）

非炸药型干冰聚能静态破岩技术

摘　要：非炸药型干冰聚能静态破岩技术是新一代 CO_2 相变致裂破岩技术，因施工过程中没有使用高压气体和危化品，故具有较高的安全性。现场应用结果表明：该技术具有较好的破岩效果，噪声和振动影响很小，适合在复杂敏感环境下施工；经济性好，基本与机械破岩持平，但破岩效率为机械破岩效率的 4 倍。非炸药型干冰聚能静态破岩施工技术为复杂敏感环境下破岩作业提供了一种安全、高效的施工方法。

关键词：干冰；聚能剂；复杂敏感环境；岩体破除；高效破岩

一、引言

在市政工程建设中，岩体开挖是很多工程项目必不可少的工作，若施工点处于较为复杂敏感的环境，如临近既有构筑物、管线、地铁或铁路线等，岩体开挖工作就会面临很大风险[1-2]。虽然目前岩体开挖技术手段众多，但在复杂敏感环境中，这些技术手段皆有其局限性，如城市地铁硬岩基坑、房建工程基坑、高危建筑周边岩体开挖等工程。这类工程不仅开挖量大、周边环境复杂敏感，而且工程时间紧张，因此急需一种既适用于城市复杂敏感环境又安全高效的破岩方法。

液态 CO_2 相变致裂技术采用液态 CO_2 相变产生的高压致裂岩体，具有噪声、振动影响小，效率高等优势，破岩效率介于炸药爆破与机械破碎方法之间。在复杂敏感环境中进行破岩作业，CO_2 相变致裂技术具有较大优势，审批流程较炸药爆破简单，破岩效率相对较高，环境影响小。但传统的 CO_2 相变致裂技术使用高压气体、危化品，在运储和使用过程中容易出现安全问题，国内一些地区直接禁止使用该技术，阻碍了该技术的推广[3]。随着技术的发展，新一代 CO_2 爆破技术——非炸药型干冰聚能静态破岩技术被提出，以固态 CO_2（干冰粉）代替液态 CO_2，由不具有易燃易爆性的 CO_2 聚能剂代替传统危化品[4-5]。该技术避免了传统 CO_2 爆破技术固有的危险性，可为复杂敏感环境中的破岩作业提供一种安全高效的施工方法。

本文将详细介绍非炸药型干冰聚能静态破岩施工方法，通过现场测试对干冰聚能静态破岩技术的效果进行检验，为今后类似工程提供技术方法和经验。

二、干冰聚能静态破岩原理

干冰聚能静态破岩原理是利用固态 CO_2（干冰粉）作为相变介质，在钻孔内，干冰先融化成液态 CO_2，再与 CO_2 聚能剂发生反应，聚能剂与 CO_2 快速反应释放出大量热量使液态 CO_2 瞬时汽化，产生的高压冲破干冰致裂器对岩体进行压裂，最终达到破岩的效果。

三、干冰聚能静态破岩施工方法

1. 施工工艺流程

干冰聚能静态破岩技术施工流程主要包括钻孔布设、装填干冰、钻孔封堵、通电加热、激发、机械清渣等，详细流程如图 1 所示。

（1）钻孔设计

根据破岩现场的岩石强度和岩体完整性，进行钻孔布置设计。根据钻孔布置设计要求，进行测量放样、钻孔，最后对钻孔进行验收，确保钻孔的深度和倾角符合设计要求。

（2）干冰致裂器准备

将待使用的干冰致裂器运至现场，检查干冰致裂器的加热线路及激发线路，并编好序号。

（3）装填干冰粉

待干冰粉运抵现场后，将干冰粉定量装入干冰致裂器内，并拧紧堵头，将泄气出口打开到一定程度，防止干冰汽化造成干冰致裂器内产生高压。干冰装填时应戴手套，注意安全，防止冻伤。

将装有干冰的干冰致裂器小心放入钻孔，并将泄气出口和线缆露出钻孔，以在发生意外情况时进行紧急处理。

（4）封孔

先将预备好的细沙袋送入钻孔，再将封孔材料混合均匀后倒入钻孔。封孔材料会快速凝固，半小时后具有较高强度，可防止激发干冰时干冰致裂器冲出钻孔。

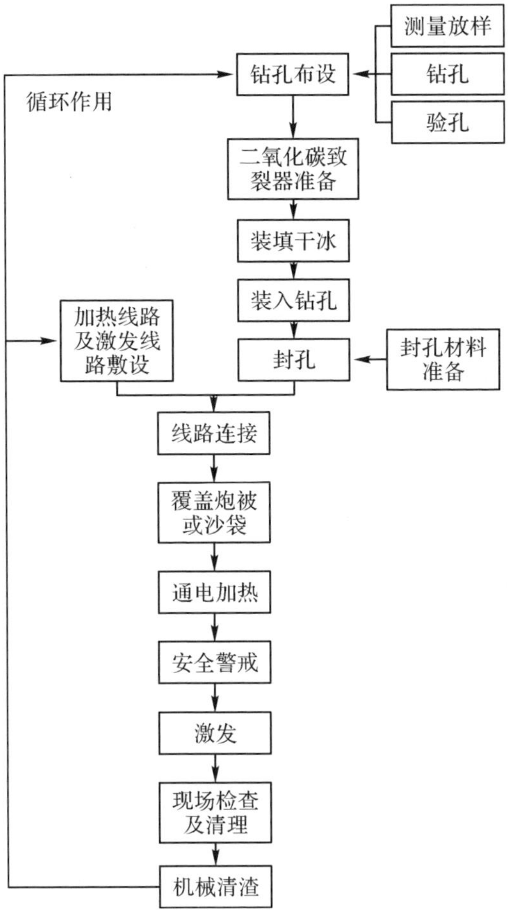

图 1　干冰聚能静态破岩施工方法流程图

(5)加热线路及激发线路敷设

拧紧泄气出口,将加热线路及激发线路按照设计要求进行敷设,以备加热和激发时使用。

(6)线路连接

将加热线路及激发线路与干冰致裂器的线路正确连接。

(7)覆盖炮被或沙袋

在钻孔上部覆盖一层炮被或沙袋,以防激发时引发飞石或其他危险。一般情况下,飞石很少发生,但在复杂敏感环境下应做好安全防护措施。

(8)通电加热

对线路进行检查,确保可以正常进行加热作业。待所有操作人员撤离钻孔区域,开始对干冰致裂器加热,并严格控制加热时间,随时关注加热功率变化,防止加热过度。

(9)安全警戒

加热完成前 10 min,让作业区域 30 m 内作业人员进行暂时撤场躲避,以防发生危险。

(10)激发

完成警戒后,各项工作均可正常进行,进行激发。激发时噪声和振动较小,应注意观察,激发是否正常。

(11)现场检查及清理

激发后,技术人员到现场进行检查,确保安全后,其他人员可以进场作业。

(12)机械清渣

对破碎岩体进行清理,为下一步作业做好准备。

(13)重复作业

按照上述步骤进行重复作业。

2.技术关键

(1)钻孔设计

合理布置钻孔是保证干冰聚能静态破岩效果的前提。钻孔布置应考虑岩体性质、岩石强度、地质条件、临空面等情况。钻孔间距根据干冰致裂器的能量、岩体情况和现场情况确定,一般为 1.3～2.3 m。钻孔深度应考虑干冰致裂器的长度、封孔深度和缓冲段长度。

(2)钻孔封堵

钻孔封堵质量是安全有效实施干冰聚能静态破岩的重要保障。钻孔封堵质量与封孔材料、封孔长度和施工质量密切相关。在应用中应保障有效的封孔长度不小于干冰致裂器自身长度及钻孔距临空面的垂直距离。封孔工艺应由受过专业培训的人员操作,保证材料制备和封孔长度符合设计要求。

(3)安全防护

干冰聚能静态破岩技术具有冲孔、飞管的危险,该风险通过有效封孔进行控制。由于现场作业存在较多不确定因素,安全控制手段应有冗余,一般可采用多层沙袋或厚钢板压覆钻孔,防止冲孔或飞管。

(4)机械配合循环施工

干冰聚能静态破岩后，需要配备机械进行必要的二次破碎及清理；完成一定清理后可进行下一循环作业。

四、工程应用及效果评价

1. 工程概况

该工程位于地铁 16 号线 80～100 m 处，由于周边环境复杂敏感，无法使用炸药进行爆破作业。若采用机械开挖（镐头机破岩）方式，又因此处岩体完整性好，岩性为凝灰岩，岩石强度高达 70～120 MPa，破岩极为困难，单台镐头机产量为 50～100 m^3，工程进展极慢，且噪声很大，对附近办公场所和居民区造成严重干扰。为减少对周边环境影响，加快施工进度，采用干冰聚能静态破岩施工方法进行施工。

2. 应用情况

本工程钻孔布置采用梅花孔，钻孔深度为 4 m，孔径为 115 mm，孔间距为 1.5～1.8 m，单排钻孔数不多于 10 个。采用专用快速凝固剂封堵，封孔长度不小于 1.5 m。由于整个过程无压作业，从而可以做到本质安全。

为了最大限度降低本技术对周边环境的影响，在大规模应用前进行了振动监测和噪声测试，并与机械破岩方法进行了对比。

应用新工法共完成岩体破除 3300 m^3，工期 8 天，由于该工法的使用，将日破岩体量由 100 m^3 提高到 412.5 m^3。

3. 效果评价

图 2 为单孔破岩效果图，图 3 为双孔破岩效果图。单孔岩体破裂体积约为 10.12 m^3，双孔破裂岩体约为 27 m^3。干冰聚能预裂后岩体被多条主裂隙切割成多个岩块，体积较大，错位明显，但无抛掷现象，本工法可以有效地进行岩体破除，无飞石现象，安全性较高。

图 2　单孔破岩效果图

图 3　双孔破岩效果图

干冰破岩振动影响范围在 40 m 以内，其中重点影响区域在 20 m 范围内，整体影响要小于 450 镐头机(90 炮头)；干冰破岩诱发振动幅值的衰减速度要大于 450 镐头机(90 炮头)诱发振动。机械破岩噪声影响范围在 40 m 以内，而该工法噪声影响范围在 20 m 以内，在临近施工点的办公室内毫无察觉。

距震源 30 m 处噪声监测结果显示：450 镐头机单机分贝为 87 dB，噪声持续；干冰聚能预裂为 57 dB，噪声不持续。干冰聚能预裂对周边无明显噪声影响。

本施工方法可以对岩体进行预裂，预裂后岩块体积较大，部分还需要机械辅助进一步破碎，该工法可以降低正常机械破岩工作量的 80%以上。其主要费用包括：干冰粉、致裂器、钻孔费、人工费、封孔费和机械费。每天的工作量大约为 35 发，其费用如表 1 所示。

表 1　干冰聚能静态破岩法单日费用表

序号	项目	单价/元	单孔(用量)	孔数	费用/元	备注
1	干冰	5(每千克)	4 kg	35	700	项目地价格
2	干冰致裂器	300(每套)	1 套	35	10500	
3	钻孔	35(每米)	4 m	35	4900	项目地价格
4	电费	1(每度)	0.5 度	35	17.5	
5	封孔	25(每孔)	1 份	35	875	
6	人工	200(每天)	0.15	35	1050	项目地价格
7	机械	400(每小时)	0.05 小时	35	700	项目地价格

注：由于岩体情况，布孔不同，当前算例中，岩体为 II～III 类围岩，岩石强度为 70～120 MPa，凝灰岩。

由表 1 可知，使用干冰聚能静态破岩技术，每天费用为 18742.5 元，以每天破岩 412.5 m^3 计算，破碎 1 m^3 岩石，费用为 45.44 元。

相同工况下，单台机械破岩总费用约为 4500 元，每天工作 10 小时可产 100 m^3 石料，机械破岩均价为 45 元/m^3。干冰聚能静态破岩施工方法与机械破岩在费用上基本持平，但干冰聚能静态破岩施工方法的工作效率为机械破岩的 4 倍。

总体来看，干冰聚能静态破岩施工方法在施工效率上极具优势，明显高于机械破岩，费用与机械破岩基本持平，对周边干扰很小，适用于复杂敏感环境。

五、技术优势

传统液态 CO_2 爆破基本原理是通过液态 CO_2 受热瞬间汽化，气体压力急剧升高，将岩体压裂破坏，实现破岩功能。非炸药型干冰聚能静态破岩原理与之相似，最终阶段都是依靠液态 CO_2 受热瞬间汽化产生高压破坏岩体。其优势在于：

①干冰聚能静态破岩技术采用固态 CO_2（干冰）作为介质，避免了施工过程中高压 CO_2 气体灌装的危险。传统的液态 CO_2 爆破技术在运输、存储以及充装过程均需采用高压力容器，因此在 CO_2 相变膨胀至裂管充装、搬运和现场施工过程中均属于带压作业。高压容器的存在给现场施工人员带来了安全隐患。

②干冰聚能静态破岩技术采用了本安型发热药剂 CO_2 聚能剂，CO_2 聚能剂虽为危化品，但不具有易燃易爆性，在运输、存储和使用过程中安全性极高。

六、结论

①非炸药型干冰聚能静态破岩技术在现场应用中具有较好的破岩效果，非炸药型干冰聚能静态破岩施工方法可以循环作业，可实现大规模破岩作业。

②非炸药型干冰聚能静态破岩施工技术的噪声和振动影响很小，明显低于机械破岩方法的影响，适合在复杂敏感环境中施工。

③非炸药型干冰聚能静态破岩施工方法经济性适中，在费用上与机械破岩方法基本持平。

④非炸药型干冰聚能静态破岩施工方法效率较高，为机械破岩方法效率的 4 倍。

参考文献

[1] 吴健.复杂地质条件下二氧化碳相变致裂硬岩施工技术应用[J].中国建设信息化，2019

(13):62-63.
[2] 康楠,刘元雪,余鹏,等.地下工程非爆破开挖机械破碎法机理及应用[J].后勤工程学院学报,2015,31(3):21-25.
[3] 章文义.对二氧化碳气体爆破的管理对策研究[J].工程爆破,2018,24(3):77-79,90.
[4] 颜正勇,胡少斌,卞怡,等.干冰粉气动压裂混凝土质量比实验研究[J].工程爆破,2019,25(5):14-18.
[5] HU S, PANG S, YAN Z. A new dynamic fracturing method: deflagration fracturing technology with carbon dioxide[J]. International journal of fracture, 2019, 220(1): 99-111.

(戴振鑫 张恒宇 俞 伟 叶 武 张 强 章 晖)

SWMM 在道路海绵城市设计中的应用

摘　要：随着城市化进程加快，道路等地表不透水面积增加，城市内涝频发，为有效解决此类问题，低影响开发理念越来越多地被应用到市政给排水设计中。本文以台州市东部新区部分市政道路基础设施设计工程为例，运用 SWMM（暴雨洪水管理模型）研究下沉式绿地、透水铺装等 LID（低影响开发）设施对区域内道路综合径流总量和峰值流量的控制效果，并且与采用《海绵城市建设技术指南》中推荐的容积法计算的结果进行了比较，SWMM 模拟能够更接近实际排水工况，在类似工程中可以起到一定的借鉴作用。

关键词：SWMM；海绵城市；市政工程；给排水

一、引言

持续的城市化导致不透水面积下垫面不断增加，并加大了降雨径流量和峰值流量，加速污染负荷的输移，从而影响城市水资源的平衡，而道路作为城市主要下垫面之一，雨水径流量大并且表面容易累积污染物。在此背景下，低影响开发理念越来越多地被应用到道路海绵城市设计中。[1] 本文以台州市东部新区部分市政道路基础设施设计工程为例，介绍 SWMM 模拟软件在道路海绵城市设计中的应用。

本工程位于台州市集聚区，包括海城大道、海豪路、月湖北路等多条道路，设计道路宽度为 20～50 m，绿化带宽度为 3～5 m，人行道宽度为 2～5 m，根据当地海绵城市做法，采用下沉式绿地和透水铺装两种 LID 设施。

设计采用 SWMM 软件对其中 3 条道路进行了模拟，研究不同开发模式对开发后水文环境的影响，以年径流总量控制率和雨水峰值流量作为评价指标，同时与采用传统容积法计算的进行比较。

二、SWMM 软件

SWMM 是一个动态的降雨—径流模拟软件，包括水文模块、水力模块以及水质模块。[2]本次涉及的模块有水文模块和水力模块。利用 SWMM 模型可以对海绵城市规划设计方案进行径流总量、峰值流量与污染物总量计算，核算控制目标的可达性，并优化调整规划设计方案。

SWMM 软件计算流程如下：降雨蒸发→超渗产流→坡面汇流→管网水动力。

三、数据准备

1. 模型数据

结合台州本地暴雨强度公式，采取芝加哥雨型，雨峰系数 $r=0.4$，由于海绵城市设计控制的雨量重现期较小，本次设计人工合成重现期 $P=3$ a、降雨历时 2 h 的降雨过程，如图 1 所示，降雨总量为 70.83 mm。

SWMM 软件参数较多，对模拟结果影响较大的子面积参数有不透水率、曼宁粗糙系数以及地表注蓄量等，土壤下渗采用 Horton 入渗模型，LID 参数设置如表 1 所示。特别需要注意的是当设置 LID 后，子面积不透水率需重新调整，扣除 LID 面积后重新计算，否则对模拟结果影响较大。

蒸发数据采用台州多年各月平均数据，如表 2 所示。

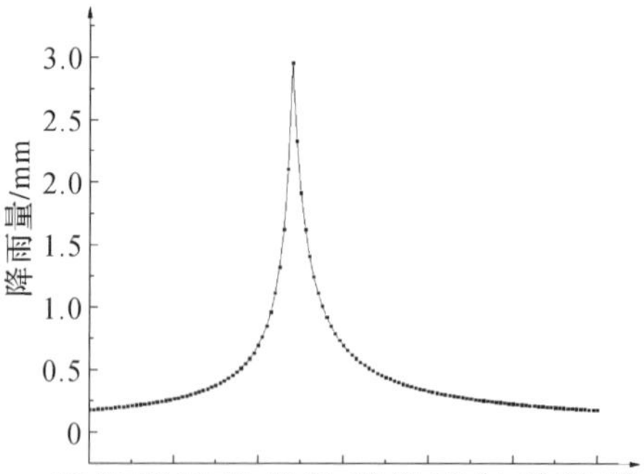

图 1　降雨数据图

表 1　设计中 SWMM 主要参数取值

曼宁粗糙系数		地表洼蓄量		土壤下渗				LID 主要参数			
								下沉式绿地		透水铺装	
不渗透性	渗透性	不渗透性/mm	渗透性/mm	最大速率/(mm/h)	最小速率/(mm/h)	衰减常数/d	排干时间/d	地表层/mm	土壤层/mm	表面/mm	蓄水/mm
0.013	0.24	1.27	3.81	35	3.3	4	7	150	300	80	300

表 2　台州市多年各月平均蒸发数据表

月份	1	2	3	4	5	6
蒸发量/mm	2.39	2.01	2.61	2.93	2.99	2.59
月份	7	8	9	10	11	12
蒸发量/(mm)	4.39	4.48	3.91	3.6	2.62	2.54

2. LID 布置

本文以月湖北路、海豪路、海城大道为例进行模拟计算。各条道路数据参数如表 3 所示，人行道设置透水铺装，绿化带做下沉式绿地，径流组织如图 2 所示。

表 3　设计道路 LID 布置

道路名称	道路宽度/m	长度/m	透水铺装宽度/m	下沉式绿地宽度/m
月湖北路	30	2120	2	3
海豪路	36	400	4	3
海城大道	50	460	3.5	4

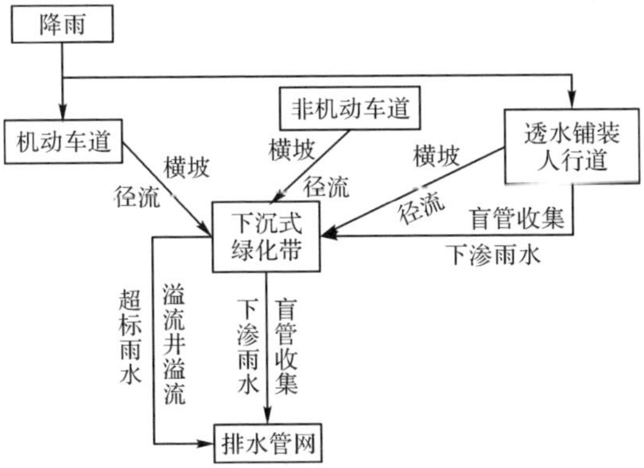

图 2　道路雨水径流组织模式图

四、SWMM 模拟

本文模拟的场降雨为台州市 3 年一遇，降雨历时 2 h，模拟时段为降雨开始后 6 h内雨水的蒸发、下渗、存储以及产生径流的全过程。本研究共构建了 3 套模型，分别为开发前模型(不透水率为 15%)、传统市政道路模型(不透水率为 80%)和 LID 市政道路模型，以便进行对比，体现 LID 设施的水文效应。

1. 年径流总量控制率

各条道路蒸发、下渗、径流数据如表 4 所示。

表 4　不同开发模式计算数据表

道路	开发模式	降雨/mm	下渗/mm	径流/mm	系数
月湖北路	开发前	70.83	39.19	22.32	0.315
	传统开发	70.83	7.65	54.72	0.693
	LID 开发	70.83	5.62	24.16	0.451
海豪路	开发前	70.83	35.97	26.49	0.374
	传统开发	70.83	7.11	56.02	0.791
	LID 开发	70.83	0.66	25.84	0.365
海城大道	开发前	70.83	8.59	25.59	0.361
	传统开发	70.83	7.26	55.66	0.786
	LID 开发	70.83	0.42	32.96	0.465

计算时段总降雨量为 70.83 mm，从计算表格中可以看出，LID 开发模式径流系数与开发前接近，径流系数均在 0.5 以下。设置 LID 后，年径流总量控制率分别为 55.1%、63.5%以及 36.5%。采用传统开发模式径流系数在 0.693 至 0.786 之间，LID 开发对现状水文影响小。

同时，采用《海绵城市建设技术指南》中推荐的容积法计算的 3 条道路的年径流总量控制率分别达到 65%、67.5%以及 70%，可以发现，通过 SWMM 模拟的年径流总量控制率较采用容积法计算的要小，主要是 SWMM 软件模拟考虑了随着降雨的进行，土壤接近饱和下渗量减小以及雨水径流的影响等因素，因而通过合理设置参数，运用 SWMM 模型能更准确模拟出 LID 对年径流总量控制率的影响。

2. 不同模式下道路雨水峰值流量对比

通过参数的设置和模型的模拟，分别对本次设计市政道路开发前、开发后、采用 LID 措施控制后各道路上雨水峰值流量进行对比，如图 3—图 5 所示。

可以看到，采用 LID 设施后，雨水峰值流量与未采取 LID 设施相比，大大降低，并与开发前峰值流量接近，采用 LID 措施后峰值出现时间较传统开发滞后，体现了海绵城市的特点和要求。

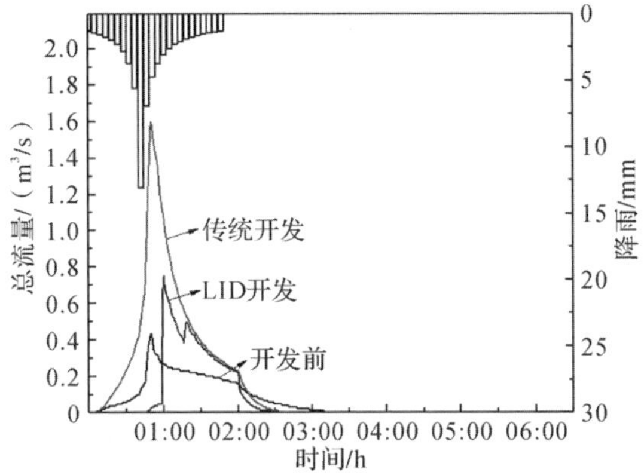

图 3　月湖北路雨水峰值流量对比图

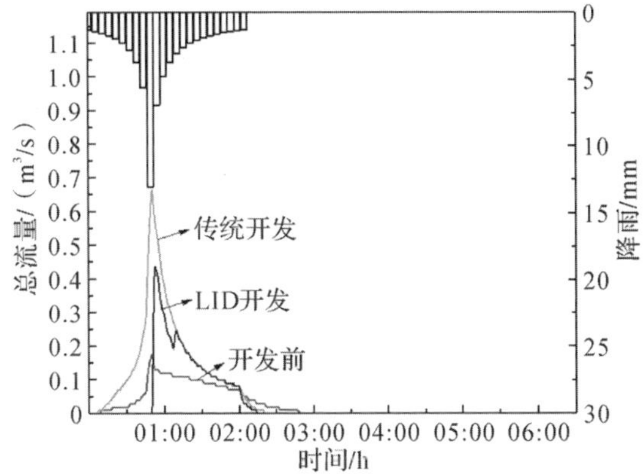

图 4　海城大道雨水峰值流量对比图

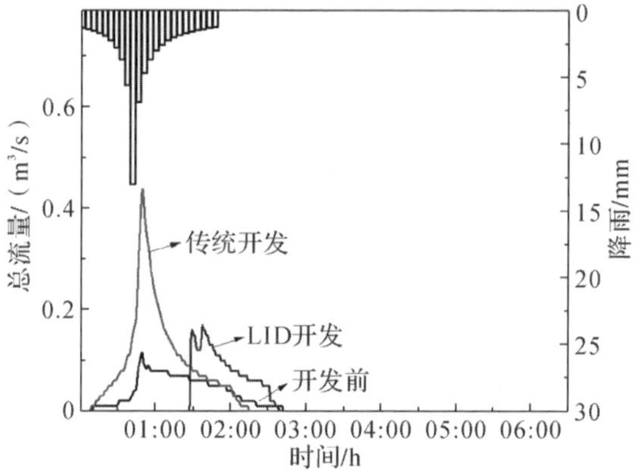

图5　海豪路雨水峰值流量对比图

五、结论

通过SWMM模拟可以看出，通过设置透水铺装以及下沉式绿地，能有效降低道路综合径流系数，提高年径流总量控制率；同时，由于LID具有调蓄、下渗等功能，能够有效降低峰值径流量，将雨水就地蓄存，减小低重现期雨水外排。另外，应注意模型参数的选取要能反映实际情况，如不透水率、土壤导水率等关键参数对模型结果影响较大，设计过程中应查阅相关文献以及当地水文资料进行合理选取。

参考文献

[1] 曹万春，张彬，黄克虎．基于SWMM模型的校园海绵化改造方案研究[J]．中国给水排水，2018，34(15)：122-126.

[2] 张倩．基于SWMM的海绵城市建设途径研究[D]．青岛：青岛理工大学，2016.

（袁　超　陈靖韬）

城市排水(雨水)防涝系统模型应用研究

摘　要:本文阐述了城市防洪排涝系统、城市排水(雨水)管网系统、雨水径流控制与资源化利用等模型的建立与应用。通过对城市排水防涝系统应用模型的研究,科学安排排水防涝系统的布局,建成质量可靠、工艺先进、管理方便的现代化排水防涝系统,形成完整的体系,指导城市防洪、排涝及排水工作。

关键词:城市内涝;MIKE Urban 软件;排水管道评估;模型;市政工程

随着城镇化进程的加快,城市建设日新月异,基础设施亦日臻完善,但是作为城市重要基础设施的城市防洪排涝系统,由于受各种因素的影响,其建设一直跟不上城市发展的需要,防洪排涝问题日益凸显。防洪排涝设施建设滞后,成了制约城市基础设施建设的瓶颈。

近年来,城市排水防涝的规划建设已得到各级政府的高度重视,国务院文件明确要求:"力争用 5 年时间完成排水管网的雨污分流改造,用 10 年左右的时间,建成较为完善的城市排水防涝工程体系。"住建部的规划编制大纲和省政府的实施意见对城市排水防涝规划编制提出了具体的要求。

全国各地正积极开展城市排水(雨水)防涝综合规划的工作,公司积极响应国家政策,抓住城市排水防涝规划编制的市场机遇,广泛参与国内城市的排水防涝规划,基于某市城市防洪、防涝、排水综合规划项目,申请对城市排水防涝系统模型应用进行研究。

在城市排水防涝系统的规划设计过程中,需应用先进的水力模型软件预测和评估城市排水防涝能力。本项课题通过对城市排水防涝系统模型应用(丹麦 DHI 的 MIKE Urban)进行研究,验证其准确性与合理性,为日后城市排水防涝综合规划与工程设计工作提供更好的指导。

一、模型软件 MIKE Urban 功能介绍

目前世界上知名的模型软件有美国 EPA 的 SWMM、丹麦 DHI 的 MIKE、荷

兰 DELFT 的 Sobek、英国 Wallingford 的 InfoWorks 等，国内多采用国外模型或改进型模型。

其中 MIKE Urban 软件是专业成熟的商业软件，用于排水管网的动态仿真模拟，已应用于上海、北京及国外诸多城市的排水管网管理与设计。软件模拟与公式计算的不同之处在于，它能够相当准确地反映管网内的实际水流状态和满溢情况，帮助我们准确地找到问题管段并提供科学的工程改造方案。因此，运用该软件，可以极大地节省工程投资成本，尤其在做大面积的管网改造时。

水是社会经济发展中最主要的物质基础之一，也是影响生态的主要控制要素。随着中国经济的高速发展，各种与水相关的环境问题层出不穷，不但给人们的生产生活带来不便与危害，也成了社会发展的瓶颈。DHI 在中国长达 20 年的本土化服务中累积了丰富的经验，对中国发展过程中出现的各种水问题有着深刻的理解，在水资源综合管理、洪水综合管理、水环境综合管理、城市智慧水务、生态环境保护、河口海岸工程建设等诸多方面为各级政府和企事业单位的决策管理部门提供了高效的解决方案，赢得了广泛的赞誉。近年来，在中国水行业信息化建设进程中 DHI 在定制化决策支持系统的解决方案上也取得了巨大的发展，在流域洪水、城市内涝、水质管理、水资源配置调度和港口建设等诸多领域开发了符合本地管理需求的应用系统，真正实现了技术工作的数字化。

在为客户提供高品质的解决方案的同时，DHI 还注重技术推广，为中国水行业客户的技术能力建设提供了优质的平台和卓有成效的帮助。作为水与环境领域的专家，DHI 还时刻关注中国发展趋势中潜在的水安全隐患，积极结合国外先进技术与经验，通过持续的技术研发与创新力争为客户提供更加优质的解决方案。

城市管网模型 MIKE Urban 整合了 ESRI 的 ArcGIS、排水管网系统 CS 和给水管网 WD 形成了一套城市水模拟系统。MIKE Urban 建立在 AO(ArcObject)的构架基础上，工程文件以 Geodatabase 数据库为存储格式，这使得 Urban 与 GIS 具有天然的联系，可以提供强大的 GIS 功能。[1]

该模型广泛应用于城市排水与防洪、分流制管网的入流/渗流、合流制管网的溢流、受水影响、在线模型、管流监控等方面。

MIKE Urban 除了管理方便、界面操作简单、帮助功能强大外，还具有以下优势：

①具备在同一平台上同时进行给水排水管网建模的功能，并且可以利用同一个 GIS 数据库，方便有效地管理管网数据库信息。

②具有与 ArcGIS 类似的操作界面。

③根据 DEM 自动划分集水区；根据 DEM 自动提取节点高程；自动检查管网拓扑关系。

④用户还可以自定义管网元素的属性字段和属性表，添加自定义的属性数据，即使这种数据和建模毫无关联。

⑤在输入输出方面，MIKE Urban 可以读取和输出 ESRI 的 SHP 文件、SDE 数据库，OLEDB 以及 MAPINFO 的文件格式数据，并能够通过 ODBC 和大型数据库相连接。

⑥MIKE Urban 中动态的计算结果充分使用了 GIS 强大的显示功能，并能和 GIS 数据在同一个用户界面中显示。与 GIS 的高度整合以及灵活的选择工具（例如通过位置、属性和图形的选择）使得用户可以得到详细的分析结果。

二、MIKE Urban 软件应用案例——某市城市防洪、防涝、排水综合规划项目

1. 某市老城区现状

本次研究范围按照行政区划及控规情况划分为 6 个区域。本次重点研究街道老城区。

街道老城区基本已建设完成，雨水系统布局较为完善，最终排出口均为新安江，大部分山水和地块雨水通过 5 条较大的排洪渠排出，断面分别为 2.3 m×2.8 m、4.0 m×2.0 m、2.0 m×1.6 m、2.0 m×1.6 m、2.0 m×1.6 m，小部分雨水通过沿江分散布置的排放口排出。地块内雨水以管道或渠道的形式就近接入排洪沟和沿江管渠。

本次规划对街道建成区排洪及雨水管网系统采用 MIKE Urban 软件建模，排洪沟断面采用公式计算校核。

2. 城市当前排水防涝系统能力评估

老城区已基本建设完成，雨水系统布局较为完善，但部分排洪渠整体状况较差，有的甚至达不到 5 年一遇的排洪标准，部分雨水管不能满足 3 年一遇的排洪要求。因此，需对当前排水管网的排水能力进行评估，如表 1 所示。

由于整个雨水管网系统历经多年建设而成，因此目前整个城区雨水管网系统存在建设周期长、管网资料不全、管道质量不同、缺乏有效的疏通养护等问题，特别

是洪涝灾害所产生的大量泥土、垃圾进入管网或渠道，使整个雨水系统严重堵塞，排水不畅，因此雨天排水能力极弱，雨量稍大就可能造成局部城市内涝。这些都是雨水管网管理面临的难题。

表 1　当前排水管网排水能力评估

排水能力小于 1 年一遇的管网占比/%	排水能力处于 1～2 年一遇的管网占比/%	排水能力处于 2～3 年一遇的管网占比/%	排水能力处于 3～5 年一遇的管网占比/%	排水能力大于 5 年一遇的管网占比/%
28	11	8	18	35

3. 模型计算

本次规划采用 DHI 公司的 MIKE Urban 软件进行建模，利用模型软件对原各区块控规中的雨水系统规划内容进行模拟，以验证是否满足规划标准要求。[2]

根据校核结果，大部分排洪渠不能满足规划要求，建议在最小坡度段对断面尺寸进行改造。

结合模型模拟结果，对现有排洪渠进行改造，以满足 20 年一遇的规划标准要求。

规划范围内的建设用地地形为低山、丘陵、冲沟，河道冲沟两侧辅以小范围的平地，整个地块坡度较大，且临江，雨水排出口通畅，因此现状及规划区块均采用直排方式。

对于基本建成区，雨水系统以问题节点改造为主，主要规划内容为雨污分流改造、错接混接改造，另外对于不满足 3 年重现期要求的雨水管近期保留，远期结合道路施工一并进行改造。

三、结论

在城市排水防涝系统的规划设计过程中，需应用先进的水力模型软件预测和评估城市排水防涝能力。本项研究基于某市城市防洪、防涝、排水综合规划项目，通过对城市排水防涝系统模型应用（丹麦 DHI 的 MIKE Urban）进行研究，设计的城市排水防涝系统模型与实际情况基本吻合，验证了其准确性与合理性，为日后城市排水防涝综合规划与工程设计工作提供了更好的指导作用。

通过研究，得出模型的技术优势有：①复核并完善排水系统以满足标准；②有效校核现状管网；③量化评估调蓄措施的效果；④实现多要素在同一平台的耦合模拟及动态模拟；⑤提升排水设施管网数字化管理水平，并实现可视化。

软件模拟与公式计算的不同之处在于，它能够相当准确地反映管网内的实际水流状态和满溢情况，帮助我们准确地查找到问题管段并提出科学的工程改造方案，因此，可以极大地节省工程投资成本，尤其适用于大面积的现状管网的改造。

参考文献

[1] 韩君良.基于 Mike Urban 的小城市排水内涝规划[D].杭州:浙江工业大学,2015.

[2] 谢家强,廖振良,顾献勇.基于 MIKE URBAN 的中心城区内涝预测与评估——以上海市霍山-惠民系统为例[J].能源环境保护,2016,30(5):44-49,37.

（洪文武　李海明）

平原地区排水防涝设计

摘　要：平原地区排水条件差，因而针对平原地区的防涝设计，排水设计是重中之重。本文以台州市东部新区市政道路基础设施设计工程为例，介绍了平原地区排水防涝设计方案。通过对平原地区不同重现期下降水情况进行分析计算，结合项目设计运行经验，给出了不同工况下相应的解决方案，供类似工程设计人员参考。

关键词：平原地区；内涝；市政工程；给排水；海绵城市

近年来，极端天气频现，平原地区排水条件差，内涝造成的损失越发严重，因而在平原地区的排水设计中应充分考虑防涝需求。[1]传统给排水设计往往根据《室外排水设计规范》选定管网重现期进行设计，对重现期内雨水进行排除，管网出流条件为自由出流，管径计算采用管道坡度，但这与实际内涝时工况不一致，造成管径计算偏小，雨水排除不及时，进而造成内涝，产生严重的经济损失。本文以台州市东部新区市政道路基础设施设计工程为例，介绍平原地区排水防涝设计方案。

本工程位于台州市集聚区，设计区块中包括海豪路、海城大道、台州湾大道等多条道路，设计道路宽度为20～50 m，长度约7.6 km。设计区块具有下列特征：极端天气多，强降雨天气多，降雨历时长，台风频袭；地形平坦，本项目道路设计地面高程一般在3.0～6.0 m；河网水系发达，地块与河网联系紧密；道路雨水管网系统排出口多采用淹没出流或半淹没出流，若设计不当，极易形成内涝。

根据项目特点，设计人员综合考虑不同重现期下雨水汇流情况，并采用大海绵建设理念，对区块排水进行整体设计。

一、设计标准与设计目标

综合考虑本地汇水地区性质、气候特点及地形特征等因素，设计区块新建雨水管渠及附属设施执行以下设计标准：设置相关海绵设施，应对重新期为P1的降雨造成的初期雨水径流污染；新建雨水管渠，应对设计重现期为 P2 的降雨；根据地区地形，设置行泄通道，应对重现期为 P3 的内涝雨水；同时对重现期超过 P3 的极端雨水制订相适应的临时管理措施。

雨水量计算采用台州暴雨强度公式：

$$i=\frac{9.925+6.136\lg P}{(t+11.592)^{0.631}}$$

式中，i 为降雨强度(mm/min)；P 为暴雨重现期，设计取 5 a；t 为地面集水时间，设计取 10 min。

表 1　排水设计目标

任一场雨重现期(P)	具体目标
$P \leqslant P_1$	高频率降雨少污染：发生海绵城市设计标准以内的降雨时，海绵设施能调蓄净化，减少初期径流污染
$P_1 < P \leqslant P_2$	管标降雨排水畅：发生城镇雨水管渠设计标准以内的降雨时，管道排水通畅，不产生压力流
$P_2 < P \leqslant P_3$	管网超标降雨正常转输：发生超过内涝防治系统设计标准的降雨时，城镇可有效应对
$P > P_3$	极端天气有应对：有临时应急措施，超标雨水有序排放

二、低影响开发设计($P \leqslant P_1$)

设计区块属于典型的平原地区，河道较多，且坡度小，流速慢，容易造成污染物淤积，同时自身净化能力有限，因而环境容量非常有限。另外，台州地区降雨频率高，尤其是降雨量小于 30 mm 的场次占比达到 70%，而这些降雨造成的初期雨水径流污染严重，低影响开发设施的设置，能够有效降低初期雨水径流污染。台州地区年径流总量控制率与设计降雨量的关系如图 1 所示。

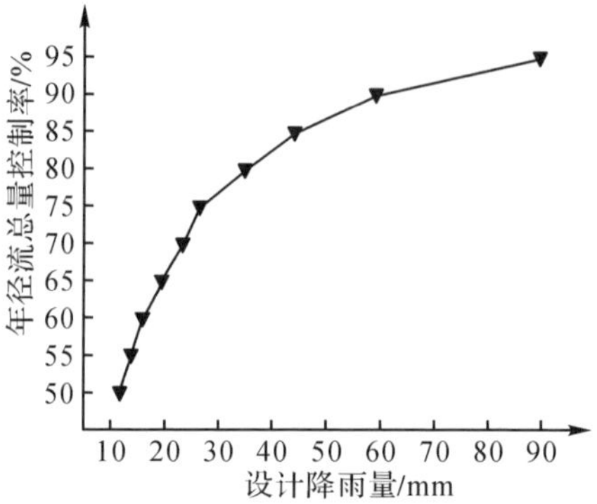

图1　年径流总量控制率与设计降雨量

本区块道路根据道路断面形式，结合景观设计布置低影响开发设施。在红线外有绿化带的道路外设置植草沟，超过 3 m 的绿化带内设置植草沟并且每隔一定距离设置雨水花园，人行道上设透水铺装。通过低影响开发设施设置，各条道路年径流污染削减率均超过 50%，能满足《东部新区海绵城市建设专项规划》要求。

三、雨水管网设计($P_1 < P \leqslant P_2$)

设计中，道路雨水出路有晨曦泾和星瑞泾 2 条河道，河道宽度约为 53.0 m，规划河底标高为−1.0 m，平常水位为 1.8 m，20 年一遇河道水位为 2.85 m。

流量计算公式：

$$Q=Av$$

$$v=\frac{1}{n}R^{2/3}I^{1/2}$$

式中，A 为过水面积(m^2)；v 为流速(m/s)；R 为水力半径(m)，采用满管流；I 为水力坡降；n 为粗糙系数，本工程采用玻璃钢夹砂管，取 0.01。

设计中首先根据重现期 $P_2=5$ 年进行管径初算，雨水管坡度根据道路坡度及管网最小排水坡度进行确定，计算出雨水管径为 500～1200 mm(见图 2)。

设计区块道路标高在 3.6～6.0 m 之间，排水路径如果太长或者设计管径偏小，易造成检查井地面积水，因而根据内涝防治规划要求，需进行道路排水及河道水位遭遇分析。当河道水位为 20 年一遇、降雨重现期为 5 年时，道路地面不得产生积水，且检查井内水位距离地面应有 30～50 cm 安全高度，确保检查井不承压，造成雨水外冒的现象。

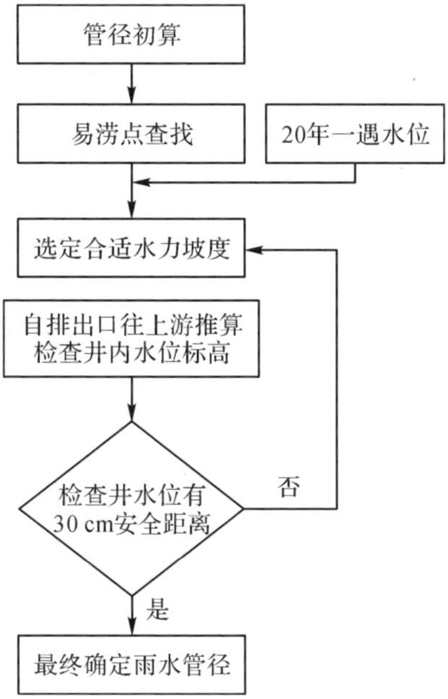

图 2　管径计算流程

以海豪路为例计算，首先应确定海豪路易涝点。根据海豪路道路竖向设计，计算出道路在桩号“0＋450”“0＋829”以及“0＋1240”存在 3 处最低点，即为海豪路易涝点，易涝点地面标高分别为 4.120 m、3.782 m、3.900 m，可以看出，易涝点较河道 20 年一遇水位只高出 1 m 左右。

计算出最低点后，主要对 3 处易涝点进行核算，在河道水位为 2.85 m 的条件下，由下游向上游计算易涝点处检查井内水位。

由于此时管道处于淹没出流状态，检查井内壅水，此时管道流量计算仍采用恒定流公式，但此时水力坡度与管道实际坡度相差较大，此时的水力坡度应按管道上下游检查井内水位差计算，若按照管道坡度计算，3 处易涝点水位均高出地面，不能满足设计条件。

实际计算中，从排出口往上游推算，排出口水位为 20 年一遇水位 2.85 m，根据经验，依次推算出上游检查井内水位标高，当标高离地面安全距离过小时，应减小水力坡度重新计算，一直推算至易涝点，经过计算，3 处易涝点处检查井内水位标高为 3.70 m、3.30 m 以及 2.95 m，均低于地面标高 30～50 cm，满足设计要求。计算表格如表 2 所示。

表 2　20 年一遇河道水位管径核算

面积/m^2	设计流量/(L/s)	管径/mm	水力坡度	上游水位/m	下游水位/m
1800	57.58	500	0.001	3.8	3.7
11100	340.13	600	0.002	3.7	3.5
20800	617.19	800	0.001	3.5	3.3
32500	921.78	1000	0.001	3.3	3.05
44200	1413.96	1200	0.001	3.05	2.95
55900	1788.24	1800	0.001	2.95	2.85

计算过程中，需合理选定水力坡度，进行多次计算。通过淹没出流计算分析，设计管径最终调整为 500～1800 mm。

四、行泄通道设置($P_2<P\leqslant P_3$)

道路竖向设计与内涝防治关系十分紧密，竖向设计若没有充分考虑防涝需求，十分容易造成内涝灾害，例如城市中有低洼、下凹等，不仅向外排水困难，而且周边地势高的地区客水易大量汇入，汛期经常发生严重积水。根据台州东部新区防涝规划、区块整体地形及道路标高设计，本工程将海城大道作为区块行泄通道，将超过管标的雨水有组织地转输至星瑞泾和晨曦泾，最大限度避免雨水无序漫流，造成更大损失。

道路竖向设计中，由于考虑最小排水坡度及坡长要求，平坦的平原地区经常设计成有起伏的波浪形，但作为行泄通道易造成局部积水，不能满足要求。因而，设计前期与道路专家进行对接，将行泄通道段设置成单坡向，最小坡度为 3‰。设计前期对整体坡度要求的把握是非常有必要的，同时也是非常重要的。

五、超标雨水应急($P>P_3$)

台州东部新区极端天气较多，汛期前应认真组织开展汛期内涝隐患排查，提前做好预警，根据预警做好准备工作，有效开展预防措施。台州东部新区有较多河网，平时为了景观效果，水位较高，当接到极端天气预警时河道管理部门提前降低河道运行水位，让雨水管网排水畅通，充分利用河网的调蓄功能。

六、结论

通过不同尺度设计以及对重现期雨水应对系统的考虑，不仅可以减少新区河道径流污染，还可以使雨水管网设计更加科学合理，雨水排放更加有序可控，从而提高东部新区排水防涝能力，减少内涝灾害。[2]

参考文献

[1] 程小文，凌云飞，贾玲玉，等. 城市大排水系统的规划方法与案例实践[J]. 给水排水，2019(A1)：60-63.

[2] 黄俊，迟慧，窦荣舟. 平原地区排水管网工程设计与特点分析[J]. 山西建筑，2016，42(21)：126-127.

（袁　超　董蕾茜）

葵花拱桥拱上填土模拟方法研究

一、引言

实腹式拱桥具有非常鲜明的特点。首先为结构上的特点：桥面系与拱上填料直接接触，在外部荷载作用下，两者共同传递荷载；拱上侧墙及填料又与拱圈直接接触，因此结构受力特点为拱上侧墙及填料与拱圈的联合作用。其次为材料特点，除了拱圈、墩柱等采用的是钢筋混凝土，比较容易模拟外，填料、桥面材料均为非线性材料，影响因素较多，利用杆系单元难以精确模拟。车道荷载如何在软件中添加，也是一个比较复杂的问题。为了找出合理、简单的电算方法，本次设计采用了2种不同的建模方法，对拱上填料与桥面系采用 Midas Civil2019 进行了模拟，以期通过计算对比找出比较合适的拱上填料模拟方法。

二、概述

开化县芹江大桥建成于1978年，全长206.0 m，设计荷载等级为汽-15级、挂车-80级。随着经济的快速发展，旧桥已不能满足日益增大的交通流量的需求，需拆除重建。新建桥梁主桥为五跨(29 m+34 m+38 m+34 m+29 m)实腹上承式葵花拱桥。拱圈为变厚度钢筋混凝土板，板宽26.5 m；主拱圈在拱顶处的厚度为0.7 m，在拱脚处的厚度为1.0 m；边拱圈在拱顶处的厚度为0.6 m，在拱脚处的厚度为1.0 m；主拱由上缘线、中心线、下缘线3条悬链线组合而成，拱轴系数均为3.0。主拱上设置腹拱，腹拱圈厚度为0.45 m，圆曲线半径为12 m。桥墩采用实体墩，厚度有2.2 m、2.6 m 2种，墩高3 m。柱墩基础采用21根 ϕ1.0 m钻孔灌注桩基础。桥台基础与拱座相结合形成整体式框架浅基础。桥梁总体如图1所示，效果如图2所示。

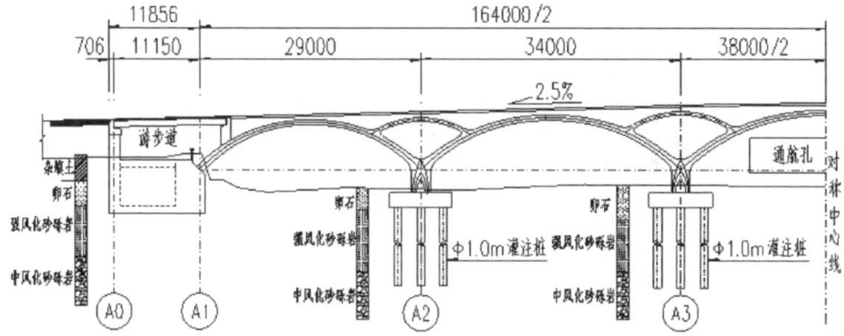

图 1　总体布置图

图 2　透视效果图

三、技术标准

设计行车速度为 40 km/h。设计荷载为城-A 级；人群荷载按《城市桥梁设计规范》(CJJ 11—2011)第 10.0.5 条规定选用。地震烈度为地震基本烈度Ⅵ度，地震动峰值加速度为 0.05 g。

四、计算方法选择

1. 土柱＋虚拟梁法

该方法主拱圈、腹拱圈、桥墩、承台、桩基均采用数值截面模拟，材料选用 C40 钢筋混凝土；填料采用自定义材料，填料容重、弹性模量、泊松比等参数均按实际输入；桥面铺装定义为虚拟梁，虚拟梁与拱圈通过竖向填料土柱单元直接连接，为保证土柱单元不传递弯矩，释放掉土柱单元转角约束，车道荷载直接加载在虚拟梁上，通过各个填料土柱向下传递。土柱＋虚拟梁法模型如图 3 所示。

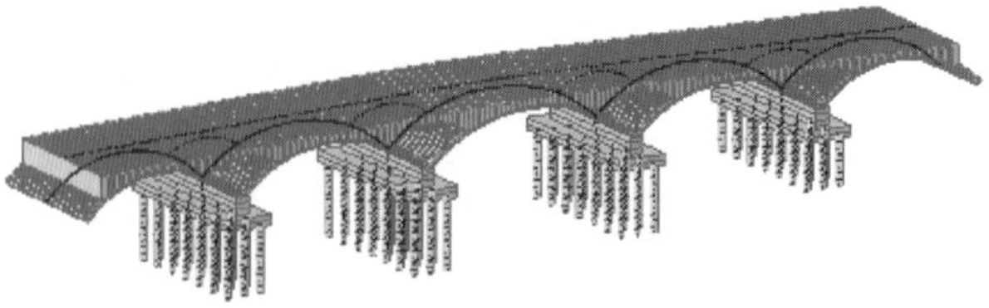

图 3　土柱＋虚拟梁法模型图

2. 变截面连续梁法

该方法主拱圈、腹拱圈、桥墩、承台、桩基仍采用数值截面模拟，材料选用 C40 钢筋混凝土；拱上填料定义成变截面连续梁，采用自定义材料，容重、弹性模量、泊松比等参数均按实际输入；填料形成的变截面连续梁与拱圈之间采用只受压的弹性连接模拟，车道荷载直接加载在填料形成的变截面连续梁上，通过只受压弹性连接向下传递。变截面连续梁法模型见图 4。

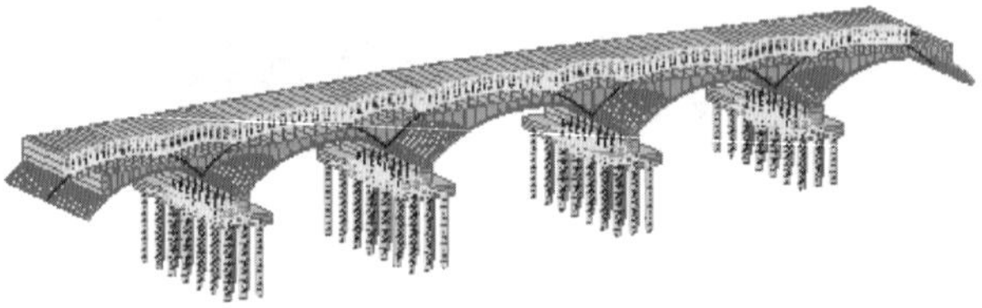

图 4　变截面连续梁法模型图

五、计算结果对比

1. 反力对比

通过在同等条件下建模计算分析，可以得出使用 2 种不同模拟方法时桥梁在恒载、恒载＋汽车荷载＋人群荷载作用下各墩台的水平反力和竖向反力。在不同使用方法下，水平反力和竖向反力的对比如表 1 和表 2 所示。

表 1　水平反力对比表

项目	墩台号	土柱＋虚拟梁法 F_X/kN	变截面连续梁法 F_X/kN	差值百分比/%
恒载	0 号台	33278	32932	−1.04
	1 号墩	10526	11028	4.77
	2 号墩	6360	6409	0.77
	3 号墩	−6419	−6164	−3.97
	4 号墩	−10882	−11333	4.15
	5 号台	−32892	−32524	−1.12
恒载＋汽车荷载＋人群荷载	0 号台	35692	35369	−0.90
	1 号墩	14508	13848	−4.55
	2 号墩	8389	8325	−0.76
	3 号墩	−7772	−8093	4.13
	4 号墩	−15161	−14559	−3.97
	5 号台	−32648	−34964	7.09

表 2　竖向反力对比表

项目	墩台号	土柱＋虚拟梁法 F_Z/kN	变截面连续梁法 F_Z/kN	差值百分比/%
恒载	0 号台	30853	30992	0.45
	1 号墩	77586	77131	−0.59
	2 号墩	89920	89025	−1.00
	3 号墩	89433	88895	−0.60
	4 号墩	76279	75467	−1.06
	5 号台	26818	26967	0.56
恒载＋汽车荷载＋人群荷载	0 号台	32742	32898	0.48
	1 号墩	82690	83178	0.59
	2 号墩	94403	95353	1.01
	3 号墩	94772	95346	0.61
	4 号墩	81065	81938	1.08
	5 号台	28635	28802	0.58

从水平反力对比表中可以发现，在恒载作用下，采用两种方法模拟计算的各墩台水平反力相差不大，采用变截面连续梁法模拟计算结果比采用土柱＋虚拟梁法模拟计算结果最多高出 4.77％。在恒载＋汽车荷载＋人群荷载作用下，采用变截面连续梁法模拟计算的最大水平反力比采用土柱＋虚拟梁法模拟计算的最大水平反力高出 7.09％。

从竖向反力对比表中可以看出，采用两种不同方法模拟计算的竖向反力非常接近，无论是在恒载作用下，还是在恒载＋汽车荷载＋人群荷载作用下，二者计算结果最大偏差 1.08％。

2. 内力对比

恒载作用下弯矩对比如图 5 和图 6 所示

单位：kN · m

图 5　土柱＋虚拟梁法 *My* 计算结果

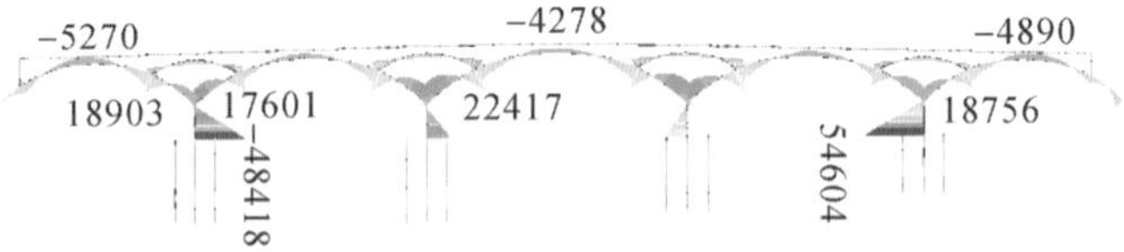

单位：kN · m

图 6　变截面连续梁法 *My* 计算结果

恒载＋汽车荷载＋人群荷载作用下最小弯矩对比如图 7 和图 8 所示。

单位：kN · m

图 7　土柱＋虚拟梁法 *Mymin* 计算结果

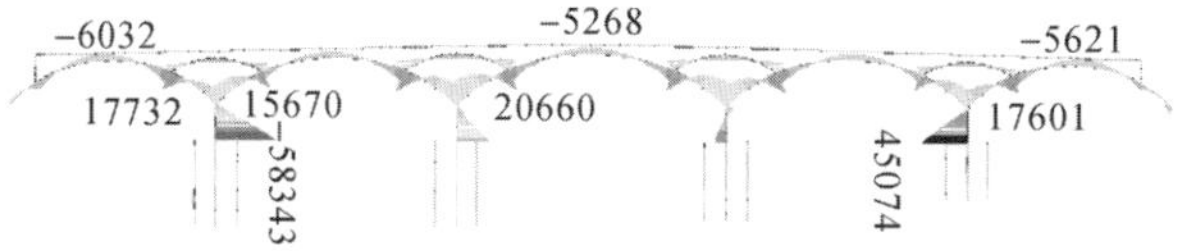

图 8　变截面连续梁法 *My*min 计算结果

恒载＋汽车荷载＋人群荷载作用下最大弯矩对比如图 9 和图 10 所示。

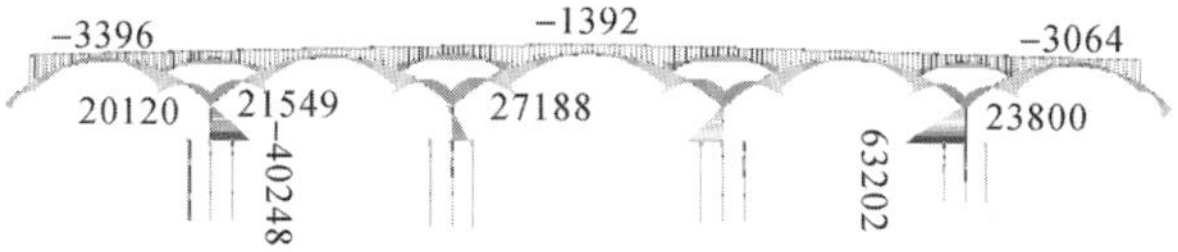

图 9　土柱＋虚拟梁法 *My*max 计算结果

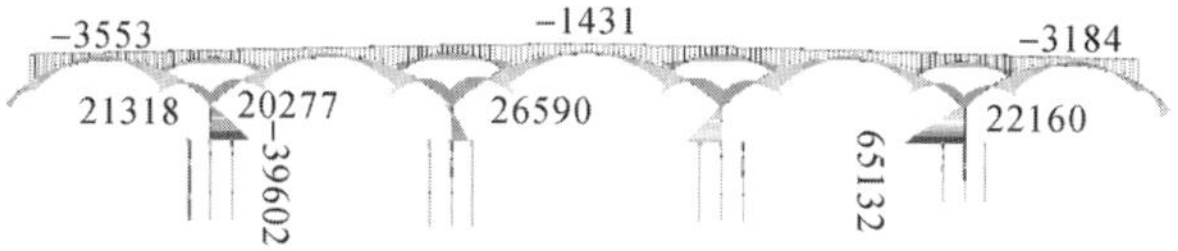

图 10　变截面连续梁法 *My*max 计算结果

从以上不同荷载作用下关键节点的内力对比可以看出，采用两种不同的建模方法计算得出的内力值有一定差异，但差别均在 10%以内，最大偏差出现在恒载作用下第五跨腹拱拱脚与主拱交点处，二者的 *My* 分别为 20163 kN·m 和 18756 kN·m，采用土柱＋虚拟梁法模拟的 *My* 比采用变截面连续梁法模拟 *My* 大 7.50%。

六、结论分析

在模拟拱桥拱上填土时，土柱＋虚拟梁法与变截面连续梁法都可以采用，在同等条件下，二者建模计算结果的偏差在 8%以内。

采用两种方法模拟拱上填土时均未考虑拱上侧墙与拱圈的联合作用，而是把侧墙作为荷载施加于拱圈之上，因此二者的计算结果均偏于安全。

采用两种方法模拟拱上填料时，均必须根据实际情况自定义填料力学特征值及边界条件，否则很容易发生填料与拱圈的联合作用，导致计算结果出现偏差。

（张　坤）

云上草原景区单悬臂景观斜拉平台设计与研究

一、工程概况

景观斜拉平台工程位于浙江省湖州市安吉县云上草原景区内，包括一座人行斜拉桥和一处三层游客平台。人行斜拉桥采用独特的单悬臂结构，悬臂长度为80.8 m，桥面为变宽双幅形式，平面呈A字形，悬臂端部设观景平台。单幅桥面宽度为2.5 m，主梁为钢桁梁，索塔为钢箱塔，桥面板采用双层夹胶玻璃。游客平台与玻璃斜拉桥在索塔横梁处衔接，平台共3层，为钢筋混凝土框架结构。平台上设置售票、文娱、休闲等服务场所，为游客观光游览提供便利。图1为景观斜拉平台效果图。

图1 景观斜拉平台效果图

斜拉桥位于海拔1053 m的山腰处，设计风速高达45.3 m/s，风荷载成为桥梁设计的控制性因素。项目委托浙江大学进行了桥梁风洞试验专题研究，试验结果表明，桥梁在45 m/s风速环境下结构仍具有良好的运营能力。

二、桥位环境

桥位区属低山丘陵地貌，位于一条北东向山谷的北西侧，山体海拔为937.58～1109.52 m，山体的北东、北西和南西边界为陡崖，陡崖高 10～70 m，坡度为 65°～190°，局部内倾为凹形坡或为悬崖。陡壁坡脚常有崩塌坠石形成的倒石堆，坡度为 45°～160°。崖顶自然斜坡总体坡度为 35°～50°，有残留孤峰及崩塌沟壑分布。山体岩性为浅肉红色霏细斑岩，上覆黑-黑灰色含碎石的粉质黏性土，厚度为 0～0.5 m，植被发育较好，主要以灌木及松木为主。

桥址区域内节理构造发育，共发现 29 组节理，节理面以陡倾、直立为主，按走向可划分为北东向、北西向及近东西向 3 组，其中前 2 组节理大致呈等间距分布，两者略成直角相交组成共轭节理。

桥址处地势陡峭，存在多处断裂、节理，索塔和锚碇位置只能因地制宜，尽可能避开断裂带和节理面，对于实在无法避开的节理，尽量使桥梁受力方向与节理面平行而非垂直，并且对地基进行锚索加固处理。

三、总体设计

人行桥采用单悬臂斜拉桥体系，桥梁全长 80.8 m，桥梁平面布置为 A 字形，中间采用四道横梁相连。索塔为钢塔，主梁采用钢桁架形式，斜拉索背索采用地锚形式锚固，在锚碇处张拉锚固，桥面采用双层夹胶钢化玻璃。主梁与索塔横梁采用球铰支座约束。

1. 主梁

主梁采用钢桁梁，梁高 2.0 m，梁宽 2.5 m，标准节间距 1.6 m。桁架杆件采用热轧薄壁方钢管，斜撑与弦杆采用节点板连接，节点板厚 8 mm。主梁设 4 对斜拉索，采用耳板式索梁锚固结构。主梁为双幅桥面，中间设 4 道横梁连接，横梁采用桁架结构，构造与主梁相同。标准横梁宽 2.5 m，主梁悬臂端横梁宽 6.0 m。主梁断面布置如图 2 所示。

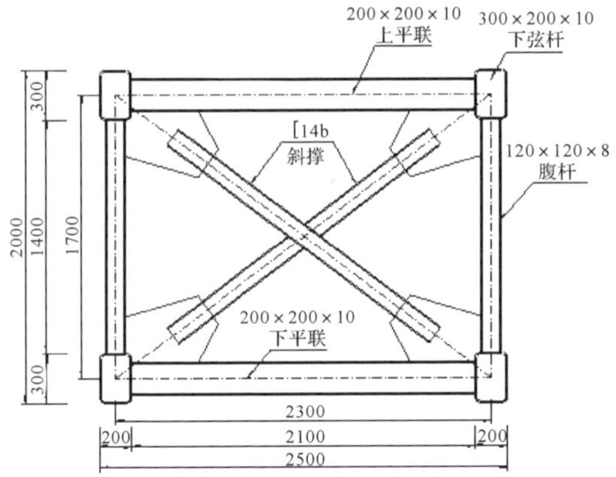

图 2　主梁断面布置图

2. 索塔

索塔为钢结构，截面为十字形断面，外轮廓为 2.5 m×2.5 m，桥面以上塔高 40 m，下塔柱塔高根据地形情况有所不同，1 号塔下塔柱塔高为 13 m，2 号塔下塔柱塔高 20 m。塔底设混凝土外包式柱脚，柱脚高 7 m，通过端部承压板及伸入混凝土内的 PBL 剪力键传力。1 号索塔根部 7 m 范围内灌注微膨胀混凝土，2 号索塔根部 14 m 范围内灌注微膨胀混凝土，钢结构与混凝土通过剪力钉形成可靠连接。图 3 为索塔断面布置图，图 4 为塔索外包柱脚断面图。索塔在桥面位置处设一道横梁，截面为单向单室矩形截面，宽 1.7 m，高 2.1 m。横梁在主梁支座位置设置牛腿，牛腿宽 3.0 m，高 0.9 m。

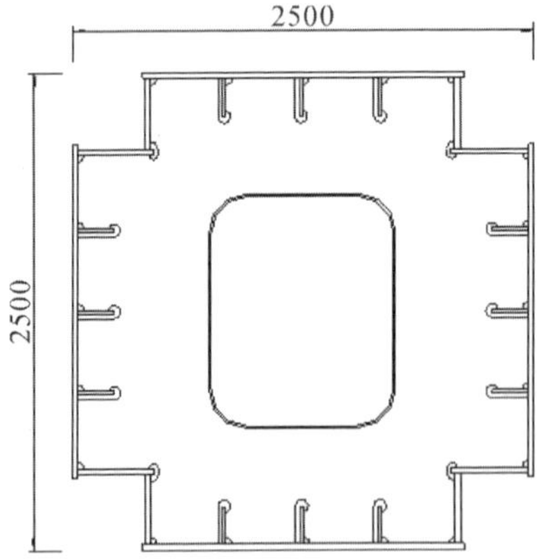

图 3　索塔断面布置图

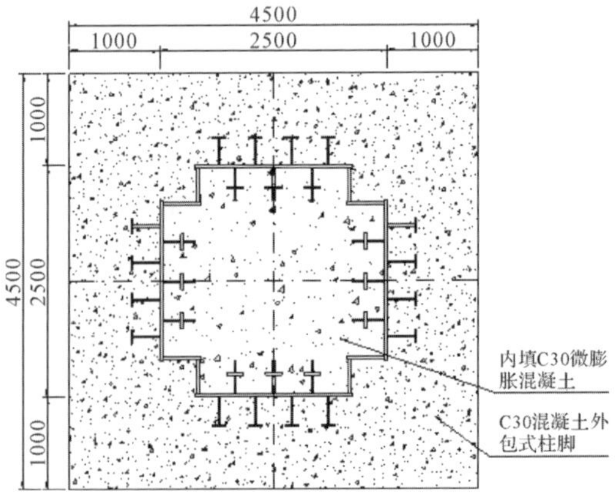

图 4　索塔外包柱脚断面图

3. 斜拉索

梁上设 4 对斜拉索，斜拉索间距约 18.7 m；每个索塔布置 1 根后锚索。索塔顶部设置钢锚箱，锚碇与主梁采用耳板式拉索锚固结构，张拉端设置在塔上。斜拉索采用 GJ 15-22、GJ 15-37 成品整束挤压拉索体系，索体由数根外套 PE 层的直径为 15.20 mm的环氧喷涂钢绞线构成，钢绞线的标准强度为 1860 MPa，斜拉索设计安全系数大于 3.0。

4. 桥面系

桥面板采用 33.04 mm 厚的双层夹胶透明钢化玻璃，长 2.35 m，标准段宽 3.2 m，局部宽度根据平联位置做调整，玻璃桥面板与弦杆及平联通过方钢龙骨及硅酮结构胶连接，结构胶厚度为 8 mm。人行道栏杆采用不锈钢制品的轻型栏杆。

5. 抗风稳定措施

采用主梁两侧设抗风缆索的抗风稳定措施，风缆锚固在索塔两侧的锚座上。抗风缆索采用直径为 28 mm 的镀锌钢芯钢丝绳，抗风拉索上、下锚固端均通过预埋耳板传力锚固，锚座处设置调节器，用来调节索长和张拉索力。

四、计算分析

采用通用有限元软件进行总体静力分析，人群荷载取 3.5 kN/mm^2，雪荷载取 0.25 kN/mm^2，设计风速为 45.3 m/s，温度荷载考虑升温温差＋20 ℃和降温温差－20 ℃。下列计算图示中，x 为顺桥向，y 为横桥向，z 为竖直方向。

1. 位移计算结果

在 3.5 kPa 人群荷载作用下，主梁最大竖向位移为－28 cm，为跨度的 1/288。当采用 5.0 kPa 进行加载时，最大位移值为－40 cm，为跨度的 1/200。主梁位移计算结果如图 5 所示。根据计算结果，建议对人行桥进行限流，避免人流较大导致桥梁出现较大变形，使人群产生不适感。

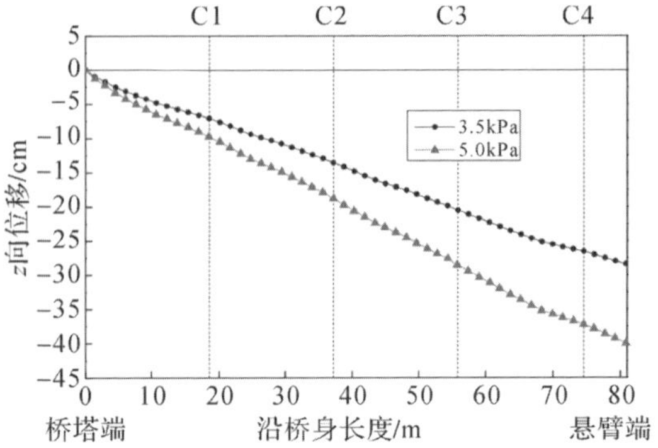

图 5　3.5 kPa 和 5.0 kPa 人群荷载作用下北侧主梁沿桥身 z 向位移

如图 6 所示，塔顶最大顺桥向位移为 7.4 cm，最大横桥向位移为－3.9 cm（内倾）。

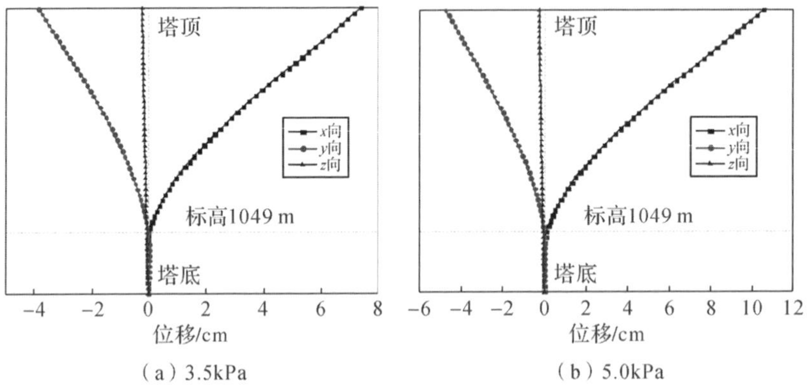

图 6　人群荷载作用下北侧桥塔 x、y、z 三向位移

2. 主梁应力结果

主桁上、下弦杆和腹杆应力处于较低水平，约 50 MPa，局部应力较大，超过 260 MPa，但均处于应力允许范围内，强度满足要求。

3. 索塔应力结果

索塔最大应力出现在横梁附近，最大应力约 140 MPa，其余部位应力处于较低水平，且均处于应力允许范围内，强度满足要求。

五、风洞试验研究

1. 风气候分析

为了分析项目地块的风速风向特征，选择与项目地块较近的德清、杭州、湖州3个气象站进行分析，研究其风玫瑰图、主导风向和极值风速等。

德清、杭州、湖州3个气象站的风玫瑰图差异较大，3个气象站与项目地的地理位置与距离如图7所示。杭州、湖州2个气象站处于平原位置，周围为农田与城区，西侧为大片山区，而项目地位于山区内，风气候条件与两者有所差异；德清气象站处于山地位置，周围为丛林，地形地貌与风气候条件均与项目地较为接近。德清气象站距离项目地较近，湖州气象站与杭州气象站均与项目地距离较远。因此，在分析项目地风气候时采用德清气象站的气象数据较为准确。

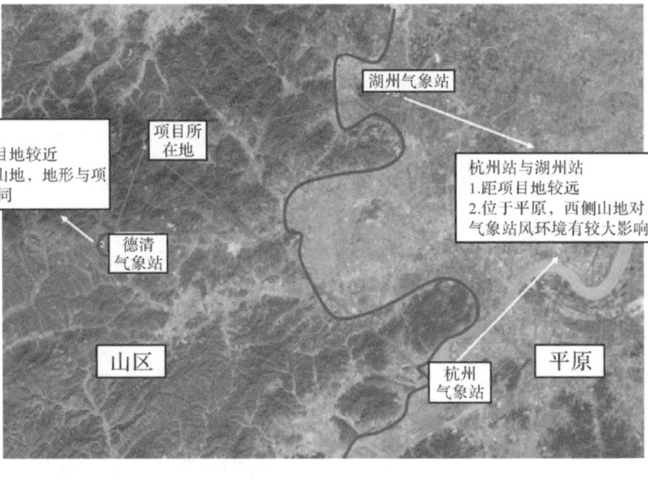

图7　德清、杭州、湖州气象站和项目地块的位置和地形

德清气象站以西南(SW)风和西北(NW)风为主。推算获得各风向对应于50年重现期的基本风速，结果如图8所示，可见最大风速出现在西北(NW)附近，其中基于Gumbel分布的极值风速为15.5 m/s，基于Frechet分布的极值风速为30.7 m/s，基于Weibull分布的极值风速为12.6 m/s。

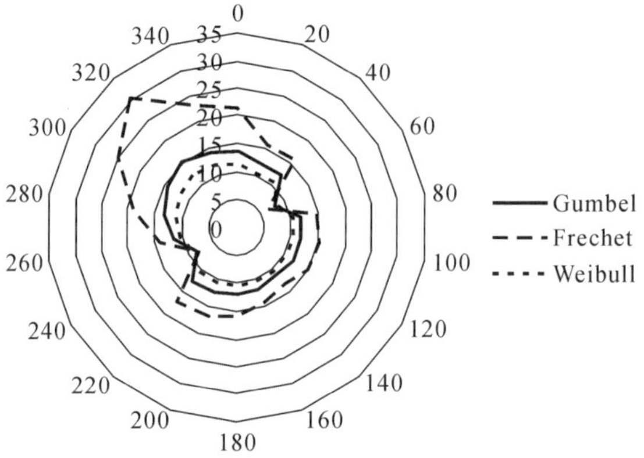

图 8　考虑风速风向联合分布的 50 年重现期风玫瑰图

2. 地貌模型风洞试验

人行桥位于峡谷中接近山顶位置，北侧、南侧和西侧地势较高，山丘起伏。桥址区风特性不仅受峡谷地形的影响，还受桥址区周边起伏不平的山体地形绕流的影响，因而桥址区风特性变得异常复杂。安吉人行桥位于特殊地形山区，桥址处风环境复杂，为了反映桥址处风的实际状况，通过模拟桥址处的山地地貌风洞试验，确定桥梁设计基准风速和相关的风特性参数。

(1)缩尺地貌模型

参照目前国际上山地桥梁风环境研究方法，桥址地貌模型试验范围以人行桥为圆心，半径为 3.5 km，模拟人行桥所在地周边直径小于 7 km 范围内的山地地貌。采用 Global Mapper 山地等高线图制作 1∶2000 的几何缩尺比地形模型，山形地貌的模拟采用泡沫塑料根据等高线形状逐层堆积而成，如图 9 所示。

图 9　安吉山地地貌模型(1∶2000)

(2)风场模拟

地貌模型试验在浙江大学的 ZD-1 边界层风洞中进行,ZD-1 边界层风洞为单回流闭口立式钢结构和混凝土结构相结合的混合结构。试验段长 18 m,截面尺寸为宽 4 m、高 3 m,风洞的最高风速为 55 m/s。风洞配备可收藏式全自动三维移测架系统,采用具有自主知识产权的多功能尖劈隔栅组合装置和大小两种粗糙元,可准确模拟出与缩尺模型相匹配、不同地貌的大气边界层流场。

(3)试验工况

本次地貌风洞试验采用 TFI 眼镜蛇三维脉动风速测量仪测试,眼镜蛇风速测量仪可以精确测试平均风速、风偏角、风攻角、顺风向湍流度以及横风向湍流度,可定义本次地貌试验的风偏角、风攻角。同时在地貌模型前与模型上方(标高 2 m,相当于实际 4 km 高度)分别安装了皮托测风仪,测试来流风场的平均风速和梯度风风速。人行桥布置 5 个测点,分别测出 5 个位置的风特性参数,测点布置如图 10 所示。

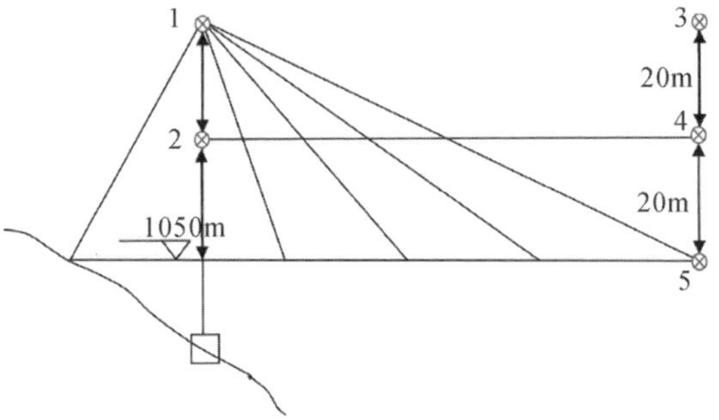

图 10　测点位置剖面示意图

由于桥址区地形起伏不平,桥址区风特性对来流方向会较敏感。为考察不同来流方向对桥址区风特性的影响,试验中包含了多个风向角。地貌模型的试验风向角为 0°～360°,每隔 22.5°为一个试验工况,由于桥址区位于峡谷上端,桥址区风特性对来流方向会较敏感,在顺桥向额外增加 1 个风向角,风洞试验风向角如图 11 所示,以朝正南方向(北风)为 0°风向角,逆时针递增,共 17 个风向角。为充分研究地形的风特性参数,试验在均匀流场中进行。

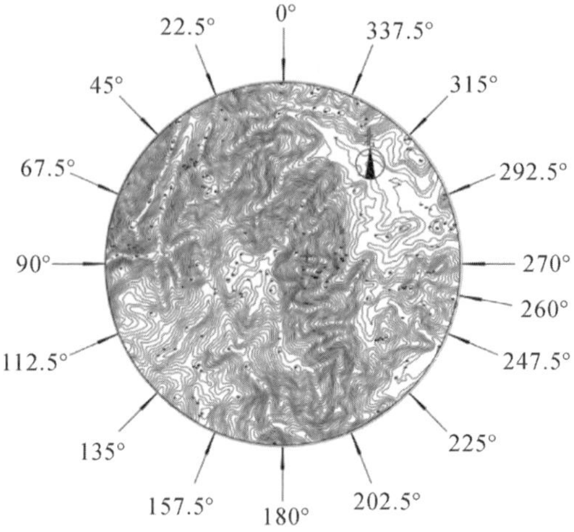

图 11　地貌模型试验的风向角示意图

(4)试验结果

在 ZD-1 风洞中模拟出 B 类地貌的风场，测试了 17 个风向下人行桥位置 5 个测点的风特性参数，包括平均风速、风偏角、风攻角、顺风向湍流度以及横风向湍流度，同时在顺桥来流风方向额外增加风向角。

平均风速比测试结果表明：由于桥梁结构位于河谷内，平均风速在来流风速的基础上被衰减而非放大，桥址处无明显的峡谷风效应；各个风向角下风速比均小于 1.0，说明在不同来流方向下，桥址各测点位置均未形成明显的峡谷风的加速效应；在顺桥向(260°风向角)来流时，各测试点位置平均风速比达到最大；在其他风向角下，由于周围山峰遮挡效应，平均风速比较小。

本次地貌模型试验中，不同测点位置下，风攻角随不同方向来流的变化规律如图 12 所示。由图可知：①当来流方向在峡谷方向附近时，由于“爬坡”效应，各测点位置出现较大的正攻角(202.5°、225°、247.5°、260°、270°、292.5°)，最大正攻角达到+35.3°，远大于规范的规定值；②当来流为其他方向时，由于周围山峰的遮挡效应以及周围地形的各向异性，各测点位置会出现较大的负攻角和正攻角，最大负攻角为−31.21°。

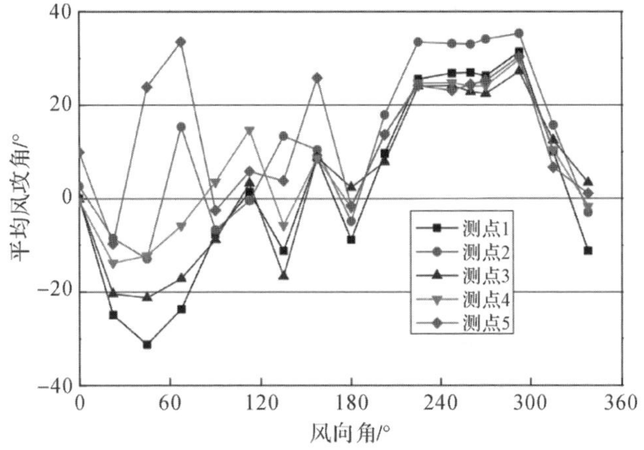

图 12　桥址处的平均风攻角

测点 3 的平均风速与风攻角随来流方向的变化规律如图 13 所示，从图中可以看出：①来流方向对平均风速与风攻角的影响均较大，顺风向平均风速总体上随风攻角的增大而增大，两者有较好的相关性；②高风速主要集中在风攻角为正值的区域，当风沿顺桥向（260°）吹来时，风速达到最大 8.76 m/s，风攻角为 22.84°；③当来流方向与峡谷或顺桥轴线夹角较大时，风攻角总体为负值，个别工况甚至达到 −21.22°，但此时平均风速较小，对桥梁结构的抗风性能不起控制作用。

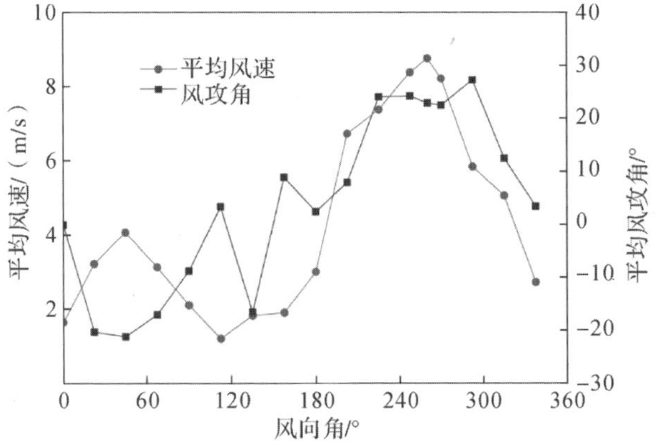

图 13　测点 3 的平均风速与风攻角随来流方向的变化规律

湍流度测试结果：来流风向在顺桥向（260°）附近时，其湍流度明显小于其他风向角的湍流度；当顺桥向（260°）来流时，顺风向湍流度和横风向湍流度达到最小，约为 10%；当其他方向来流时，两侧山体起伏不平，地势多变，由此形成的山体边界层对峡谷内风场产生强烈的气流扰动，导致湍流度偏大。

3. 气弹模型风洞试验

(1)模型制作

采用“骨架”+“外衣”的方式模拟桥身桁架，试验中，按照刚度等效原则，将桥身桁架各杆件刚度均集中到芯梁上，即按照 EA 相似选用材料，对比选用不同直径的铜管来完全模拟桥身桁架的刚度系统，原型和模型的截面特性如表 1 所示；同时通过外包 ABS 板来模拟几何外形，保证模型受风面积。在铜管两侧安装横隔板，保证外衣所受风荷载有效传递到芯梁上，外包 ABS 板每隔 4 cm 断开，避免 ABS 板提供额外刚度。另外添加配重以模拟桥身结构质量分布。桥身气弹模型制作过程如图 14 所示。

表 1　桥身气弹模型选用材料

模型			原型	
类型	截面尺寸/mm	材料	截面尺寸/mm	材料
弦杆	300×200×10	不锈钢	2.5×0.25	H62 黄铜
主梁平联	200×200×10	不锈钢	2.0×0.25	H62 黄铜
横梁平联	140×140×8	不锈钢	1.5×0.25	H62 黄铜
斜、竖撑	120×120×8	不锈钢	1.5×0.25	H62 黄铜

图 14　桥身气弹模型制作

索塔、索塔横梁以及桥墩为具有棱角断面的构件，故可以忽略黏性参数一致性的影响。索塔系统模型由钢芯梁、ABS 板外包装和配重组成。其中钢芯梁模拟索塔结构抗弯刚度以及扭转刚度；外包装模拟索塔外形，按照几何缩尺比直接计算；配重模拟索塔结构质量大小以及分布。由于很难满足实桥在顺桥向抗弯刚度、横桥向抗弯刚度以及扭转抗弯刚度 3 个方面同时相似要求，鉴于索塔的横桥向抗弯刚度对整个结构整体刚度影响最大，故在设计中以满足横桥向抗弯刚度要求为目的来设计模型钢芯梁。

斜拉索模拟的基本原则是保证气动力相似、质量相似以及拉伸刚度相似。其中，拉伸刚度通过铜丝模拟；气动外形通过外包测压皮托管实现，根据几何缩尺比确定外包尺寸，外包测压管每隔 4 cm 断开，避免提供额外拉伸刚度；分别布置铅块模拟缆索的分布质量。

桥面板和栏杆系统满足几何相似和质量相似要求。原型桥面板采用 30.76 mm厚的双层夹胶透明玻璃，长 2.35 m，标准段宽 1.6 m，模型采用 ABS 板制作模型，每隔 4 cm 断开，防止为桥身提供额外刚度。质量不足采用分布集中铅块进行模拟。制作完成的全桥气弹模型如图 15 所示。

图 15 全桥气弹模型

(2)试验结果

气弹模型风洞试验分别在 8% 均匀湍流场和均匀流场中进行，试验风速为 18 m/s、24 m/s、30 m/s、36 m/s、42 m/s；来流风向角为 0°、15°、30°、45°、60°、75°、90°；人行桥端部上表面南、北两侧对称布置 1Z、2Z 2 个测点，测量悬臂端部 z 向(竖直向)位移；在端部北侧面不同高度布置 2 个测点，即测点 5、测点 6，测量端部北侧 x 向、y 向位移；另外，在人行桥主梁跨中南北两侧对称布置 2 个测点 3Z、4Z，测量主梁跨中 z 向(竖直向)位移。位移方向和位移测点布置如图 16 所示。

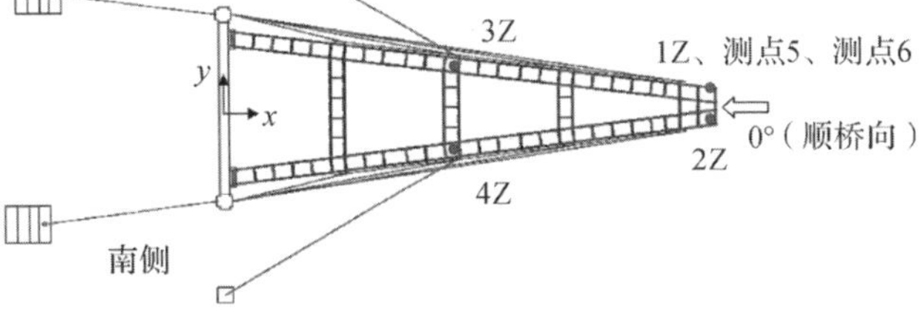

图 16 位移测点及工况示意(z 向竖直向上)

在 90°风向角(横桥向)下,人行桥各测点的位移随风速的增大而逐渐增大;在悬臂端部,各风速下 y 向位移最大均值是 96.52 mm,增幅最大,北侧迎风面 z 向位移小于南侧背风面 z 向位移;在人行桥主梁跨中,随着风速增加,南北两侧各个测点位移正负分离,在 45.37 m/s 风速下,南侧向上位移均值为 28.84 mm,北侧向下位移均值为−17.93 mm。在 90°(横桥向)风向角下,在桥身悬臂端以及主梁跨中测点位置 x、y、z 向位移均值随风速变化情况如图 17 所示。

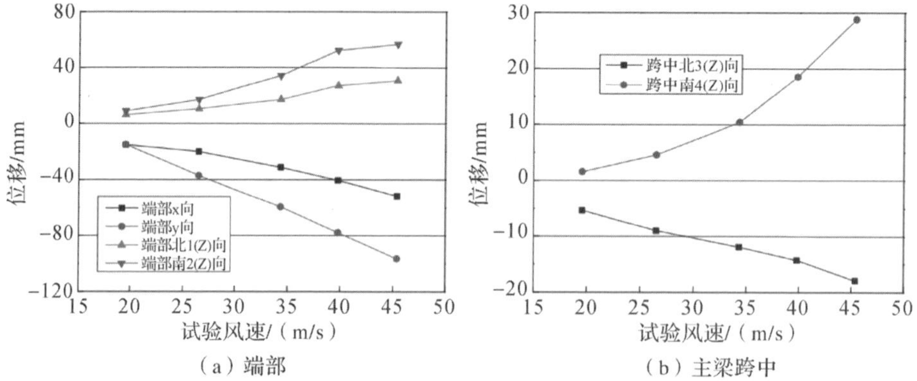

图 17 人行桥身悬臂端及主梁跨中测点位移均值随风速变化情况

在 0°风向角(顺桥向)下,随着风速的逐步增加,人行桥各测点 z 向位移逐渐增大,并且位移值呈明显的阶梯状分布,南北两侧位移测点表现出很好的对称性;因为桥身背部装有楔形山体,来流风使桥身上扬,可以充分模拟人行桥周围山体形成的“上洗风”;风荷载施加前与结束后,桥身各测点竖向位移未发生变化,表明拉索并未出现应力松弛现象,对称位置测点对应良好;在设计风速为 45.37 m/s 时,悬臂端 z 向位移均值最大为 80.03 mm,明显大于主梁跨中测点 z 向位移 36.67 mm,说明桥身 z 向竖弯现象明显。在 0°(顺桥向)风向角下,在桥身悬臂端以及主梁跨中测点位置 z 向位移均值随风速变化情况如图 18 所示。

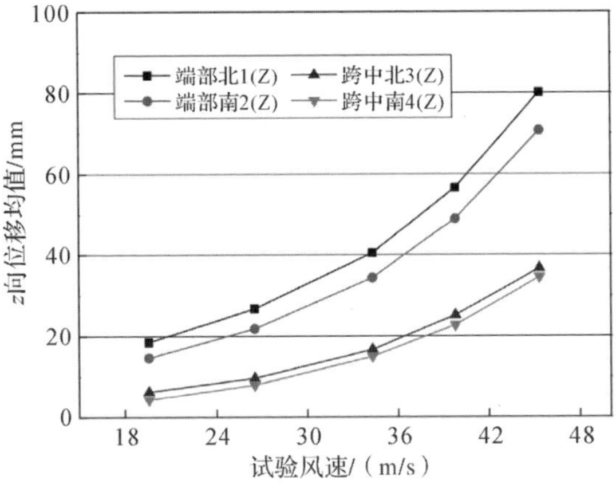

图 18　悬臂端及主梁跨中测点 z 向位移均值随风速度变化情况

六、结语

云上草原景区景观人行桥桥址处地质情况复杂，区域内节理构造发育，桥塔与基础选位因地制宜，避开不良地质带，对地基进行锚索加固处理，保证了桥梁结构的安全稳定。

人行桥结构体系新颖，受力复杂，对全桥开展整体计算及局部精细化有限元分析，结果表明主梁、索塔应力处于较低水平，强度满足要求。

桥梁坐落于高山峡谷之上，风气候条件特殊。对人行桥开展风洞试验研究，在 ZD-1 风洞中模拟出 B 类地貌风场，测试了 17 个风向角下人行桥 5 个测点位置的风特性参数。气弹模型测试了 0°和 90°风向角下结构的位移与加速度响应，在设计风速 45.37 m/s 下，竖向位移均值最大为 80.03 mm，横桥向位移均值最大为 96.52 mm，结构刚度满足规范要求。

本文结合桥位环境、静力计算、风洞试验对该异形单悬臂斜拉桥进行了研究与总结，希望为类似桥梁的建设提供积极的参考。

（张　姚　高登繁）

弁南大桥系杆拱桥设计及安装技术

摘　要：系杆拱桥以其结构特性及优势，在我国桥梁建设等领域中得到广泛应用，尤其是“先拱后梁法”的应用，大幅度降低了跨航道桥梁施工对通航的影响。本文主要介绍弁南大桥 85 m 系杆拱桥的施工工艺，如拱圈系梁整体拼装、浮吊内河航道吊装及无水平力安装等关键技术，总结工程特点及施工经验，为大跨度系杆拱桥在跨通航河道工程中的广泛应用提供参考。

关键词：弁南大桥；系杆拱桥；先拱后梁法；大跨度；安装

一、引言

弁南大道工程北起湖州市杨家埠街道施家门村，南至塘口集镇公路北侧，全长约 2.02 km，道路跨长湖申航道。长湖申航道为Ⅲ级航道，通航净空为 60 m×7 m；根据河道和道路平面情况，本次新建桥梁全长 530.9 m。

二、项目概况

弁南大桥跨航道主桥采用单跨 85 m 下承式系杆拱，北侧引桥采用 3 个长35 m 的现浇箱梁和 4 个长 30 m 的预制小箱梁，南侧引桥采用 7 个长 30 m 的预制小箱梁。桥梁采用双幅布置，主桥单幅桥面宽度为 21 m，引桥单幅桥面宽度为16.75 m（见图 1）。主桥拱肋采用二次抛物线，拱肋立面矢跨比为 1/4.25，风撑采用横撑＋斜撑＋装饰板组合结构，吊杆间距为 5.0 m，桥面采用纵横梁体系，桥面板采用预制-拼装结构。

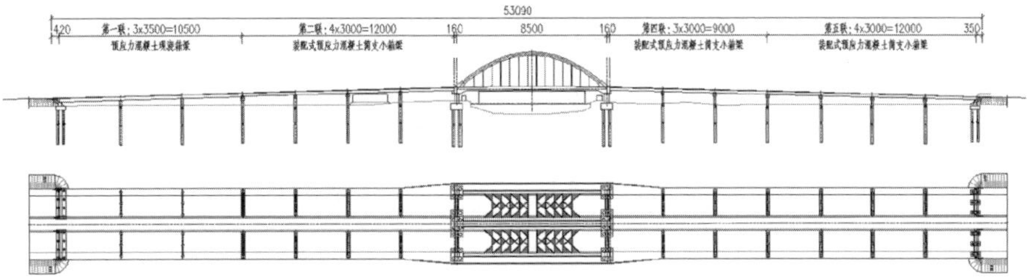

图 1　弁南大桥布置图

三、桥梁特点

系杆拱桥常规的施工方案主要有“先梁后拱”和“先拱后梁”2 种。[1]

先梁后拱法，即先设支架安装系梁，待系梁安装完成后，再通过支架安装拱肋。该方案的优点就是，施工工艺简单，施工阶段拱圈和系杆内力较小，待支架拆除后，拱圈和系杆共同受力；缺点是支架较多，适用于桥下无交通需求的情况。

先拱后梁法，即先采用吊车或者浮吊技术整体吊装拱圈，通过设置一定的措施抵抗施工阶段产生的水平推力，然后安装系杆、吊杆和桥面系等构件。[2]本方案的优点是对桥下交通影响小，缺点是对桥梁抗水平推力装置要求高。

弁南大桥主桥跨长湖申航道，由于该航道等级较高，河内交通繁忙，原设计采用的“先梁后拱”方案无法通过港航部门审批；而“先拱后梁”方案由于对水平推力装置要求高，加上桥下交通繁忙，施工期间对安全防护要求高，该方案难以满足相关要求。

(一)方案调整

经过对方案和限制条件的仔细研究，对原设计进行适当调整(见图 2)：在系梁内增设钢箱骨架，拱肋和钢骨架在岸上焊接成整体，再用浮吊进行整体吊装；系梁钢骨架外包混凝土施工，由支架现浇调整为吊模浇筑；为缩短桥梁施工工期，节省施工费用，将主桥桥面板和中横梁由现浇施工调整为预制拼装；为适应预制桥面板的布置，对端横梁、中横梁的设计进行了相应调整；为了降低施工难度，加快施工进度，将桥梁两侧的人行道外挑结构由现浇混凝土结构调整为“钢挑臂＋预制槽形板”的形式。

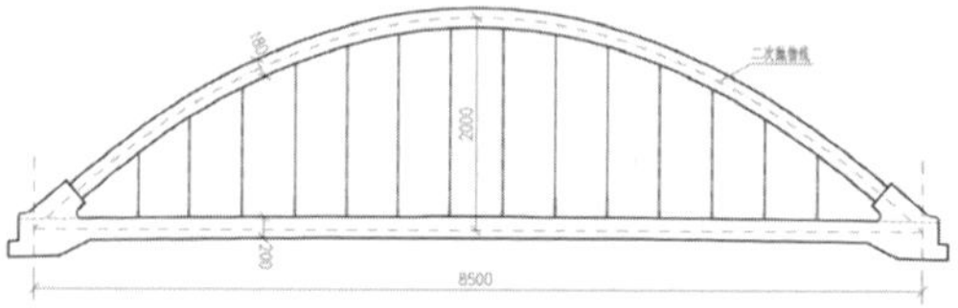

系杆拱立面布置

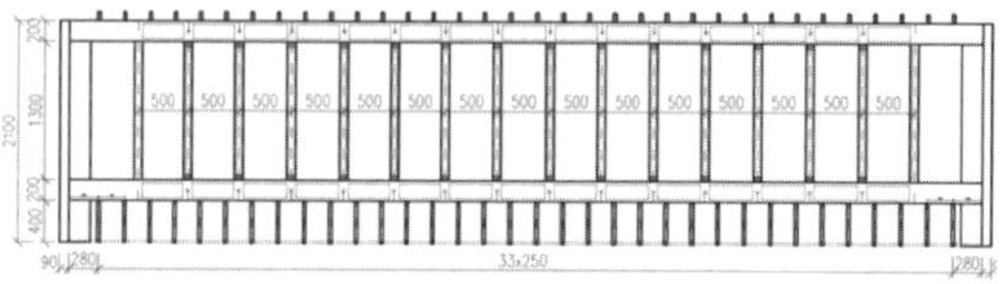

主桥结构平面布置

图 2　弁南大桥总体布置图

（二）方案特点

调整后的方案，具有以下特点：充分利用了浮吊吊装能力强的优势；吊装准备 2 小时，单片拱圈吊装约 2.5 小时，4 片拱圈只需要 12 小时即可完成，只需封航一天即可，施工方案对航道影响小；系梁采用钢结构和混凝土组合形式，可有效节约钢材用量，增加系杆的刚度；充分利用工厂预制、加工，现场吊装，可缩短施工周期。

四、主桥施工主要工序

主桥施工过程主要由以下几部分组成：下部结构施工、吊装肋拱、现浇拱脚和端横梁、吊模浇筑系梁、桥面铺装等（见图 3—图 7）。具体措施有：施工主桥墩，同时在岸上将拱肋、系梁钢骨架、吊杆拼装成整体拱片；吊装拱片及风撑；浇筑拱脚、端横梁及拱脚范围内中横梁；吊模浇筑系梁外包混凝土；张拉系梁第一批预应力钢束；吊装中横梁并浇筑湿接缝；吊装预制桥面板；张拉系梁第二批预应力钢束；拆除拱脚范围内支架；施工桥面铺装，安装主桥人行道、栏杆；吊装引桥小箱梁；调整吊杆力，桥梁施工完成。

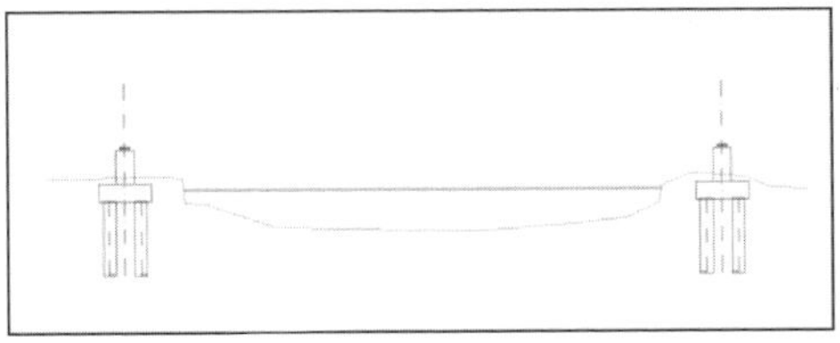

图 3　下部结构施工

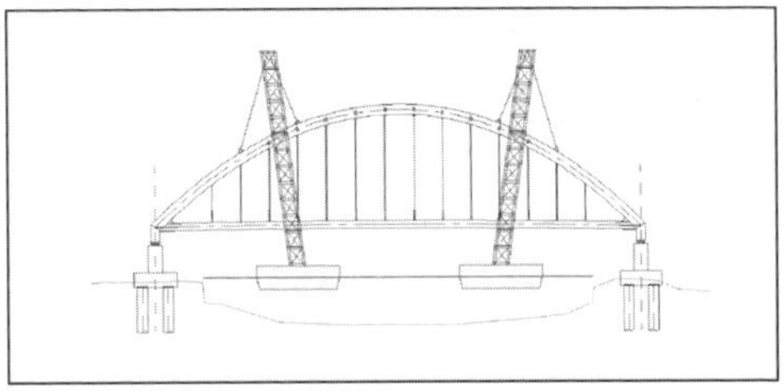

图 4　吊装拱肋

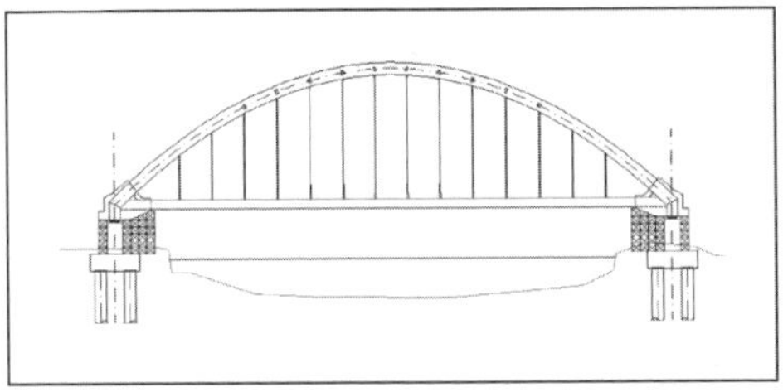

图 5　现浇拱脚、端横梁

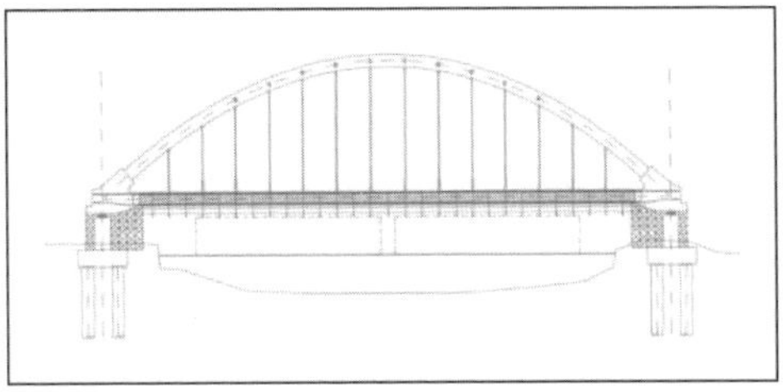

图 6　吊模浇筑系梁

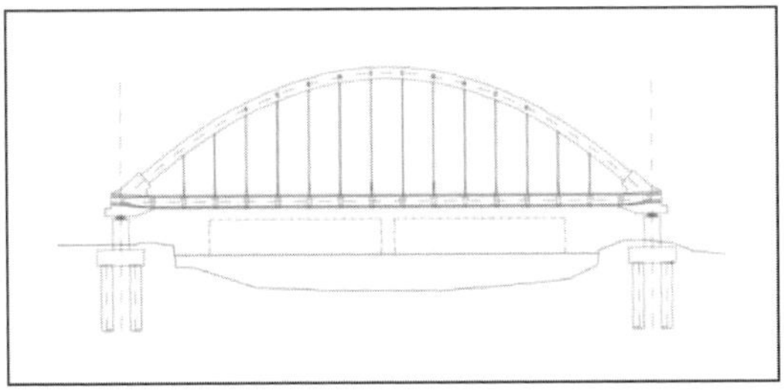

图 7　拆除吊模，安装横梁及桥面板，安装人行道、栏杆、伸缩缝，施工桥面铺装

五、结构计算

（一）施工阶段系梁钢骨架验算

拱圈和系梁钢骨架整体吊装时，拱圈吊杆处于绷紧状态（约 30 kN），拱圈推力由系梁钢骨架承担。整个施工过程中，钢骨架受力的最不利阶段是吊模浇筑系梁混凝土的阶段，吊模荷载取 24 kN/m^2（按系梁自重的 0.4 倍计），钢骨架最大轴力为 5770 kN，弯矩极值为 1790 kN · m，最大正应力为 157.9 MPa（拉应力），钢骨架应力处于安全范围内。详见图 8—图 10。

系梁混凝土浇筑完毕并养护到设计强度后，张拉系梁预应力，拱圈水平力即由系梁预应力来平衡，钢骨架的应力水平即大幅度降低，成桥后钢骨架应力仅73.3 MPa。

系梁混凝土在施工过程中的受力为全截面受压，系梁混凝土最大压应力为10.7 MPa。

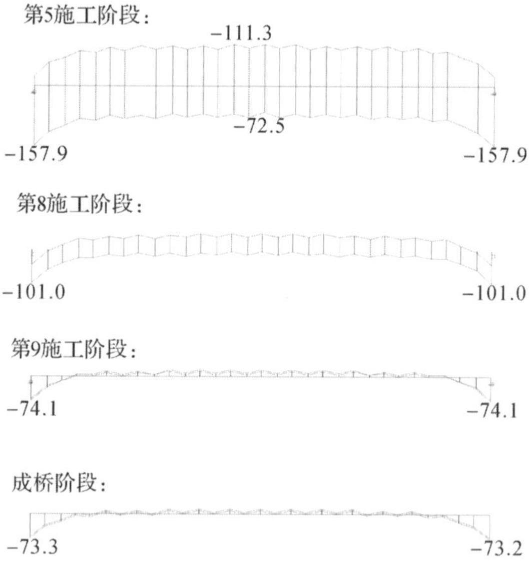

图 8　吊装阶段系杆钢骨架受力分析

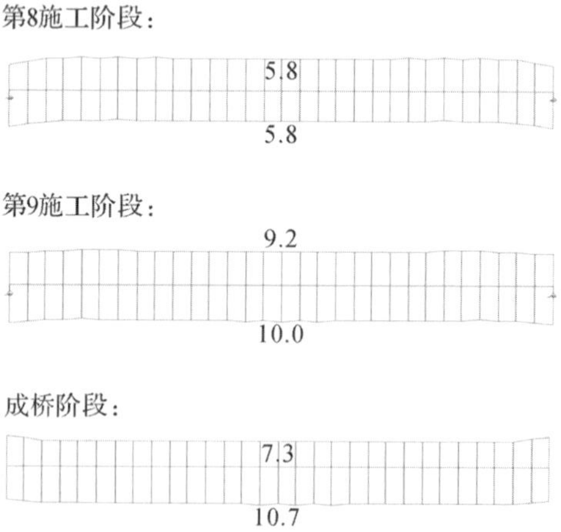

图 9　吊装阶段系杆混凝土受力分析

（二）施工阶段拱圈验算

经计算，系杆拱桥拱肋钢箱在施工过程中的受力为全截面受压，拱肋钢箱最大应力为 108.0 MPa（成桥状态）。

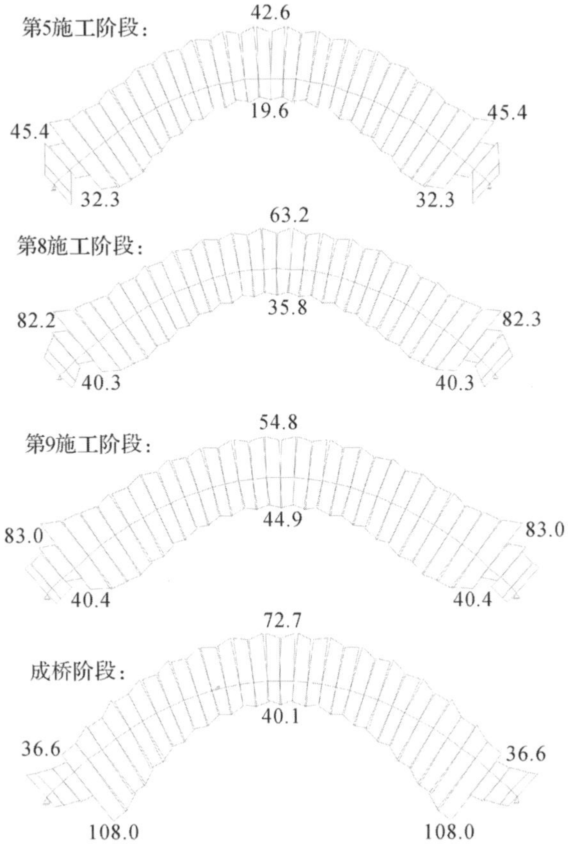

图 10　吊装阶段拱圈受力分析

（三）拱圈承载能力极限状态验算

各截面强度验算如表 1 所示。

表 1 拱圈截面应力汇总表

工况	部位	控制内力		轴力产生应力/MPa	弯矩产生应力/MPa	合应力/MPa
		轴力/kN	弯矩/(kN·m)			
最大轴力	拱脚	19198	3360	111.3	42.4	153.7
	拱顶	14094	3600	81.7	45.6	127.2
最大弯矩	拱脚	16656	4915	96.5	62.0	158.6
	拱顶	13092	4322	75.9	54.7	130.6

经计算，拱肋各验算截面应力均小于 270.0 MPa，其强度满足要求。

(四)纵向加劲系梁承载能力验算

现取受力最不利截面进行强度验算，据此评定系梁在承载能力极限状态下的安全性，如表 2 所示。

表 2 纵系梁承载力表

构件	设计轴力/kN	设计弯矩/(kN·m)	偏心距/m	截面抗力/kN
纵系梁	15117	9525	0.630	≥24677.5

注：表中弯矩为截面最大弯矩绝对值，轴力为拉力。

经计算，系梁验算截面抗力大于相应的设计荷载，其强度满足要求。

(五)吊杆验算

荷载标准组合作用下本系杆拱吊杆最大拉力及应力如表 3 所示。

表 3 吊杆拉力及应力表

吊杆号	最小轴力/kN	最大轴力/kN	最小应力/MPa	最大应力/MPa	应力幅/MPa
1	1010	1250	427	529	51
2	1010	1250	427	529	51
3	1010	1250	427	529	51
4	1010	1240	427	525	49
5	996	1230	421	521	50
6	975	1200	413	508	47.5
7	941	1150	398	487	44.5

由计算结果可见，吊杆使用阶段最大应力为 529 MPa，参照《公路斜拉桥设计细则》(JTG/T D65-01—2007)中第 3.4.1 条，拉索容许应力 $[\sigma]=0.4f_{pk}=0.4\times1860=744$ MPa，吊杆强度满足要求。

(六)结构刚度验算

本桥计算跨度为 85 m，桥梁容许挠度为 85/800=0.106 m。

图 11 为活载作用下桥梁挠曲线包络图。

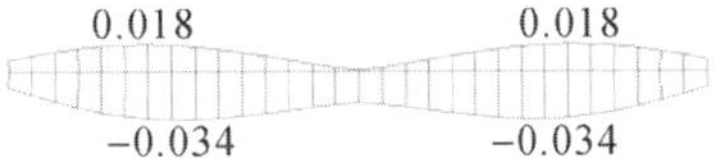

图 11　活载作用下桥梁挠曲线包络图

桥梁跨内向下最大挠度为 0.034 m，向上最大挠度为 0.018 m，系梁采用 C50 混凝土，挠度长期增长系数 $\eta_\theta=1.45-\dfrac{1.45-1.35}{80-40}(50-40)=1.425$。考虑长期挠度增长后桥跨计算挠度 $f_{\max}=1.425\times(0.034+0.018)=0.074\ \text{m}<0.106\ \text{m}$。结构刚度满足规范要求。

六、结语

系杆拱桥作为跨越能力较强的一种桥梁，外形美观，越来越多地被用于交通建设中。顺应国家大力投资基建事业的发展战略，本文对大跨度桥梁施工工艺进行研究，总结其主要的发展方向和趋势，为我国大跨度系杆拱桥工程的发展提供借鉴。

①减少桥梁施工对桥下交通影响是第一要务。随着系杆拱桥在跨通航河道、既有交通线工程施工中的应用，大幅减少施工必需的封锁交通时间，不论对企业还是社会来说，都能创造极大的效益。本技术为跨航道大跨度系杆拱桥施工提供了一种有益参考，通过合埋规划施工时间，采用合理的间歇式作业分时段放行船只，确保了河道通航要求。

②提高交通线上方施工安全性。针对传统的系杆拱桥系梁施工难度高、挂篮结构复杂的情况，研发结构简便的挂篮以提高桥梁施工安全性。通过研发使用整体吊装技术，既降低了施工成本，又可以确保施工过程中桥下交通不受影响，可行性高。

③单片拱肋稳定性保证措施有待进一步研究。在施工中，可采用缆风绳确保单片拱肋的稳定性，提高单片拱肋的平面外稳定性，若因施工空间限制无法使用该措施，则需研究其他方法。

参考文献

[1] 李征.客运专线大跨度连续梁-拱桥先梁后拱施工关键技术研究[J].铁道建筑技术，2016(12):19-21,46.

[2] 蒋华君.先拱后梁系杆拱吊索挂篮设计及安装技术[J].建筑工程技术与设计，2020(10):507.

（魏安琪）

城市道路多杆合一改造探索

——以衢州白云大道多杆合一改造为例

摘　要：为便于安装设备，需在道路上设置多种杆件，由于杆件是由各部门独立建设的，由此产生了街头杆件林立等一系列问题。在目前城市精细化管理的要求下，城市杆件及相关设施的集约化和规范化设置成了当前迫切需要解决的问题。文章借鉴国内城市道路多杆合一建设的成功经验，并以衢州白云大道多杆合一改造为列，探索多杆合一改造经验，为城区道路合杆提供参考。

关键词：多杆合一；集约化；导则；综合杆

城市道路建设过程中需要设置多种杆件以满足相关设施布置要求，主要杆件为路灯、交通标志牌、智能交通设施以及5G基站等。杆件由各部门独立建设，不仅浪费资源，还有碍城市景观，甚至存在交通安全隐患。为推进城市杆件相关设施的集约化和规范化设置，合理有序地使用城市道路空间，塑造良好的城市景观风貌，杭州、南京、上海等多个城市都已实施多杆合一改造，并推出了相关导则。

一、各地多杆合一经验

国内城市在城市更新改造过程中积累经验，相继出台了适合本地的道路杆件整合设计导则，因合杆建设还在初步探索阶段，导则基本都是试行版。

1. 杭州城市道路杆件与标识整合设计

2016年G20峰会在杭州召开，杭州市抓住这次机遇，将市内杆件进行了更新整合，并在3个月内形成了《杭州市城市道路杆件与标识整合设计导则（试行）》，这也是我国关于共杆设计的首部导则。

由于“多杆合一”整合工作涉及多部门，杭州市建立了由市政府分管领导总协调，市城管委与建委、旅委、公安、交通、民政、交警、路灯等管理部门对接协调，市环境提升与交通保障部门实施的工作机制。

2. 南京市“多杆合并”道路整合

南京市在2017年道路环境整治中开展了多杆合并工作，于2018年发布了城市道路并杆导则和杆件管理办法。《南京市城市道路杆桩(件)运行管理细则(试行)》中明确规定：南京市路灯管理处统一负责实施城市道路杆桩(件)专项设计方案，提供道路杆件上合并设置的所有设备的供电电源，产生的供电费用纳入财政结算。并杆的杆件、设备箱、管线、供电电源等属公用设施的日常养护工作，由南京市城管局委托市路灯管理处进行跟踪维护。并杆的交通标志、监控设施、信号灯、数据传输设备等属专用设施的日常养护工作，由各使用单位自行负责。该细则是国内首部针对共杆后期运营管理的规定。

二、多杆合一实施内容

多杆合一是以路灯灯杆为载体，本着先路口后路中的原则，将交通信号灯、各类监控摄像机、交通标志牌等道路设施进行合杆(见图1)。

图1　多杠合一改造示意图

如图2所示，综合杆高度为0.5～2.5 m的，适用于检修门、仓内设备等设施；高度为2.5～5.5 m的，适用于路名牌、附着式标志、人行横道信号灯、公益广告、景观装饰、人脸识别等设施；高度为5.5～10 m的，适用于机动车信号灯、监控和监测设备、指路标志、车道行驶方向标志等设施；高度在10 m以上的，适用于路灯、通信设备等设施。路灯高度结合道路整体情况，可适当降低。

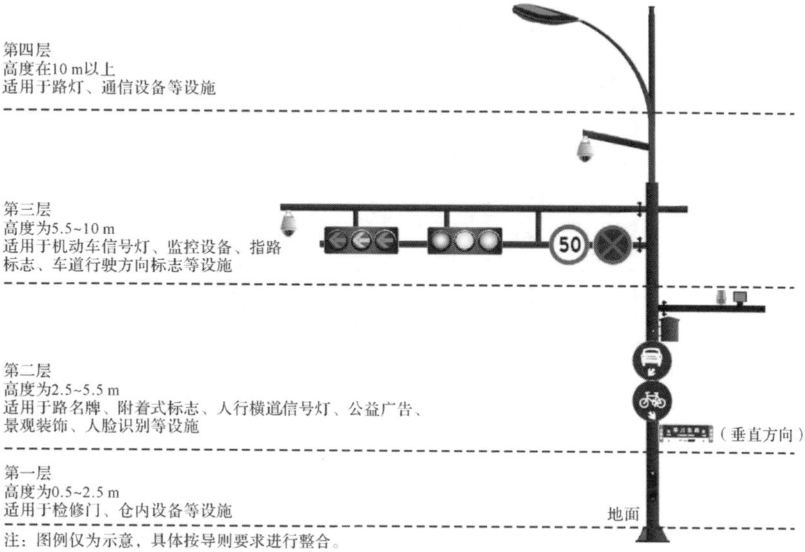

图 2　多杆合一综合杆示意图

三、衢州白云大道多杆合一改造实例

1. 项目背景

衢州市西区白云大道，是连接新城与老城的主要道路，本次设计范围南起衢江大桥，北至杭金衢高速以南，总长约 3800 m（白云南大道 1248 m，白云中大道 995 m，白云北大道 1557 m）。道路采用三块板形式，红线宽度为 40 m。本次白云大道主要改造内容为沿线景观绿化提升、路灯更换、多杆合一改造等。

白云大道上路灯、指示牌、交通信号灯、电子警察和监控设备等设施较多，杆件林立，不仅有碍景观，而且浪费资源，不符合建设节约型社会的总体要求。现白云大道上信号灯、同类标志牌均有多种类型，未做统一设置（见图 3）。

图 3　白云大道现杆件设置情况

2. 白云大道多杆合一改造原则

①为保证视认性，同一地点安装于同一支撑杆件上的标志，最多不超过 4 个，并应按禁令、指示、警告的顺序，自上而下、先左后右排列。

②同类标志的设置顺序，应按提示信息的危险程度先重后轻排列。

③警告标志之间不宜并设，原则上同一地点合杆杆体上只设置最需要的一个警告标志，有必要同时设置的，不宜超过 2 个警告标志，但禁令标志与指示标志、禁令标志与指路标志一般可以并设。

④交通设施杆件应尽量整合相关交通标志、智能交通设施，减少单独立杆，设施整合建议如表 1 所示。

表 1　白云大道设施合杆原则

交通设施		合杆原则
禁令标志	设置位置相对灵活的限速、禁停、禁鸣等	应合杆
指示标志	设置位置相对固定的直行、左转、直右等车道行驶方向标志等	应尽量合杆
指路标志		应合杆
其他标志	辅助标志、告示等	应合杆
信号灯	机动车信号灯、人行信号灯	尽量合杆
交通监控	电子警察、违停抓拍、视频监控	尽量合杆
公安监控		尽量合杆

3. 白云大道多杆合一改造经验总结

多杆合一建设涉及多个管理部门——亮化办、交警、公安、城管、通信运营商、电力部门等，为方便建设期间的沟通协调，建议由当地政府牵头，或委派某一部门做协调管理工作。

多杆合一建设前需对杆件现状做充分调查，包括杆件设备、箱体设备、控制系统、接线情况，同时对需进一步增设的设施进行确认，避免后期重复施工。

多杆合一杆件设计应保证杆件标准化及模块化，既方便施工，又方便后期管理。杆体内不同设施应分仓设计、分开走线、分别固定，宜分开设置检修门盖板，便于独立分仓检修。

为便于后期在杆件上增设设备，杆件横梁穿线孔为 50 mm×80 mm 腰孔，间距宜为 1 m，应均匀分布，开孔朝下。杆体出线应根据设备线的粗细，选择合适的电缆防水接头作为穿线孔。

多杆合一综合管线应充分考虑预留，管孔数量不应少于 6 孔，无交通信号灯控制的支路可适当减少，但不应少于 4 孔。绿化带及人行道管道采用 PE 管，管道的公称外径直径规格不小于 75 mm；车行道管道采用热镀锌钢管，公称外径直径为 100 mm，可采用不同管道色彩区分不同权属单位。为避免路面二次开挖，合理预留窨井、综合管、综合杆开孔等。

（徐叶明　张利冬　沈育平）

基于路基顶面疲劳控制的路面结构组合设计

摘　要:现有规范没法对结构组合设计中控制指标的设定提供指导,引进路基顶面压应变及其疲劳方程可提高路面结构组合设计的精确度。本文通过理论计算表明,在低土基模量条件下,路面设计的主要控制指标往往是路基顶面压应变。

关键词:疲劳方程;路基顶面压应变;结构组合设计

高等级公路的路面结构设计通常将路表面回弹弯沉值、沥青混凝土层的层底拉应力和基层的层底拉应力作为设计指标,对重载交通路面进行沥青混合料的抗剪切检验。在此前提下,在设计时需要获得沥青混合料、基层半刚性材料的容许拉应力和沥青混合料的抗剪切强度,路表面回弹弯沉值则可通过现场测试获得。该设计方法是建立在力学分析基础上的,具有很强的可靠性和可操作性,但经过多年的工程实践应用,人们也发现了一些可改进的或更全面的指标。

公路路面的破坏是一种疲劳破坏,路表面回弹弯沉值可以表征一定的疲劳破坏因素。在半刚性基层广泛应用的背景下,比较容易获得好的路表面回弹弯沉值,但对半刚性基层以下的路基部分的变形,则缺少必要的控制指标。换言之,在薄弱的路基上,只要基层厚度和模量足够,总能获得所需要的路表面回弹弯沉值和较小的沥青层底拉应力、基层层底拉应力。相应地,路表面回弹弯沉值则可能只能表征面层和基层的疲劳关系,对路基和土基的疲劳难以表征,与此同时,设计规范又缺少其他对路基和土基进行表征的指标,在工程实践中已经发生了很多路基或土基疲劳破坏导致的路面破坏。因此有必要引入一个能表征路基疲劳关系的指标来指导我们的设计。

一、疲劳方程

结合上述分析,笔者认为,应该在现有设计规范 ε 控制指标的基础上引入路基顶面压应变、沥青层底拉应变指标。路基顶面压应变在国际上是一个常用的控制指标，它通过路基顶面疲劳方程来控制路基顶面压应变。根据不同的道路使用要求，路基顶面疲劳方程可分为高标准、中标准和低标准3类，疲劳方程如下[1]：

εz=0.0284N−0.268　　低标准

εz=0.0098N−0.228　　中标准

εz=0.0063N−0.211　　高标准

式中，εz为路基顶面压应变，εr为沥青层底拉应变，N为标准轴载作用次数。

沥青层底拉应变主要控制沥青层由拉应力导致的疲劳破坏。根据不同的道路使用要求，沥青层底拉应变疲劳方程也可分为高标准、中标准和低标准3种，疲劳方程如下[1]：

εr=0.0957N−0.371　　低标准

εr=0.0710N−0.365　　中标准

εr=0.0478N−0.357　　高标准

二、计算采用的结构及参数

本文路面结构参数计算采用目前各等级道路常用的路面结构组合，重点计算在标准荷载作用下路基顶面压应变，通过疲劳方程建立路基回弹模量和标准轴载次数之间的关系。

计算采用的路面结构组合情况如表1所示。

表1　路面结构组合情况

路面结构层	结构1	结构2	结构3	抗压回弹模量	泊松比
沥青砼	16	13	10	1100	0.30
水泥稳定层	40	35	30	1500	0.25
土基模量	25	25	20	—	0.40

三、计算荷载和层间接触条件

计算轴载：采用标准轴载单轴-双轮组100 kN作为计算轴载，其计算参数按表2确定。

表 2　标准设计轴载计算参数

设计轴载/kN	轮胎接地压强/MPa	单轮接地当量圆直径/mm	两轮中心距/mm
100	0.70	213	319.5

计算点位为双圆中心距中点，计算分析的响应量为路基顶面的竖向压应变、基层层底拉应力、沥青层底拉应变。

层间接触条件：沥青层之间的接触条件假定为连续，沥青层与基层之间的接触条件也假定为连续，基层和土基之间的接触条件按滑动考虑。

四、计算结果

在标准轴载作用下，利用软件 BISAR3.0 进行计算，路基顶面压应变计算结果如表 3 所示。

表 3　路基顶面压应变

结构	路基顶面压应变 10^{-6}
结构 1	1.248E+02
结构 2	−1.651E+02
结构 3	−2.471E+02

根据路基顶面压应变疲劳方程，计算得到相应的交通适应情况（见表 4）。

表 4　路基顶面压应变疲劳次数

结构	路基顶面压应变疲劳次数		
	高标准	中标准	低标准
结构 1	1.18E+08	2.05E+08	6.24E+08
结构 2	3.13E+07	6.0E+07	2.20E+08
结构 3	4.63E+06	1.02E+07	4.88E+07

在标准轴载作用下，利用软件 BISAR3.0 进行计算，基层层底拉应力计算结果如表 5 所示。

表 5　基层层底拉应力

结构	基层层底拉应力/MPa
结构 1	2.141E－01
结构 2	2.801E－01
结构 3	3.958E－01

3 种结构的基层层底拉应力在 0.214～0.396 MPa 之间，就目前常用的半刚性基层而言，基层材料的极限抗弯拉值一般可取其 28 天抗压强度的 0.2，一般可取 1.0～1.5 MPa，显然在半刚性基层条件下，基层层底拉应力远小于其自身的抗弯拉强度。

在标准轴载作用下，利用软件 BISAR3.0 进行计算，沥青层底拉应变计算结果如表 6 所示。

表 6　沥青层底拉应变

结构	沥青层底拉应变 10^{-6}
结构 1	1.419E＋01
结构 2	—
结构 3	—

根据疲劳方程，计算得到相应的交通适应情况(见表 7)。

表 7　沥青层底拉应变疲劳次数

结构	沥青层底拉应变疲劳次数		
	高标准	中标准	低标准
结构 1	7.60E＋09	1.36E＋10	2.09E＋10

根据计算结果分析得到，在半刚性基层条件下，结构 2 和结构 3 没有拉应变，只有压应变，只有结构 1 才有拉应变，而结构 1 拉应变所对应的疲劳寿命比路基顶面压应变所对应的疲劳寿命提高了 1～2 个数量级，显然主要的控制指标应该是路基顶面压应变。

根据进一步的计算，当土基模量变小时，路基顶面压应变明显变大，具体如表 8 所示。

表 8　路基顶面压应变

土基模量	路基顶面压应变		
	结构 1	结构 2	结构 3
10	−1.702E+02	−2.266E+02	−3.158E+02
15	−1.485E+02	−1.972E+02	−2.738E+02
20	−1.347E+02	−1.785E+02	−2.471E+02

根据路基顶面压应变高标准疲劳方程，计算得到相应的交通适应情况（见表 9）。

表 9　路基顶面压应变疲劳次数

土基模量	路基顶面压应变疲劳次数		
	结构 1	结构 2	结构 3
10	2.71E+07	6.98E+06	1.45E+06
15	5.17E+07	1.35E+07	2.85E+06
20	8.21E+07	2.16E+07	4.63E+06

从计算得到的数据看，路基顶面压应变疲劳次数与土基模量呈现出密切的正相关关系，考虑到路基顶面压应变疲劳次数为主要控制指标，因此在路面设计时需要特别重视土基模量的要求。

五、路面结构的组合设计建议

根据上述计算和分析可知，在采用半刚性基层时，基层层底拉应力和沥青层底拉应变在路面结构组合设计中往往不是控制性的指标，主要的控制指标是路基顶面压应变，而路基顶面压应变与土基模量密切相关。因此，在路面结构组合设计中，应该提高对土基模量的要求，在确定能采用的最高土基模量后再进行基层和面层的厚度和模量设计，在此基础上验算路表面回弹弯沉值、沥青层底拉应变、基层层底拉应力和路基顶面压应变是否满足道路交通量的需要。

六、结论

采用路基顶面疲劳方程进行路面结构组合设计时，要特别重视土基模量的选用，结合基层的厚度和模量进行路面结构组合设计，使路基顶面压应变、路表面回弹弯沉值、沥青层底拉应力和基层层底拉应力等 4 个指标所控制的交通量处于同一个数量级上，实现结构组合的均衡，这样可以使设计更加精确，有效控制工程造价，提高路面使用寿命。

参考文献

[1] 孙立军，等. 沥青路面结构行为理论[M]. 北京：人民交通出版社，2005.

（宣波湾）

地铁高架车站设计方法及设计要点综述

摘　要:高架车站不仅是城市交通的一部分,也是城市的形象、城市的名片。在高架车站设计过程中,要考虑站点所处的城市功能区划,并依据该区域规划、景观、人文环境等来确定高架车站的风格及特点。本文介绍了地铁高架车站的设计要点。

关键词:高架车站;设计方法;设计要点;研究

一、引言

随着城市规模扩大,居民出行需求增加,轨道交通建设呈井喷式发展态势,当市区内的轨道交通密度趋于饱和后,市域线、延伸线、快速轨道交通线成为未来城市轨道交通发展的重点。市域线、延伸线、快速轨道交通线等多采用建设成本及运营费用低、建设速度快、景观效果良好的高架车站。在未来的轨道交通建设中,高架车站的建设将变得越来越普遍。本文通过对不同类型的高架车站设计方法的研究,结合杭州机场轨道快线萧山科技城站工程实例,总结高架车站设计方法及设计要点的普遍规律,为以后的设计工作提供工作思路。

二、高架车站的设计方法

1. 高架车站的主要形式

高架车站按线路高度分,有地面站、地上二层站、地上三层站等;按站台形式分,有侧式站、岛式站等,其中侧式站台车站线路间距小,方便两端桥梁与车站衔接,且车站规模较小,故高架车站多采用侧式站台;按结构形式分,有建桥分离车站、建桥部分合一车站、建桥合一车站等;按外围护形式分,有开敞式高架车站、全封闭式高架车站和半开敞式高架车站。

开敞式高架车站可以大量引入穿堂风,站内环境较舒适。该类车站适合建于周边建筑密集的城市环境中，但防雨效果差，对站台设备及装修防雨要求高。如图1所示。

图1　开敞式高架车站

全封闭式高架车站，保温隔热防风，适合建于气候寒冷、车站周边建筑极少或完全没有建筑的城乡郊区。如图2所示。

图2　全封闭式高架车站

半开敞式高架车站将开敞式与全封闭式高架车站的优点集于一身，该种形式高架车站对地区气候适应性较强，防风、防雨、防雪、遮阳，同时又能引入一定的穿堂风。如图3所示。

图 3　半开敞式高架车站

2.建筑设计

(1)总平面布置

车站总平面布置,体现出车站主体、附属用房、天桥出入口三者的位置关系及其与线路、桥梁、用地红线、规划道路红线及道路渠化的关系。主要受以下因素影响:站点客流、站点周边用地规划、地铁站与其他交通方式的衔接、站址建设条件[1]。

萧山科技城站为杭州机场轨道快线中间车站,车站为双岛四线高架车站,本站与 17 号线车站可实现通道换乘,本站东端地下一层预留换乘厅及换乘接口。车站南侧为杭甬高速高架桥。本站充分考虑周边规划、换乘条件及车站与南侧高架桥关系等因素,设计为双岛四线高架车站。地面层为站厅层,地上二层为站台层,地下一层预留与远期 17 号线换乘的条件,并于南侧设置过街附属通道。

(2)站厅布置

高架车站站厅主要由 3 部分组成:公共区、设备管理区及出入口(天桥)。车站公共区分为付费区和非付费区,出入口设置在非付费区[2],通过天桥下到道路两侧的地面。公共区布置应遵循以下原则:进站、出站尽量便捷、快速,避免交叉干扰;乘客流线与站内工作人员流线分开;乘客购票、问讯及使用公共设施时不妨碍他人通行。

(3)站台布置

站台应设置足够数量的进出站楼梯,并满足站台计算长度内任一点距离梯口不大于 50 m[3]。站台层的净空高度应满足电梯顶层高度不小于 4.5 m 的要求。侧式站台(长向范围内设梯)的宽度需大于规范最小距离要求(2.5 m)。

(4)附属建筑

高架车站附属建筑主要有以下几种形式：附属建筑与车站主体合建(路中或路侧有用地建设条件的情况)；附属建筑与车站主体分建(附属建筑独立建设)；附属建筑与车站主体分建(附属建筑与物业开发建筑合建)。

(5)车站造型

从功能上考虑，高架车站建筑造型应具有采光、通风、散热、挡雨四大功能。高架车站更是一座具有交通建筑特点的城市标志。在设计时，既要充分考虑其不可变因素，又要最大限度地挖掘其可变的、可发挥的因素，运用现代科学技术和新的建筑材料设计出更多更好的建筑造型[4]。

3. 结构设计

在高架车站的具体设计中，选择结构体系是至关重要的。一般来说，在高架车站的设计中主要采用“建桥分离”“建桥部分合一”和“建桥合一”3 种结构体系。

(1)“建桥分离”车站

“建桥分离”车站分为 2 个独立的部分：车站建筑和高架桥。车站建筑包在高架桥之外，高架桥从房屋建筑中穿过，二者在结构上完全分开。该类车站实际上由完全独立的桥梁结构和建筑结构组合而成，轨道梁及桥墩与车站的框架通过设置变形缝，各自形成独立的结构体系。

(2)“建桥部分合一”车站

“建桥部分合一”车站结构是指建筑与桥梁构件之间既相互独立又密切相关的一种组合结构：一方面，建筑构件与桥梁构件之间相互独立，保持各自应有的特性；另一方面，两者之间密切相关，相互间存在力的传递。

(3)“建桥合一”车站

“建桥合一”车站结构则是突破了“列车动载由桥梁结构承受”的传统理念，完全用建筑构件取代桥梁构件来直接承受列车荷载的作用，即与结构框架主梁完全刚结的框架纵梁——轨道梁，从而实现真正意义上“车站与区间有机融合与高度统一的”的设计理念，是突破行业限制、取得总体最优的结构形式。

萧山科技城站主体结构为四柱三跨建桥合一框架结构，横向跨度为 10.85 m＋8.4 m＋10.85 m；纵向长 238.5 m，柱距为 7～12 m，中间位置设置 2 道变形缝，宽 120 mm。

(4)结构体系的比选

表1　高架车站结构形式适用范围及优缺点对比

比较项	建桥分离	建桥部分合一	建桥合一
建筑平面布置	存在截面较大的柱墩等构件,建筑平面布局不灵活。建筑与桥梁的柱网模数不太一样,形成柱网相对较乱,影响美观。车站内设缝较多	车站柱子根数少,能较好地满足车站使用要求	建筑布局总体统筹性好,能很好地满足各项使用要求
建筑层高	建筑物需要根据桥梁结构调整站厅层和站台层标高,浪费大量空间	站厅层大量空间被轨道梁占据,浪费严重	列车荷载由普通钢筋混凝土梁承担,轨道梁及横梁高度固结,建筑高度显著降低
结构体系和传力路径	传力简洁,受力明确	结构体系和传力途径比较明确	结构传力途径不够清晰,体系较复杂
抗震性能	建筑、桥梁体系分开,车站结构多为单跨框架,抗震性能一般	整体性较好,抗震性能较好	车站结构整体性和稳定性突出,抗震性能好
振动和噪音	振动和噪音对周围环境影响小。无车站结构的车致振动问题	列车振动和噪音对周围环境影响较大,通过橡胶支座等减震措施,可缓解车站的车致振动问题	振动和噪音对环境影响比较明显。站厅层的车致振动问题显著,需复核舒适度问题
施工难度	车站桥梁完全分开,存在施工协调问题	由于构件的相关性和独立性,施工难度相对较大	建桥完全合一,施工较简便
后期维护	设计需为维修或更换轨道梁支座预留空间条件;后期需定期检查轨道梁支座情况	设计需为维修或更换轨道梁支座预留空间条件;后期需定期检查轨道梁支座情况	车站范围无轨道梁支座,无相应维护问题
车站区间接口处理	无接口问题,无沉降不均匀问题	需关注不均匀沉降问题	需关注不均匀沉降问题,及其在接口内外引起的变形与内力
结构设计难度	设计难度较低,分专业按传统方式开展设计	设计难度较大,涉及建、桥两个专业,设计控制较难把握	设计难度大,需很好地控制振动、沉降、温度、抗震等多方面的问题
造价	由于桥、建构件分离,柱网及基础密集,工程投资较大	受轨道梁梁高制约,站厅至站台提升高度较高,对工程造价有一定影响	不需设置专用轨道梁,工程投资相对较低

在具体设计时应根据实际情况，合理选择结构体系，“建桥合一”在建筑上有明显优势，完全采用建筑构件来直接承受列车动荷载，将更多的平面和空间留给建筑。

三、小结

通过对高架车站设计方法的深入研究，现将对高架车站站位选择、车站结构形式、高架区间设计等方面的一些认识和理解归纳总结如下：

①高架车站设计前期应对远期规划及其他输入资料进行深入研究，对站位及出入口的布置应进行严谨的推理论证。

②线路敷设方式应根据城市总体规划及地理环境条件，因地制宜地选择。高架车站适宜建于城市中心区外围，且街道宽阔地段。

③高架车站，应注重结构造型，控制建筑体量，注意高度、跨度、宽度的比例，既要维护地面道路的交通功能，又要注意环境保护和景观效果。

④车站位置应位于客流集散点或交通枢纽位置，应方便乘客集散。同时，车站站位选择应充分考虑轨道交通与其他交通接驳形式。

⑤高架车站设计论证结构体系是重中之重。建桥合一体系具有能统筹建筑总体布置、优化车站功能、降低结构高度、提高结构整体性的明显优势，有成为主流站型的趋势。

⑥车站结构需注意与桥梁的衔接。若区间以连续梁衔接车站，则应注意施工顺序问题，必须待连续梁钢索张拉完毕后再对与连续梁相接的车站横梁施工，否则存在张拉空间不足的情况。应考虑连续梁门式墩的轴力与车站立柱的轴力的比值，合理设置承台的中心位置，使之不产生附加弯矩。

参考文献

[1] 格里芬. 交通建筑[M]. 史韶华，胡介中，彭旭，译. 北京：中国建筑工业出版社，2009.

[2] 中华人民共和国住房和城乡建设部. 地铁设计规范：GB 50157—2013[S]. 北京：中国建筑工业出版，2013.

[3] 中华人民共和国住房和城乡建设部. 地铁设计防火标准：GB 51298—2018[S]. 北京：中国计划出版社，2018.

[4] 杨淦. 高架车站建筑与景观设计研究[J]. 建筑与装饰，2017(5)：21-22.

（朱　巍）

两段多级 A/O 在有机胺及 DMF 生产废水处理工程中的实践

摘　要:有机胺及 DMF(二甲基甲酰胺)废水不仅有机物、总氮含量高,还含有不可降解的结构复杂、抑制生化的有机物,属高浓度、高氨氮、难降解的有机废水。针对某化工企业有机胺及 DMF 废水处理工程调试期间出现的处理效果差、出水难以达标的问题,在多方调查与分析的基础上,采取污染物源头削减和工艺技术调整相结合的工程综合优化措施,最终不仅出水优于排放要求,而且运行费用降低了 40%。

关键词:有机胺;DMF;废水处理;两段;多级 A/O

一、引言

有机胺及 DMF 生产废水中含有一甲胺、二甲胺、三甲胺、甲醇、DMF、煤制气过程中产生的复杂煤焦油成分及其在后续合成过程中因“甲基化”和“聚合反应”产生的副产物,其水质特点是污染物浓度高、氨氮浓度低、有机氮浓度高,且富含难生物降解物质和具有生物抑制物质,属于较难处理的废水,处理技术比较复杂,处理装置投资大,运行费用高,完全成功的实例不多[1-2]。

某化工企业是长江以北以煤为主原料多业联产的综合性化工企业,主要产品有氮肥、有机胺和 DMF 等,是国内较大的 DMF 生产企业之一。本文梳理总结了笔者在该企业有机胺及 DMF 生产废水处理工程设计、调试和技术改造等方面的实践情况,期望能对其他类似废水处理工程的建设有借鉴意义。

二、工程设计概况

1. 进出水指标

工程废水来源主要有 2 个:一是以煤制氨、甲醇,将甲醇与氨气用催化胺化法合成有机胺过程中产生的废水；二是以无水二甲胺、一氧化碳为原料，以甲酸钠为催化剂，用 CO 一步法合成 DMF 过程中产生的废水。[3] 工程设计总处理能力为 1500 m^3/d，匹配 1 套 3 万 t/a、2 套 6 万 t/a 总计 15 万 t/a 的有机胺生产装置和 1 套 3 万 t/a、2 套 6 万 t/a 总计 15 万 t/a 的 DMF 合成装置。工程设计进出水指标如表 1 所示。

表 1　设计进出水指标一览表

指标	废水量/(m^3/d)	CODcr/(mg/L)		总氮/(mg/L)		氨氮/(mg/L)		pH 值	
		设计值	范围	设计值	范围	设计值	范围	设计值	范围
进水控制值	1500	5000	≤12000	700	≤900	≤50	≤50	9～11	9～11
出水控制值	1500	≤100		—		≤15		6～9	

2. 处理工艺流程

废水处理工艺流程如图 1 所示。

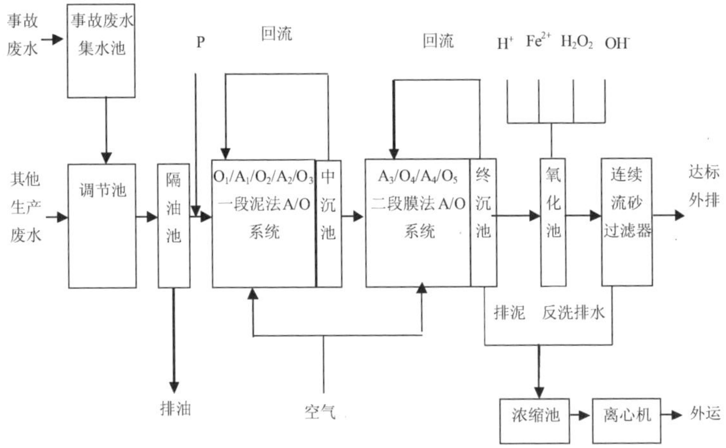

图 1　废水处理工艺流程图

3. 工艺设施配置

主要设施配置如表 2 所示。

表 2　主要设施配置表

序号	处理单元	尺寸/m		容积/m^3	停留时间或参数
1	调节池	20×15×5		1200	19.2 h
2	隔油池	7×2.8×3.5			1 套，Q=80 m^3/h
3	综合池	64.5×34.1×6.5（有效水深 6 m）	O_1	1829	29.2 h
			A_1	293	4.6 h
			O_2	1200	19.2 h
			A_2	293	4.6 h
			O_3	907	14.5 h
			中沉池	146	表面水力负荷 1.4 m^3/(m^2·h)
			A_3	1464	23.4 h
			O_4	1464	23.4 h
			A_4	1171	18.7 h
			O_5	586	9.4 h
			终沉池	323	表面水力负荷 0.88 m^3/(m^2·h)
			氧化池	373	6.0 h
4	流砂过滤器	Φ2.26×5.76			2 套，单套 Q=40 m^3/h
5	多级离心鼓风机				3 套，单套 Q=60 m^3/min

4. 技术经济指标

工程设计概算投资约 650 万元，每立方米废水直接处理成本为 2.57 元，其中电费 1.65 元、人工费 0.12 元、药剂费 0.8 元。

三、调试情况与问题分析

1. 调试情况简介

工程生化调试接种污泥取自当地棉纺厂脱水后的生化污泥（含水率 80%），受可供应数量限制，启动时投加量为 40 m^3，后续调试过程中持续补加。初始阶段，控制进水量为 5～10 m^3/h、COD 约 5000 mg/L，运行正常。后进水量逐步提高到 20 m^3/h左右，在进水 COD 浓度波动较大（2000～15000 mg/L）的情形下，MLSS 浓度得到提高，SV30 维持在 25%～30%，终沉出水 COD 稳定在 200～300 mg/L

之间。当进水量提高到 30 m^3/h 左右时，初期比较稳定，后受进水浓度持续偏高(COD 达到 14000 mg/L)影响，系统 SV30 一度达到 90%，出现污泥膨胀倾向，原有的稳定状态被打破且持续恶化。通过控制进水、降低负荷、调整 DO 等措施，始终难以恢复。在控制进水量为 18 m^3/h 的情形下，各单元水质监测情况见表 3，分析数据可知：经 O_1 池后废水已基本不具可生化性，两段多级 A/O 生化系统处理效率较低，全系统 COD 去除率仅达到 60%，有约 40%的 COD 为不可生化或难生化物质；有机氮仅达到氨化的阶段，NH_3—N 的硝化作用基本没有进行。

表 3　生化池各单元水质监测数据

项目	原水/(mg/L)			O_1 池/(mg/L)		中沉池/(mg/L)					O_5 池/(mg/L)		出水/(mg/L)	
	COD	NH_3—N	BOD_5	COD	BOD_5	COD	NH_3—N	BOD_5	NO_2^-	NO_3^-	COD	BOD_5	COD	NH_3—N
平均值	5000	155	992	2831	35	2427	464.2	58	0.02	0.06	1917	16	1742	485.6

2. 问题排查与分析

针对调试过程出现的问题，经与建设单位一起进行多方面调查与分析，最终认为生化系统处理效率低下、出水难以达标的原因有以下几个。

(1)主因：存在高浓度难生物降解且具有生物毒性的物质

针对 30%～40%的 COD 找不到贡献源的情况，对有机胺生产线 3＃环保塔废水进行浓缩，获得体积为 2%～3%的棕色有机物，该物质具有恶臭味，为淡黄色，可以任何比例溶于水，吸附性强，COD 值高达几万，甚至几十万 ppm，经色质联用机监测，初步判断成分如表 4 所示，从而确定不可生化或难生化物质主要是由煤制气携带或在甲胺合成塔中因"甲基化"和"聚合"反应二次合成而来的 4-乙基-3，5-二甲基-1(氢)吡唑、3，4，5-三甲基-吡唑、1，2，4，5-四甲基-1(氢)吡唑、二苯并呋喃等 4 种物质。

表 4　色质联用机监测结果

序号	物质名称	推测结构	色质机保留值	序号	物质名称	推测结构	色质机保留值
1	乙酸	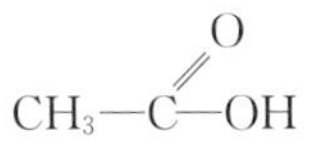	3.28	8	4-乙基-3，5-二甲基-1(氢)吡唑	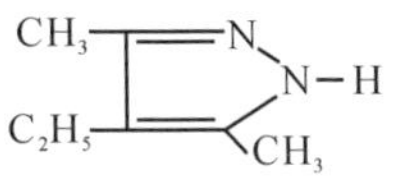	10.09
2	N，N-二甲基甲酰胺	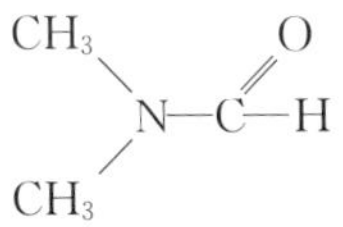	3.81	9	3，4，5-三甲基-吡唑	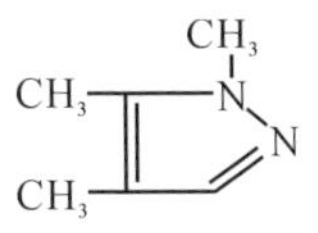	10.62

续　表

序号	物质名称	推测结构	色质机保留值	序号	物质名称	推测结构	色质机保留值
3	N,N-二甲基乙酰胺	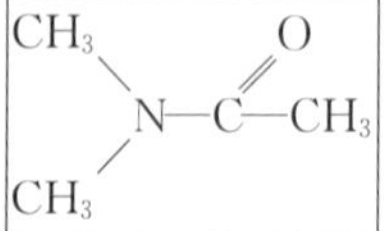	4.34	10	二苯并呋喃	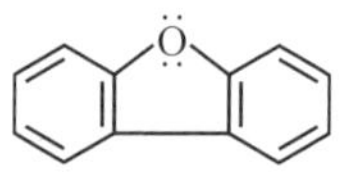	12.59
4	甲氧基苯肟	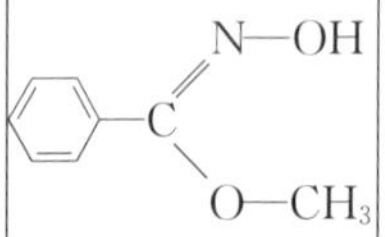	4.54	11	1,2,4,5-四甲基-1(氢)吡唑	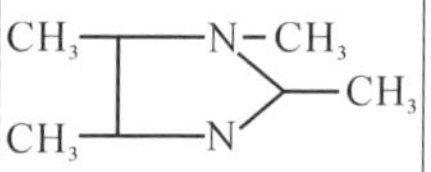	12.70
5	1,3-二甲基-4-哌啶酮	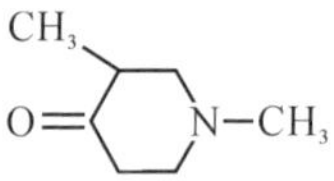	7.06	12	3-苯基呋喃	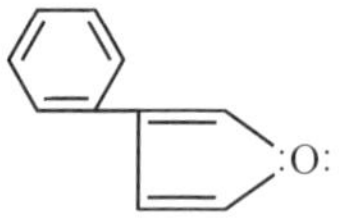	12.73
6	己内酰胺	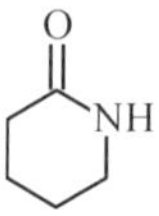	8.92	13	邻苯基苯酚	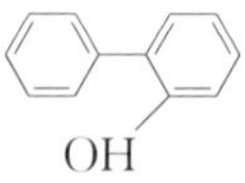	12.62
7	3-丁胺基丙腈	C_4H_9—NH—C_2H_4—CN	9.22	14	1,4,5,6-四甲基-2-嘧啶酮	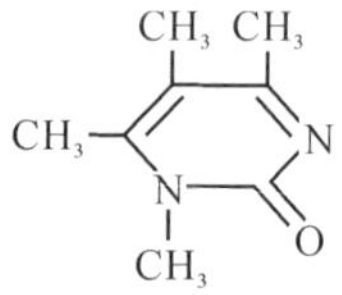	18.41

(2)次因：两段多级 A/O 系统设施配置存在缺陷

首先，有机胺、DMF 等富含有机氮的物质在 O_1 池氨化成 NH_3—N，使废水 NH_3—N 浓度由不大于 50m g/L 上升至 400～500 mg/L，而通常认为当 NH_3—N 浓度大于 100 mg/L 时，即对硝化菌形成抑制作用。其次，调试中全池 pH 值相对稳定(未采取提高碱度的措施)，介于 7.0～7.2 之间，未出现高 NH_3—N 废水硝化过程中 pH 值必然下降的现象，可判定硝化作用基本未进行。最后，一般认为游离氨对氨氧化菌和亚硝酸氧化菌有不同程度的抑制浓度范围，分别在 0.1～1.0 mg/L 和 10～150 mg/L 之间，根据 NH_4^+ 在水中的电离方程式[见式(1)]，结合生化池 pH 值情况，按照式(2)计算出本项目游离氨浓度约为 5 mg/L，由此可见，游离氨对硝化作用已构成抑制。

$$NH_4^+ + H_2O = NH_3 \cdot H_2O + H^+ \tag{1}$$

$$a = \frac{10^{pH}}{K_b/K_w + 10^{pH}} \tag{2}$$

式中：a——水中游离氨比率(%)；

K_b——25 ℃下氨的离解常数 1.8×10^{-5}；

K_w——25 ℃下水的电离常数 1.0×10^{-14}。

针对本工程，常规的解决措施是控制进水 TN 浓度、降低 NH_3—N 污泥负荷、加大两段各自出水（及中沉池、终沉池污泥）回流倍数、提高原水 C/N 比或低 TN 负荷重新启动等，然而，实践中仅设计了中沉池→O_1 池和终沉池→A_3 池的各 100%污泥回流，加之采用推流式池型和较长的停留时间，使得内外部混合和稀释能力极为有限，同时，受具有生物毒性物质和 O_1 池出水极低的 B/C 值等多重不利影响，最终使得有机氮的转化仅停留在氨化阶段。

（3）其他原因：组织管理能力不足

一是调试之初水质监测分析能力薄弱，而低 NH_3—N、高 COD、高有机氮及成分复杂的废水水质的调试难度又远大于一般的市政污水或生活污水，且缺乏足够的数据支撑。二是污水处理工段现场操作人员缺乏相关经验，大多数现场操作人才是从各个化工车间转岗过来的，他们对生物处理技术缺乏必要的经验，难以准确判断和灵活应对生化过程中产生的问题。三是污水工段与上游排污车间之间缺乏必要的协调及沟通，难以解决排污的不确定性和调试期间必须控制水质水量之间的矛盾。

四、工程优化与实效

根据问题排查与分析的结论，结合设计情况，提出了落实污染物源头控制和实施两段多级 A/O 系统工艺优化 2 个处理意见，同时进一步加强对调试队伍的组织管理和跨车间协调，最终出水达标排放且明显优于设计标准，而单位废水处理成本也明显降低。

1. 源头控制

针对 3＃环保塔废水中富含难生物降解和具有生物毒性的物质，建设方进行了相应的改造，并优化了工控参数，使之以浓缩液的形式排出本工程并纳入全厂三废综合处理系统，最终以焚烧产热的方式加以综合利用。由于 3＃环保塔的相关改造内容及改造前后其排放水质数据涉及企业商业秘密，本文不予详述。

2. 工艺优化

对两段多级 A/O 系统的优化主要围绕硝化液和污泥回流展开，优化后的流程如图 2 所示。

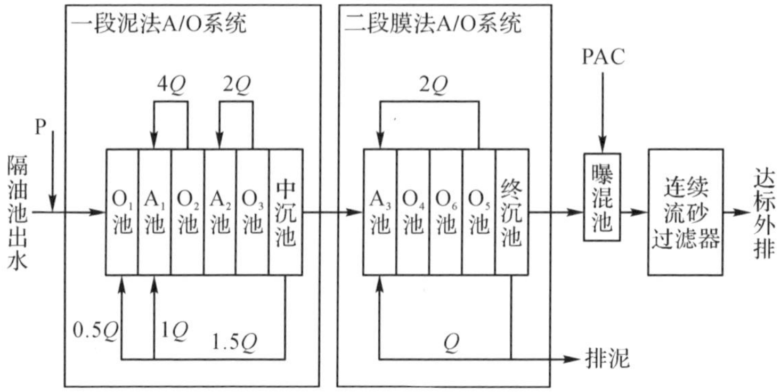

图 2　优化调整后的处理工艺流程图

泥法段：①调整 O_2 池→A_1 池的硝化液回流比由 1Q 为 4Q；②增加 O_3 池→A_2 池的硝化液回流，形成 2Q 硝化液回流能力；③调整中沉池污泥回流比由 1Q 为 1.5Q，并由单纯的中沉池→O_1 池调整为中沉池→O_1 池污泥回流比为 0.5Q、中沉池→A1 池污泥回流比为 1Q；④增加 O_2 池微孔曝气管数量。

膜法段：①将 A_4 池改造成好氧池 O_6 池，内补装微孔曝气管；②增加 O_5 池→A_4 池 2Q 硝化液回流。

深度处理段：由芬顿氧化＋过滤工艺调整为曝气混凝＋过滤工艺，氧化池功能调整为曝气搅拌混凝池。

3. 实践效果

不计 3＃环保塔相应的改造投入，废水站优化措施新增工程费用约 40 万元。工程优化后实际出水水质如表 5 所示，数据表明，出水水质明显优于设计目标和国家、行业有关排放标准，不仅为企业后期产能扩大和引入新产品创造了有利条件，同时调整了生化后深度处理工艺，使得直接处理成本与原设计相比每立方米节省了 0.65 元左右的药剂费用，企业取得了显著的经济效益。

表 5　优化后出水水质对比情况

指标	设计进水	设计出水	优化后实际出水	污水综合排放标准一级标准	合成氨工业水污染物排放标准表 2 标准
COD/(mg/L)	5000	≤100	≤85	100	100
NH_3—N/(mg/L)	50(按有机氮转化后为 700 计)	≤15	≤14	15	40

五、总结与反思

总结分析本工程方案设计、调试、优化调整全过程技术服务工作，其中的得失主要有以下几个方面：

①必须坚持以污染物源头控制先行的理念来协调末端治理，将污染源头控制（尤其是对末端治理技术存在重大影响的污染源）与生产过程控制紧密结合起来，积极改进生产工艺及控制技术，提高产品收率，削减污染物和副反应的产生，辅助以综合利用措施，使资源和能源得到充分利用，以缓解末端治理被动局面，减轻末端治理负担，从而降低处理设施基建投资和运行费用，提高经济效益。[4]

②实践证明，对具有低 NH_3—N、高 COD、高有机氮特点的有机胺及 DMF 废水，采用以两段多级 A/O 为主的处理工艺技术上是可行和有效的，在总停留时间为 7 d，泥法段与膜法段池容为 1∶1，泥法段硝化液回流比为 400%，膜法段硝化液回流比为 200%，污泥回流比各为 150%、100%的条件下，COD、NH_3—N（按有机氮氨化后浓度计）去除率分别可达 98%、97%以上，满足 GB 8978—1996《污水综合排放标准》一级排放标准要求。

③在相关环保法律法规日益健全的当下，废水处理工程尤其是存在较大处理难度的化工类废水治理项目，必须摒弃重硬件建设轻运行管理的思维，建立以中上层精干人员为核心的管理、技术和运行队伍，加强污水工段与上游排污工段之间的协调、协作和信息交流，注重积累与丰富水质数据并加以应用，从而保证废水处理设施的正常运行与达标排放，为企业的生存与发展提供保障。

参考文献

[1] 王金娥．有机胺及 DMF 废水的处理[J]．化工安全与环境，2005(8)：17-19．

[2] 梅荣武，周树勋．高浓度有机胺废水处理工程实例[J]．化工设计，2009，19(6)：28-32．

[3] 王婉贞．有机胺废水处理技术实验研究[D]．合肥：合肥工业大学，2009．

[4] 林晓东，钟江丽，张刚，等．催化氧化/两级生物滤池在有机胺废水深度处理工程中的应用[J]．环境污染与防治，2012，34(3)：79-82，88．

（梅竹松　楼　丹）

分户式燃气供暖系统与空气源热泵供暖系统的经济性比较

摘　要:本文以杭州市某住宅区 3 种典型户型房屋为研究对象,运用鸿业负荷计算软件搭建热负荷模型,模拟计算分户式燃气供暖系统与空气源热泵供暖系统的耗能量,进而分析比较在不同的阶梯气价下两种供暖系统的经济性。我们经过计算发现,分户式燃气供暖系统的初投资费用、投资净现值均低于空气源热泵供暖系统,但运行及维修费用比空气源热泵供暖系统高很多。在此基础上,我们分析了分户式燃气供暖系统推广的优势和制约因素,并对燃气供暖用气价格机制提出合理建议。

关键词:分户式燃气供暖系统;空气源热泵供暖系统;经济性;用气价格

一、引言

杭州冬季阴冷潮湿,但低温持续时间短,由于未实行集中供热管理,冬季的居住舒适性成为人们普遍关心的话题。分户式燃气供暖系统作为最传统的舒适型采暖方式,具有体积小、结构相对简单、调节灵活等优点,一直为大多数居民供暖所采用。空气源热泵供暖系统近几年来随着技术水平的提高,已逐步克服低温条件下能效比(COP)下降明显、稳定性差等问题[1],以其能源利用具有可再生性、能效比高的特点受到居民用户和地产开发商的青睐。本文以杭州市某住宅区 3 种典型户型房屋为研究对象,对具有相同供暖能力的分户式燃气供暖系统和空气源热泵供暖系统进行经济性比较分析。

二、供暖系统概况及户型简介

1. 供暖系统概况

分户式燃气供暖系统具有采暖、供生活热水两大功能,主要设备包括天然气壁挂炉、地面辐射系统或墙暖系统、厨浴热水系统。目前天然气壁挂炉运用最多的是冷凝式壁挂炉。冷凝炉通过回收烟气中的水蒸气潜热来提高锅炉效率，其整体热效率可提高 106%～111%。同时，在使用过程中至少可以节省 10%的燃料费用和减少 10%的氮氧化物和碳氧化物的排放，达到节能和环保的双重目的[2]。

空气源热泵供暖系统具有制冷、供暖、供生活热水三大功能，主要设备包括空气源热泵主机、蓄热水箱、地面辐射系统、风机盘管系统、厨浴热水系统。空气源热泵是将空气作为热泵机组的低温热源，基于逆卡诺循环原理，通过消耗少量电能，将空气中的低温热能转化为高温热能的技术[3]。

考虑到民用系统供能的稳定性和舒适性，本文研究的空气源热泵供暖系统指具有制冷、供暖两大功能的二合一机组。

2. 户型简介

选取杭州市某住宅区 3 种典型户型房屋作为研究对象。①建筑面积 89 m^2（三室一厅两卫），②建筑面积 124 m^2（四室两厅两卫），③建筑面积 168 m^2（四室两厅三卫）。室内均采用地面辐射供暖系统。

二、热负荷模拟

1. 采暖热负荷计算原理

建筑物冬季采暖热负荷主要包含以下几个方面：围护结构的耗热量；加热外门、窗缝隙渗入室内的冷空气耗热量，加热外门开启时由室外进入的冷空气耗热量，地面温差耗热量，各项附加耗热量。

2. 热负荷模型及参数

笔者运用鸿业负荷计算软件搭建热负荷计算模型。影响采暖热负荷的因素很多，包括建筑物的围护结构热阻、建筑物的体形系数、建筑物朝向、室内设定温度等，同时还应考虑室外气象条件的变化等[4]。模型中室内外参数设置如表 1 所示。

表 1　杭州市热负荷计算相关参数设置一览表

序号	参数	取值
1	冬季大气压/Pa	102180
2	冬季室外供暖计算干球温度/℃	0.10
3	冬季通风计算温度/℃	0.00

续　表

序号	参数	取值
4	冬季室外空调计算干球温度/℃	2.20
5	冬季室外空调计算湿球温度/℃	0.82
6	室外平均风速/(m/s)	2.60
7	最多风向平均风速/(m/s)	3.80
8	室内设计温度/℃	20
9	室内相对湿度/%	60
10	外墙传热系数/(W/m^2)	0.71
11	外窗传热系数/(W/m^2)	2.70

3.热负荷模型校验

笔者采集了4组采暖耗能数据作为对比实例，通过对热负荷模型计算结果与用户实际耗能进行比较，校验模型的准确性。

居民户1：

采暖方式：分户式燃气供暖+地面辐射系统。

建筑面积：150 m^2，三室两厅两卫。

用能习惯：所有房间均开启地暖，24小时连续运行。

用能数据采集时间：2017年12月1日至2018年1月30日。

居民户2：

采暖方式：分户式燃气供暖+墙暖系统。

建筑面积：138 m^2，三室两厅两卫。

用能习惯：所有房间均开启墙暖，24小时连续运行。

用能数据采集时间：2017年12月1日至2018年2月28日。

居民户3：

采暖方式：空气源热泵二合一供暖系统+地暖系统。

建筑面积：89 m^2，三室两厅两卫。

用能习惯：所有房间均开启地暖，24小时连续运行。

用能数据采集时间：2019年1月1日至2019年1月31日。

居民户4：

采暖方式：空气源热泵二合一供暖系统+地暖系统。

建筑面积：137 m^2，四室两厅两卫。

用能习惯：所有房间均开启地暖，24 小时连续运行。

用能数据采集时间：2019 年 1 月 1 日至 2019 年 1 月 31 日。

模型计算结果和实际抄表数据对比如表 2 和表 3 所示。

表 2　模型计算与实际用能数据对比表(分户式燃气供暖系统)

居民户	建筑面积/m^2	采暖热负荷/W	用能天数/天	模型计算天然气用气量/Nm^3	实际抄表天然气用气量/Nm^3	误差/%
居民户 1	150	3758.5	56	586	532	10.2
居民户 2	138	3725.9	89	847	859	1.4

表 3　模型计算与实际用能数据对比表(空气源热泵供暖系统)

居民户	建筑面积/m^2	采暖热负荷/W	用能天数/天	模型计算用电量/(kW·h)	实际抄表用电量/(kW·h)	误差/%
居民户 3	89	2585.8	31	18.8	19.1	1.6
居民户 4	137	3714.3	31	27.0	26.1	3.5

注：上表中实际抄表用电量中已剔除其他生活用电量。

计算结果表明：该负荷模型计算结果与实际用能数据误差较小，最大误差为 10.2%。造成误差的因素主要包括两方面：一是建筑物的围护结构数据的偏差；二是家庭结构、生活习惯及经济水平构成的居住实态[5-7]的影响。该负荷计算模型与参数的设置具有较高的准确性与合理性，可用于供暖系统的经济性分析。

4. 热负荷模拟结果

通过以上热负荷模型模拟 3 种典型户型的采暖热负荷。空气源热泵供暖系统的能效比(COP)取值为 3.3，燃气壁挂炉热效率取值为 100%，采暖热负荷、空气源热泵供暖系统和分户式燃气供暖系统的耗能结果如表 4 所示。

表 4　典型户型下各供暖系统耗能表

建筑面积/m^2	采暖热负荷/W	空气源热泵供暖系统用电/(kW·h)	分户式燃气供暖系统用气/Nm^3
89	3089.9	2247	790
124	3276.9	2383	838
168	3967.7	2886	1014

三、经济性比较分析

假设供暖系统 24 小时连续运行，一年的采暖天数按 90 天计算。

1. 初投资费用比较

空气源热泵供暖系统具有制冷、供暖两大功能，分户式燃气供暖系统具有采暖、供生活热水两大功能。为保证数据可比性，空气源热泵供暖系统初投资费用中增加热水系统投资费用（3 种户型分别按 2000 元、3000 元、4000 元估算）；分户式燃气供暖系统初投资费用中增加分体单冷型空调投资费用（小户型客厅空调按 5000 元/台估算，大户型客厅空调按 8000 元/台估算，卧室空调按 2500 元/台估算）。

初投资费用包括设备购置费和施工安装费。设备购置费与设备的品牌、功能、型号等有关。根据调研，目前杭州市供暖系统主机设备市场份额以合资中档品牌设备居多，笔者对此类设备的价格进行了分析。施工安装费取市场同类报价的中间值。不同户型初投资费用如表 5 和图 1 所示。

表 5　典型户型 2 种供暖系统初投资费用汇总

建筑面积/m^2	空气源热泵供暖系统/元	分户式燃气供暖系统/元
89	53200	38000
124	71590	50000
168	88800	58000

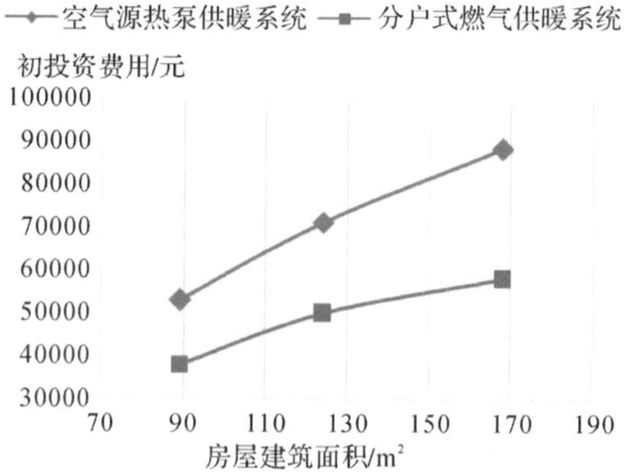

图 1　初投资费用—房屋建筑面积图

在 3 种典型户型下，空气源热泵供暖系统的初投资费用均比分户式燃气供暖系统高，主要原因是空气源热泵供暖系统的主机与燃气壁挂炉相比价格偏高，价格差距较为明显，建筑面积为 168 m^2 时，空气源热泵供暖系统比分户式燃气供暖系统的初投资高出 53%。

2. 运行及维修费用比较

(1)运行费用

电价取杭州市第二档居民电价 0.588 元/kW·h，高峰电价为 0.618 元/kW·h，低谷电价为 0.338 元/kW·h。杭州市居民第二阶梯气价为 3.72 元/Nm^3，第三阶梯气价为 4.65 元/Nm^3。根据表 4 计算年运行费用，结果如表 6 所示。

表 6 典型户型 2 种供暖系统运行费用表

建筑面积/m^2	空气源热泵供暖系统/元	分户式燃气供暖系统	
		第三阶梯气价/元	第二阶梯气价/元
89	1014	3306	2644
124	1075	3506	2804
168	1301	4245	3396

(2)日常维修费用

与空气源热泵供暖系统相比，在典型户型的日常维修费用方面，采用分户式燃气供暖系统更省钱，而在后期运行及维修费用方面，则空气源热泵供暖系统更有优势，详情见表 7 和图 2。

表 7 典型户型 2 种供暖系统日常维修费用表

建筑面积/m^2	空气源热泵供暖系统/元	分户式燃气供暖系统/元
89	300	200
124	300	200
168	400	300

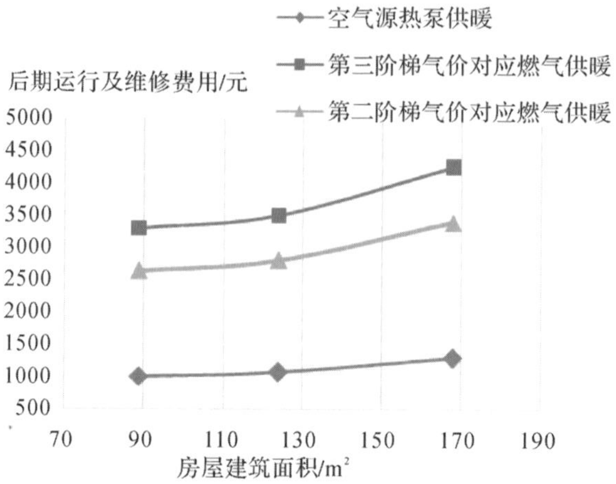

图 2　后期运行及维修费用—房屋建筑面积图

根据杭州市当前民用阶梯气价政策（第三阶梯气价），3 种典型户型下，分户式燃气供暖系统后期的运行及维修费用均比空气源热泵供暖系统高，相比前者，后者的运行费用节省 70%左右。建筑面积越大，分户式燃气供暖系统运行及维修费用增量越大。不考虑初投资费用的前提下，空气源热泵供暖系统后期运行经济效益较好。

若按第二阶梯气价计算，即气价取值 3.72 元/Nm^3 时，分户式燃气供暖系统的运行及维修费用仍较高，但与第三阶梯气价相比，费用节省 20%左右。

3. 经济性指标

投资净现值（NPV），是指投资项目在计算期内各年的财务净现金流量，根据部门的基准收益率或财务贴现率，折现到基准年的现值之和。利用净现值法，从用户角度计算在该采暖系统整个生命周期需要消费的现金流量，根据银行同期贷款利率，折现到基准年的现值之和。该方法的优点在于考虑了资金的时间价值。公式为：

$$NPV = \sum_{i=1}^{n} C_t(P/F, i_0, t) \tag{1}$$

式中：

C_t——现金流量，第 0 年为初投资费用，以后每年为运行及维修费用；

i_0——银行同期贷款利率，取值 6%；

P——现值；

F——终值；

n——投资周期。

4.投资净现值计算结果

根据《家用燃气燃烧器具安全管理规则》(GB 17905—2008)第 7.3.1 节规定：燃具从售出当日起，使用液化石油气和天然气的快速热水器、容积式热水器和采暖热水炉的判废年限应为 8 年，笔者考虑天然气壁挂炉的使用寿命为 8 年。空气源热泵(主机)的使用寿命理论值为 15 年，但目前缺少大量实际应用数据，使用寿命受到机组运行时间、用能习惯等多因素影响。故本例中投资净现值的计算周期设置为 8 年。第 0 年的现金流出值为初投资费用，以后每年的现金流出值为运行费用与维修费用之和。根据公式(1)，分户式燃气供暖系统和空气源热泵供暖系统的投资净现值计算结果如表 8 和图 3 所示。

表 8　典型户型 2 种供暖系统投资净现值表

建筑面积/m^2	空气源热泵供暖系统/元	分户式燃气供暖系统	
		第三阶梯气价/元	第二阶梯气价/元
89	61382	59765	55661
124	80129	73008	68655
168	99368	86217	80946

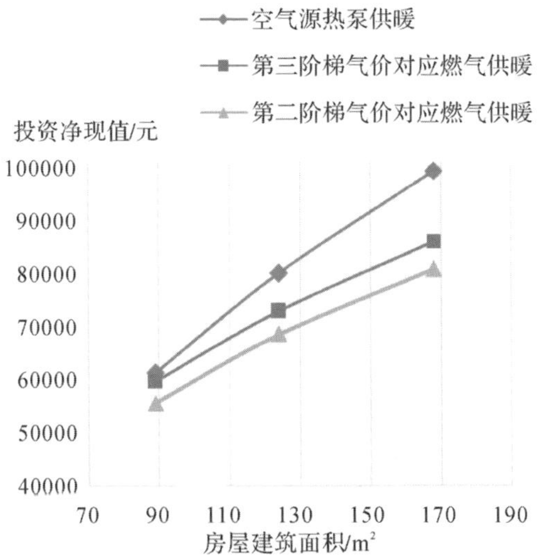

图 3　投资净现值—房屋建筑面积图

根据杭州市当前民用阶梯气价政策(第三阶梯气价)，3 种典型户型下，分户式燃气供暖系统的投资净现值均低于空气源热泵供暖系统。前者相对后者节省 0.1

万～1.3 万元。

若按第二阶梯气价计算，即气价取值 3.72 元/Nm^3 时，分户式燃气供暖系统的投资净现值仍低于空气源热泵供暖系统，前者的经济性优势扩大，相对后者节省 0.6 万～1.8 万元。

四、分户式燃气供暖系统的推广研究

1. 燃气供暖推广优势

分户式燃气供暖系统的热媒温度调节范围为 30～75 ℃，散热末端可选择地暖和墙暖 2 种方式。墙暖一方面可选择明装敷设，不破坏房屋原有装修，另一方面具有快速升温的优势。因此，已装修、未装修的用户均可选择分户式燃气供暖系统，目标客户群体范围更广，而空气源热泵供暖系统仅适用于尚未装修的用户。

2. 燃气供暖推广制约因素

天然气价格居高不下是限制燃气供暖发展的最重要因素。由于分户式燃气供暖系统后期运行经济效益较差，采用分户式燃气供暖系统，居民用气价格骤升至 4.65 元/Nm^3，对于 89 m^2 小户型 24 小时不间断采暖，平均每月所需的运行费用高达 1100 元，与空气源热泵供暖系统的运行费用相比，高出 200%。

3. 建议

笔者建议进一步完善燃气供暖用气价格机制，降低居民用户的用气负担，提高燃气供暖的经济效益，吸引更多的居民选择燃气供暖。

①借鉴 2018 年宁波市天然气价格调整实施方案，将第二阶梯用气量从现行上限 480 m^3 扩大到 1200 m^3，保证满足大众户型居民正常冬季采暖用气量。

②将生活用气与采暖用气分表计量，采用不同的价格体系，对于燃气采暖用户，给予一定燃气价格补贴，提高燃气价格竞争力。

③推行峰谷气价。积极研究天然气峰谷价格，通过制定不同用气时段的“峰谷价格”等方式引导市场的天然气“调峰”能力建设，利用价格引导燃气采暖用户更经济地用气。

五、结论

在杭州市现行阶梯气价和电价政策下，建筑面积在 89～168 m^2 区间范围内时，分户式燃气供暖系统的初投资费用低于空气源热泵供暖系统，但后期运行及维修费用较高。若按第三阶梯气价计算，分户式燃气供暖系统的投资净现值相比空气源热泵供暖系统节省 0.1 万～1.3 万元。若采用第二阶梯气价计算，分户式燃气供暖系统投资净现值相比空气源热泵供暖系统节省 0.6 万～1.8 万元，经济性优势凸显。

分户式燃气供暖系统具有适用性广泛、目标客户群体覆盖率高的优势，而天然气价格是制约燃气供暖发展的最重要因素。笔者建议进一步完善燃气供暖用气价格机制，降低用户的用气负担。①将第二阶梯用气量从现行上限 480 m^3 扩大到 1200 m^3。②将生活用气与采暖用气分表计量，采用不同的价格体系。③推行峰谷气价。

参考文献

[1] 王逊，高峻，邵敏．空气源热泵与天然气分布式能源耦合系统的技术经济性能分析[J]．节能，2018(11)：34-39.

[2] 陈煜，张辉．冷凝式燃气壁挂炉的特点及应用现状[J]．上海工程技术大学学报，2013，27(4)：289-292.

[3] 闫丽红，王景刚，鲍玲玲，等．低温空气源热泵研究新进展[J]．建筑节能，2016(8)：22-24.

[4] 刘珊．北京地区既有居住建筑采暖能耗影响因素的分析[C]//2009 年全国节能与绿色建筑空调技术研讨会暨北京暖通空调专业委员会第三届学术年会论文集．北京：全国节能与绿色建筑空调技术研讨会暨北京暖通空调专业委员会学术年会，2009：71-75.

[5] 孙艳，张欢，田雨辰，等．居住建筑用户房间位置对用热量的影响[J]．煤气与热力，2007，27(7)：82-84.

[6] 王兰，王云山，高玲．外窗对寒冷地区居住建筑节能的影响[J]．煤气与热力，2009，29(12)：A11-A13.

[7] 余丽霞，肖益民，付祥钊．居住实态对居住建筑供暖空调负荷的影响[J]．煤气与热力，2010，30(10)：A24-A27.

（马　洁　齐含飞　范霁雯　李世芳）

生活垃圾填埋场上新建飞灰库区稳定性分析

摘　要:《“十三五”全国城镇生活垃圾无害化处理设施建设规划》提出，到2020年，基本实现生活垃圾全焚烧，原生垃圾零填埋。按这一要求，生活垃圾填埋场面临生态治理问题，焚烧厂产生的飞灰急需填埋处置，若将飞灰填埋场建于生活垃圾填埋场，则可有效解决该问题并节约土地资源。但考虑到生活垃圾的高压缩性，在上部飞灰堆载作用下，下部垃圾堆体极易发生不均匀沉降，引起飞灰堆体及垃圾堆体的失稳滑移，并导致飞灰库区底部防渗膜破坏。因此，飞灰填埋库区是否可建于生活垃圾堆体上应事先进行稳定性分析评估。本文针对一个拟建于生活垃圾堆体上的飞灰库区项目进行稳定性分析，评估其可行性，以期为我国飞灰填埋场设计提供参考借鉴。

关键词:垃圾填埋场;飞灰填埋场;沉降;稳定性分析

一、项目概况

本项目服务内容为某城市生活垃圾焚烧发电厂的飞灰、污泥及应急进场生活垃圾的填埋设计。鉴于场区内可用空间较小，设计将本项目建设于现有垃圾填埋场上方。

首先对现有堆体进行整形，库区底部坡度为 1∶7，边坡坡度为 1∶3，标高为16.00～40.00 m。为增加填埋库容，在库区下游增设 1＃坝体，坝体高度为3.0 m，坝顶标高为 19.00 m，宽度为 3.0 m，坝内外侧坡度为 1∶2；在库区中间增设 2＃坝体，坝体底部坡度为 1∶7，做成台阶状，坝顶标高为 22.00 m，坝内外侧坡度为 1∶2。两道坝体之间设置隔离坝，用以回填应急生活垃圾填埋场和污泥库。2＃坝体以上以 1∶4 坡度回填飞灰至设计标高 40.00 m，标高 40.00 m 以上生活垃圾堆体进行封场治理(见图 1、图 2)。

考虑填埋场垃圾的高压缩性，为保证上部坝体、堆填飞灰的稳定及库底防渗系统的完整，设计完成场地清基后，在库区底部增设加筋层及压实黏土层，坝体中间埋设加筋层。为评估该项目稳定性、安全性，特进行堆体及坝体的稳定性计算分析。

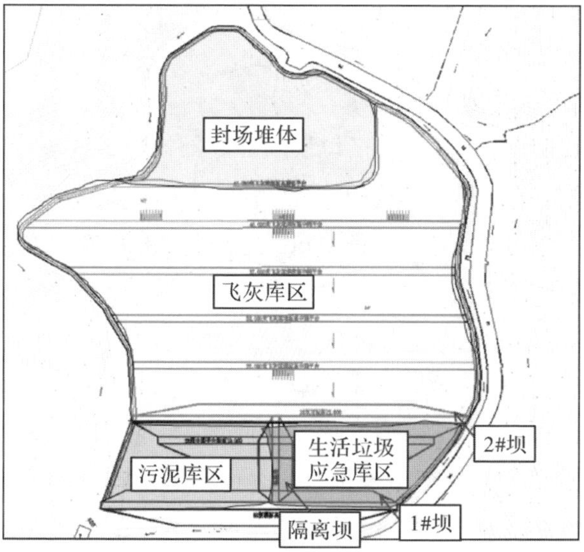

图 1　填埋场总平面图

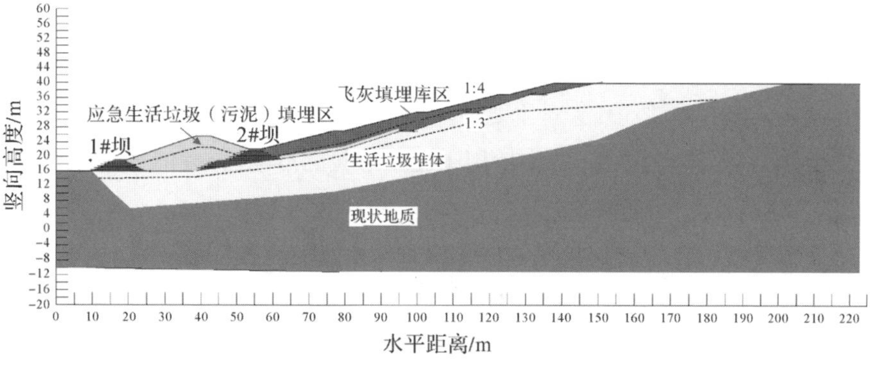

图 2　填埋场剖面图

二、填埋场稳定分析说明

1. 稳定控制要求

根据《生活垃圾卫生填埋场岩土工程技术规范》(CJJ 176—2012)、《建筑边坡工程技术规范》(GB 50330—2013)、《水利水电工程边坡设计规范》(SL 386—

2007)、《岩土工程勘察规范》(GB 50021—2001)等相关规范，考虑到填埋场这一基础设施的重要性，本工程安全等级为一级，垃圾堆体边坡及坝体稳定安全系数控制标准为：达到正常气象条件对应的渗滤液水位时，边坡及坝体稳定安全系数大于1.35。

2.填埋场失稳模式

在填埋场施工期间，挖方、填方、垃圾坝和底部衬垫系统等构筑物均涉及边坡的稳定性；在填埋场运行期间，随填埋堆体高度增加，若渗滤液导排不畅，则易导致堆体水位壅高，引起填埋体的边坡失稳；在填埋场封场后，垃圾堆体边坡高度达到最大，存在较大的失稳风险。

填埋场内的渗滤液水位和衬垫界面强度是影响堆体稳定性的关键因素。分析国内外垃圾堆体失稳事故，可知填埋堆体一般有以下4种失稳模式：堆体下游挡坝的失稳破坏；由填埋堆体上层水位过高引起的垃圾堆体的滑动破坏；由土工材料界面强度不足引起的部分或全部沿土工材料界面的滑动破坏；由堆体下卧地基破坏或主水位过高引起的整体破坏。由于该填埋场为山谷型填埋场，且飞灰库区坐落在生活垃圾堆体上，生活垃圾压缩性大，且填埋厚度较大，从而易发生坝体失稳、沿界面失稳、整体失稳等情况。

3.稳定计算方法

《生活垃圾卫生填埋场岩土工程技术规范》(CJJ 176—2012)规定，填埋堆体应采用Morgenstern & Price法对主要稳定控制面进行堆体稳定分析。该方法能同时满足整体力和力矩的平衡条件，适用于任意形状的滑动面，并能考虑多层水位的影响，是公认的较为准确的稳定分析方法。

垃圾堆体边坡稳定分析采用GEOSLOPE软件中的Slope/W模块。该软件具有滑动面自动搜索功能，不仅能搜索圆形滑动面，而且能搜索非圆形滑动面，并可分析场底复合衬垫系统中薄弱界面的滑动稳定性，结合现场地形及库区建设概况，选取填埋库区纵深最长的南北剖面进行稳定分析。

4.分析参数选取

垃圾作为成分复杂的物质，离散性极大，内部物质间受力作用复杂，且随着时间推移，垃圾物质降解、自蚀等，垃圾的性状也会逐步发生变化，所以难以进行准确的力学分析。目前采用的分析方式是将垃圾作为一种人工填土，即垃圾土，套用传统的摩尔库伦理论进行分析，全球如此。从已建工程情况来看，适用性基本满足要求。

目前国内依据《生活垃圾卫生填埋场岩土工程技术规范》(CJJ 176—2012)第6.2.1条，明确要求抗剪强度选取方法和原则如下：垃圾的抗剪强度指标应采用现场试验、室内直剪试验、室内三轴试验、工程类比或反演分析等方法确定；无试验条件时，一级垃圾堆体边坡的垃圾抗剪强度指标可同时采用工程类比、反演分析等方法综合确定，二级和三级垃圾堆体边坡的垃圾抗剪强度指标可按工程类比等方法确定。《生活垃圾卫生填埋场岩土工程技术规范》(CJJ 176—2012)第6.2.1条文说明给出了垃圾参数参考值(见表1)

表1　垃圾抗剪强度指标参考值(规范)

垃圾类型	内摩擦角	黏聚力/kPa
浅层垃圾(埋深小于10 m)	12°～25°	15～30
深层垃圾(埋深大于10 m)	25°～33°	0～10

参考陈云敏等的《城市固体垃圾填埋场边坡稳定分析》中的指标[1]，垃圾土的物理力学指标如表2所示。

表2　垃圾土的物理力学指标

垃圾深度 Z/m	黏聚力/kPa	内摩擦角	天然重度/(kN/m³)	孔隙率/%	干密度/(kN/m³)
$Z\leqslant 4.5$ m	6.0	17°	10	3.65	7.0
4.5 m$<Z\leqslant 14$ m	11.5	17°	10	32.5	7.6
$Z>14$ m	15.5	17.5°	10	2.5	8.4

参考某生活垃圾填埋场垃圾土工程参数设置(见表3)。

表3　垃圾土工程参数设置(工程)

材料	容重/(kN/m³)	黏聚力/(kPa)	内摩擦角	压缩模量/(MPa)
二期浅层垃圾	10.5	25	18°	1.000
二期中层垃圾	12.5	15	25°	1.500

综上可以看出，目前垃圾抗剪强度指标差异较大，在进行稳定性分析时，推荐采用相对保守的抗剪强度指标，试算堆体稳定性情况，综合选取。另外，对于垃圾重度也应分层区别对待。因此，本项目综合考虑规范参考值、文献参考值、同类工程参数来确定垃圾抗剪强度指标(见表4)。

表 4　垃圾抗剪强度指标参考值

材料	参数			
	容重/(kN/m³)	黏聚力/kPa	内摩擦角	压缩模量/MPa
浅层垃圾	11	5	17°	1
中层垃圾	12.5	4.5	17°	1.5
深层垃圾	13.9	4	17.5°	2
土石坝	20	20	15°	5
飞灰	13	500	35°	30
衬垫系统	16	0	18°	/
含粉质黏角砾	19.5	20.2	23.6°	25
淤泥质黏土	17.5	11.4	7°	2.85
含粉质黏土砾砂	20.2	6.5	24°	20
凝灰岩	25	25	35°	30

三、分析结果

1. 现状堆体稳定性分析

对现状垃圾堆体进行稳定性分析，水位埋深为 3.5～6.8 m。由图 3 可知，该剖面的稳定安全系数为 1.196，在目前状况下，填埋堆体稳定安全系数均小于 1.35，存在失稳风险。结合现场地形进行分析，现状填埋堆体局部坡度较陡，靠近场区北侧堆体坡度接近 1∶2，该处极易发生失稳滑坡风险。因此，为保证填埋堆体稳定，需对现状填埋堆体进行整形。

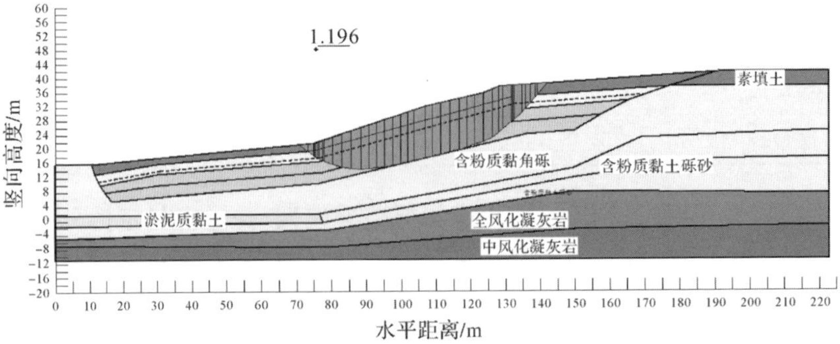

图 3　剖面现状稳定性分析

2. 堆体整形后稳定性分析

针对现有垃圾堆体进行清基整形，应急生活垃圾(污泥)填埋库区平整，飞灰库区底部坡度为 1∶7，边坡坡度为 1∶3，平台高差为 5.0 m，平台宽度为 3.0 m，顶标高为 40.00 m，并对整形后的垃圾堆体进行稳定性分析计算，计算结果如图 4 所示。由图 4 可知，该剖面的稳定安全系数为 1.355，大于 1.35，满足稳定安全要求。

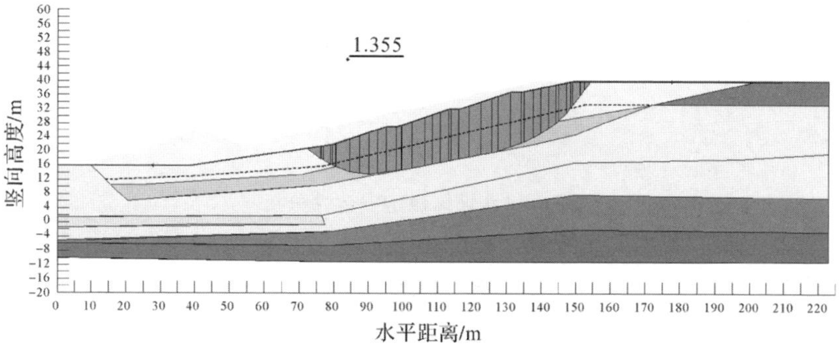

图 4　整形清基后填埋堆体稳定安全性分析

3. 飞灰堆填后稳定分析结果

(1)填埋堆体稳定分析

清基完成后，在现状填埋堆体表层铺设加筋层及防渗导排系统，并在此基础上向上堆填飞灰，飞灰按照 1∶4 的坡度向上堆填，每 5.0 m 高处设置一个 3.0 m 宽的平台，直至顶标高 40.00 m。计算得出飞灰堆体的稳定安全系数为 3.174(见图 5)，大于 1.35，满足规范要求。

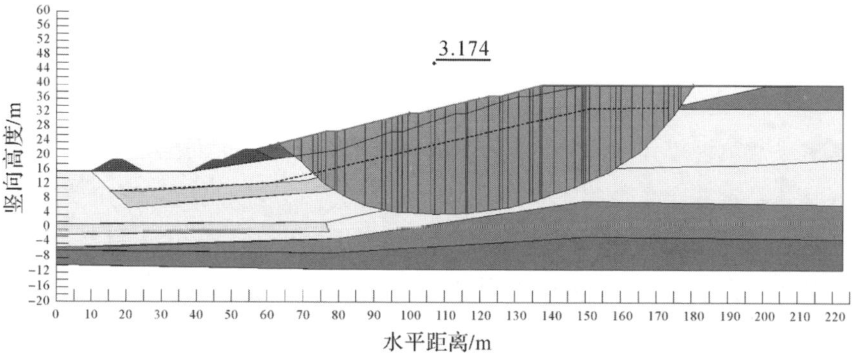

图 5　飞灰堆填后填埋堆体稳定安全性分析

(2)1#坝体稳定分析

1#坝体坐落在填埋库区下游位置，位于现状生活垃圾堆体上，验算最不稳定情况，即坝后堆填进场生活垃圾至顶标高25.50 m。计算得出1#坝稳定安全系数为2.255(见图6)，大于1.35，满足稳定安全要求。

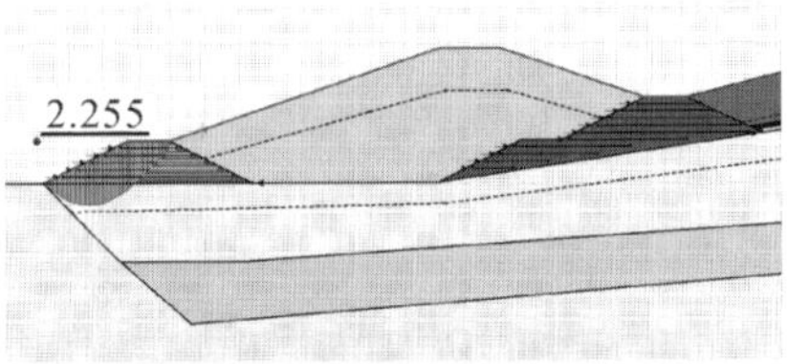

图6　1#坝体稳定安全性分析

(3)2#坝体稳定分析

2#坝体位于飞灰库区下游、应急生活垃圾(污泥)填埋库区上游，坝体底部为斜坡，坡度为1∶7。验算飞灰堆填至设计顶标高40.00 m时2#坝体的稳定安全性，计算得出2#坝稳定安全系数为1.442(见图7)，大于1.35，满足稳定安全要求。

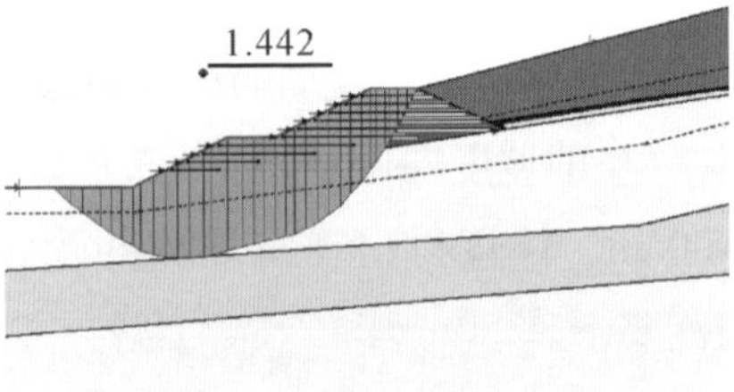

图7　2#坝体稳定分析

(4)整体稳定分析

考虑飞灰填埋堆体与坝体为统一整体，验算其整体稳定安全系数，计算得出飞灰库区整体稳定安全系数为1.443(见图8)，大于1.35，满足稳定安全要求。鉴于原生活垃圾填埋库区底部及新建飞灰库区底部均铺设有土工防渗材料，土工材料界面强度不足易引起部分或全部堆体沿土工材料界面的滑动破坏，因此，计算飞灰及应急生活垃圾堆填至设计顶标高后，填埋堆体沿生活垃圾填埋库区底部土工材料界面的抗滑稳定安全系数，计算结果为1.367(见图9)，大于1.35，满足稳定安全要求。

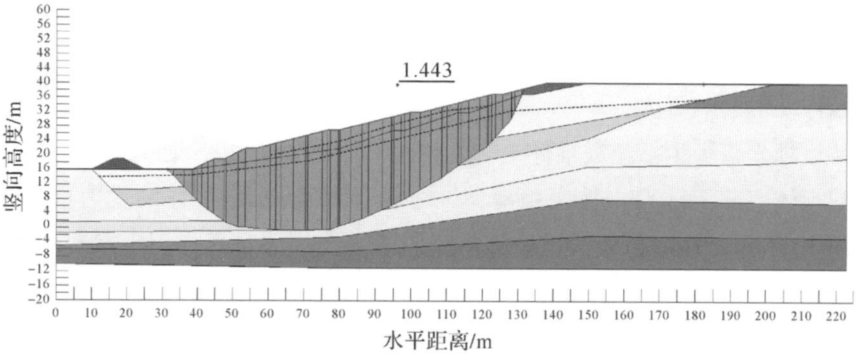

图 8　整体稳定安全性分析

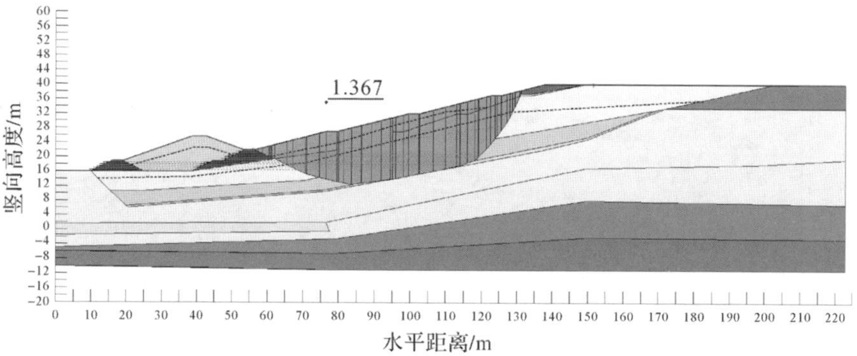

图 9　沿衬垫稳定安全性分析

四、飞灰堆填后堆体受力分析

1. 飞灰堆填后堆体受力分析

飞灰及应急生活垃圾（污泥）堆填后，底部生活垃圾堆体在上覆荷载作用下易发生压缩沉降。计算结果给出飞灰和应急进场垃圾（污泥）堆填至顶标高后，填埋堆体的受力情况，具体如图 10 所示。飞灰库区底部生活垃圾堆体最大沉降值为 0.09 m，发生在飞灰堆填至 32.00 m 标高处所对应的库区底部；该剖面纵向最大沉降差为 0.08 m，不均匀沉降率为 0.18%，小于基底边坡坡度 33.33%，小于库区防渗膜的屈服拉伸率（10%），因此可以认为飞灰库区底部生活垃圾堆体沉降对防渗衬垫系统拉伸变形影响不大。应急生活垃圾填埋库区底部生活垃圾堆体最大沉降值为 0.12 m，发生在垃圾堆填至 26.00 m 标高处所对应的库区底部；该剖面纵向最大沉降差为 0.15 m，不均匀沉降率为 0.62%，小于库区防渗膜的屈服拉伸率(10%)，因此可以认为应急生活垃圾填埋库区底部生活垃圾堆体沉降对防渗衬垫系统拉伸变形影响不大。

垃圾坝坐落于生活垃圾堆体上，由于生活垃圾压缩性大，地基承载力低，从而易引起坝体底部沉降及坝体失稳滑移。分析飞灰堆填后，坝体的受力情况，如图10—图 13 所示。在应急生活垃圾堆体侧向压力及坝体自重作用下，1＃坝体产生隆起及倾斜：最大侧向位移发生在坝体顶部，侧向位移值为 0.05 m；最大竖向隆起值为0.03 m。在飞灰堆体侧向压力及坝体自重作用下，2＃坝体产生沉降及倾斜：最大侧向位移发生在坝体顶部，侧向位移值为 0.11 m；最大竖向沉降为 0.10 m。

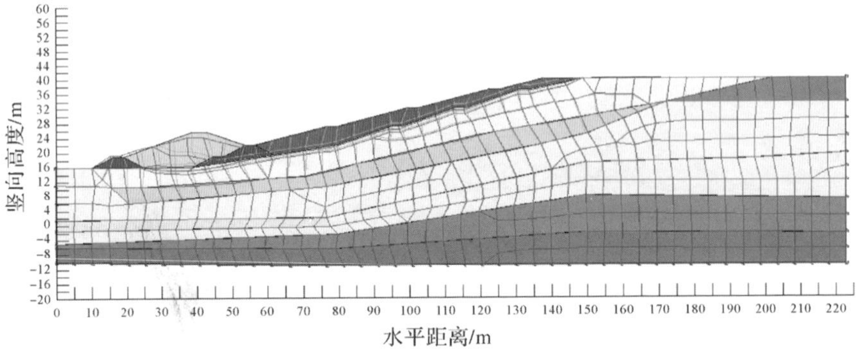

图 10　飞灰堆填后填埋堆体受力分析

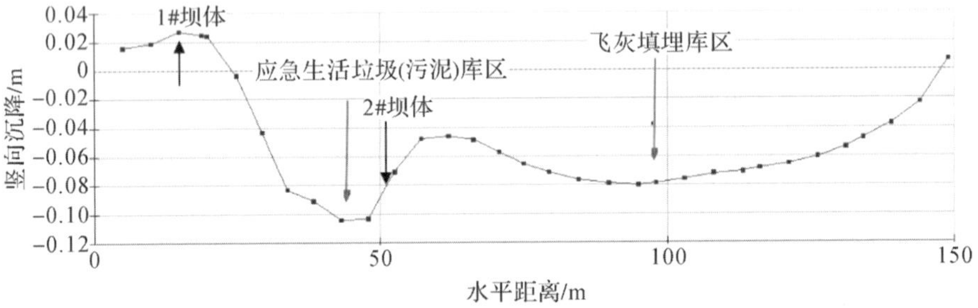

图 11　飞灰堆填后填埋堆体竖向沉降

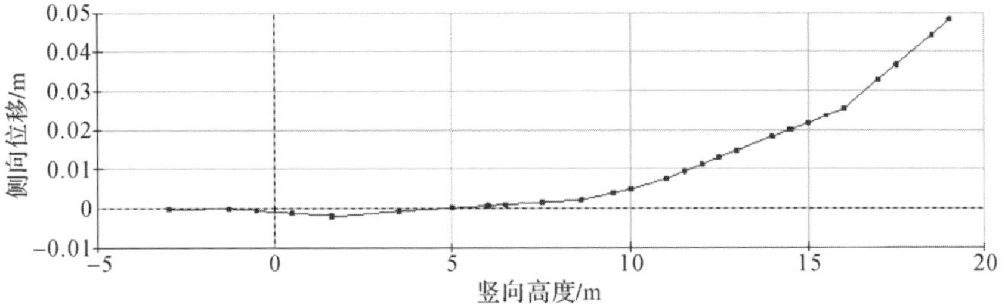

图 12　飞灰堆填后 1＃坝体侧向位移

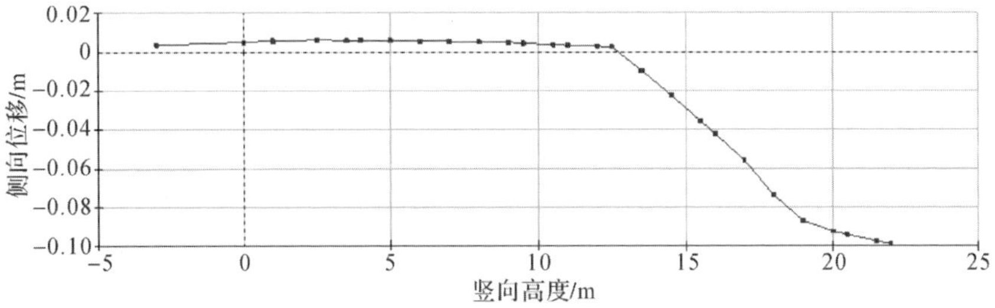

图 13　飞灰堆填后 2＃坝体侧向位移

2. 飞灰堆填后库区底部防渗系统受力分析

为充分利用现有场地空间，设计中飞灰库区及应急生活垃圾（污泥）库区位于现有垃圾堆体上，由于生活垃圾压缩性较大，在上部堆载作用下堆体极易发生不均匀沉降，严重情况下会导致底部防渗系统拉伸失效。根据《生活垃圾卫生填埋场岩土工程技术规范》（CJJ 176—2012）要求，在现有填埋堆体上扩建，防渗层下部宜设置加筋层，加筋层能有效降低中间衬垫系统防渗层的挠曲变形和应变，且防渗层下部宜设置压实土缓冲层以增加防渗层系统的刚度，有利于抵抗下卧堆体不均匀沉降对防渗层的影响[2]。

根据 Giroud（1990）公式计算防渗系统设计拉力：

$$T = 2\gamma_s r^2 (1 - \mathrm{e}^{-0.5H/r})\Omega$$

式中：

T——土工合成材料设计拉力（kN/m）；

H——上覆土体厚度（m），取最大值 10.0 m；

γ_s——上覆土体的平均重度（kN/m^3），取飞灰重度 13 kN/m^3；

r——圆形沉陷区域半径（m），取 0.9 m；

Ω——与土工合成材料拉伸应变 ε 对应的无量纲参数，取 0.86。

计算得出，在上覆堆载作用下，飞灰库区底部防渗层受力为 20.99 kN/m。选择单向土工格栅双层双向布置，短期允许拉力值为 100 kN/m，考虑材料的蠕变、降解及施工损伤等因素，土工格栅允许拉力特征值需进行折减：

$$T_l = T_a/(RF_{CR} \times RF_{ID} \times RF_{CBD})$$

式中：

T_l ——土工合成材料长期允许拉力特征值(kN/m)；

T_a ——土工合成材料短期允许拉力特征值(kN/m)；

RF_{CR} ——蠕变折减系数，取 2.5；

RF_{ID} ——施工损伤折减系数，取 1.5；

RF_{CBD} ——生物或化学降解折减系数，取 1.2；

经计算，单向土工格栅长期允许拉力值为 22.22 kN/m，双层双向布置后，土工格栅总允许拉力值为 44.44 kN/m，大于防渗层受力 20.99 kN/m，满足要求。因此，飞灰库区底部铺设防渗系统下部宜设置单向土工格栅，双层双向布置，短期允许拉力值为 100 kN/m。

五、结束语

本文针对飞灰堆填于生活垃圾库区上方项目，分析其飞灰堆体稳定、坝体稳定、整体稳定和沿衬垫滑移稳定安全性，并计算库区底部沉降及防渗系统受力。结果表明，各堆体稳定安全系数均大于 1.35，满足抗滑安全要求，库区底部防渗系统最大沉降值为 0.12 m，不均匀沉降率为 0.65%，可通过增设单层双向土工格栅加筋材料，抗拉强度为 100 kN/m，有效控制防渗材料破坏。因此，结合稳定性分析，本项目飞灰库区及应急生活垃圾(污泥)库区建于现有生活垃圾堆体上稳定安全，可作为项目开展的参考依据，为相关工程设计提供参考借鉴。

参考文献

[1] 陈云敏，王立忠，胡亚元，等. 城市固体垃圾填埋场边坡稳定分析[J]. 土木工程学报，2000(3)：92-97.

[2] 钱学德，施建勇，刘晓东. 现代卫生填埋场的设计与施工[M]. 2 版. 北京：中国建筑工业出版社，2011.

(吴小雯　李　洵　王　丰)

耐久性基层沥青路面结构比选研究

摘　要:以某新建公路工程为背景,运用 ABAQUS 软件建立路面结构三维模型,针对工程初步设计供选的 3 种耐久性基层沥青路面结构进行力学响应和疲劳寿命对比分析,得出以下结论:①RCC 基层、加强型半刚性基层路面结构的路表弯沉峰值较倒装式半刚性基层路面结构的要小,故该路面结构的承载能力更优;②RCC 基层、加强型半刚性基层和倒装式半刚性基层路面结构的沥青层层底拉应变差距较小,故均具有良好的抗疲劳损伤性能和使用性能;③倒装式半刚性基层路面结构的沥青下面层层底拉应力峰值较小,故抗拉开裂性能较优;④RCC 基层沥青路面结构的半刚性基层和底基层的层底拉应力以及疲劳寿命较其余 2 种路面结构要小,故 RCC 基层沥青路面结构的抗疲劳能力、抗拉压性能较优;⑤3 种路面结构中 RCC 基层沥青路面结构的各项性能较优,故工程路面结构推荐选用 RCC 基层沥青路面结构。

关键词:公路;耐久性基层;沥青路面结构;力学响应;疲劳寿命

一、引言

随着我国交通运输行业的迅猛发展,公路交通呈现出流量大、速度快、轴载重的特征,部分公路由于长期受超载重载损害,出现了车辙、开裂等路面病害,导致路面经常需要进行大规模养护,给社会带来巨大的经济损失,因此,在加强超载超重管理的同时,如何建设出耐久性更好的沥青路面结构已成为当今道路研究者重点关注的课题[1-4]。

目前,国内学者针对耐久性沥青路面结构开展了不少研究,如杨三强等[5]研究了荒漠中耐久性沥青路面结构的设计指标及力学分布规律;宋杨等[6]研究了不同结构层参数对柔性基层耐久性沥青路面结构的力学指标的影响;许新权等[7]以广东省某公路碾压混凝土基层的耐久性沥青路面为例,研究了碾压混凝土沥青路面结构的使用性能及力学性能。由于在公路耐久性基层沥青路面结构比选方面的研究相对较少，本文以某新建公路工程为例，运用 ABAQUS 软件建立路面结构三维模型，针对工程初步设计供选的 3 种耐久性基层沥青路面结构进行力学响应和疲劳寿命对比分析，得出的结果可为公路设计提供有效参考及借鉴。

二、工程背景

以某新建公路工程为背景，该公路主线全长为 55.8 km，路基宽度为 33.5 m，全路段按双向 6 车道标准设计，设计时速为 120 km/h，设计使用年限为 15 年，设计标准轴载为 BZZ-100 kN。工程初步设计供选的路面结构有碾压混凝土(RCC)基层路面、加强型半刚性基层路面、倒装式半刚性基层路面 3 种耐久性基层沥青路面结构，且沥青路面结构的各结构层厚度组合均有所差异，具体路面结构及材料设计参数如表 1 所示。

表 1　3 种耐久性沥青路面结构及材料设计参数

<table>
<tr><th rowspan="2">结构层</th><th colspan="3">结构组合</th></tr>
<tr><th>结构一</th><th>结构二</th><th>结构三</th></tr>
<tr><td rowspan="3">面层</td><td colspan="3">4 cm 细粒式改性沥青混凝土(E=1600,μ=0.35)</td></tr>
<tr><td colspan="3">6 cm 中粒式改性沥青混凝土(E=1500,μ=0.35)</td></tr>
<tr><td colspan="3">8 cm 粗粒式沥青混凝土(E=1200,μ=0.35)</td></tr>
<tr><td>基层</td><td>22 cm 碾压混凝土
(E=5000,μ=0.2)</td><td>18 cm 水稳碎石
(E=3000,μ=0.2)
18 cm 水稳碎石
(E=3000,μ=0.2)</td><td>18 cm 水稳碎石(E=1500,μ=0.2)
18 cm 水稳碎石(E=1500,μ=0.2)
20 cm 级配碎石(E=250,μ=0.3)
20 cm 水稳碎石(E=1500,μ=0.2)</td></tr>
<tr><td>底基层</td><td>19 cm 水稳碎石
(E=1500,μ=0.2)
19 cm 水稳碎石
(E=1500,μ=0.2)</td><td>19 cm 水稳碎石
(E=1500,μ=0.2)
19 cm 水稳碎石
(E=1500,μ=0.2)</td><td>—</td></tr>
<tr><td>垫层</td><td>18 cm 级配碎石
(E=250,μ=0.3)</td><td>—</td><td>—</td></tr>
<tr><td>土基</td><td>土(E=35,μ=0.35)</td><td>土(E=35,μ=0.35)</td><td>土(E=35,μ=0.35)</td></tr>
<tr><td>总厚度</td><td>92 cm</td><td>96 cm</td><td>94 cm</td></tr>
</table>

注：E 为材料模量，MPa；μ 为泊松比。

三、模型建立

1. 假定条件

在模拟过程中边界条件假设为路面结构顶部完全自由，底部固定约束，其余方向则均轴向约束，且各结构层层间接触条件为完全连续。模型中假设 X 为行车方向，Y 为路幅方向，Z 为路面深度方向。

2. 计算荷载

模型中计算荷载选取标准轴载 BZZ-100 kN，轮胎内压力取 0.7 MPa，当量圆半径为 10.65 cm，荷载圆中心间距为 31.95 cm，为了便于加载与模拟计算，将荷载接地形状简化为矩形均布荷载形式，具体荷载形式如图 1 所示。

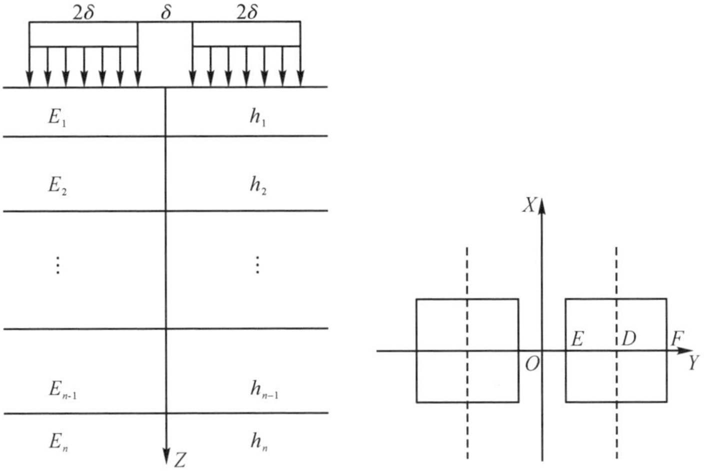

图 1　荷载作用图示

3. 有限元计算模型

运用 ABAQUS 软件建立 3 种耐久性基层沥青路面结构有限元计算模型，模型尺寸中长度为 8 m，宽度为 6 m，深度为 6 m，路面结构均采用 C3D8R 单元类型。各路面结构模型中沥青面层均采用黏弹性本构模型，其余结构层材料均采用线弹性模型，具体路面结构计算模型如图 2 所示。

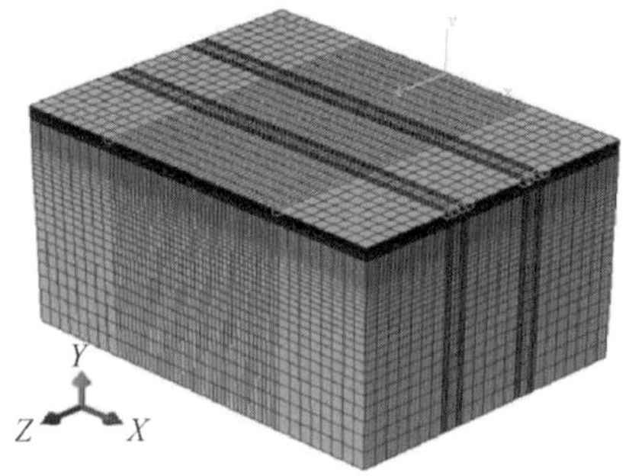

图 2　路面结构有限元计算模型

四、沥青路面结构力学响应对比分析

运用 ABAQUS 软件建立耐久性基层沥青路面结构的三维数值模型，模拟过程中施加双轮矩形均布竖向轴载，选取轮隙中心 O 沿路幅 Y 方向的断面展开力学响应对比分析[8]。

1. 路表弯沉

轴载作用下 3 种耐久性基层沥青路面结构的路表弯沉沿路幅方向的分布结果如图 3 所示。

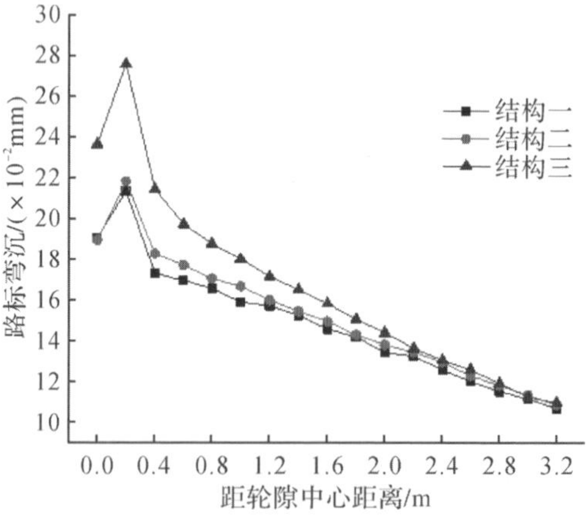

图 3　路表弯沉变化曲线

由图 3 可知，随着距轮隙中心距离的增大，3 种耐久性基层沥青路面结构的路表弯沉值均呈先增大后减小变化趋势，距轮胎中心处越近，各沥青路面结构的路表弯沉值越大，而距轮胎中心处越远，路表弯沉值则越小；3 种沥青路面结构的路表弯沉均在轮胎中心处达到峰值，其中结构一的路表弯沉峰值为 0.214 mm，结构二的路表弯沉峰值为 0.218 mm，结构三的路表弯沉峰值为 0.276 mm，且轮隙中心处的路表弯沉值均比轮胎中心处小。在标准轴载作用下 3 种耐久性基层沥青路面结构的路表弯沉值由大到小为结构三＞结构二＞结构一，其中结构一、结构二的路表弯沉值差距较小，说明加强型半刚性基层、RCC 基层沥青路面结构的承载能力更好。

2. 沥青层层底拉应变

轴载作用下 3 种耐久性基层沥青路面结构的沥青层层底拉应变沿路幅方向的分布结果如图 4 所示。

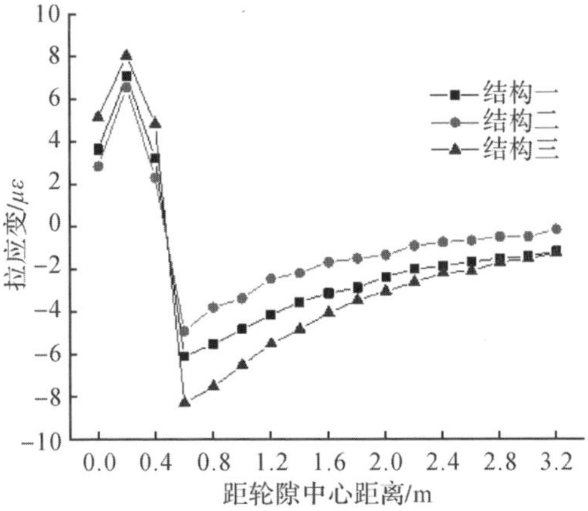

图 4　沥青层层底拉应变变化曲线

根据图 4 可知，3 种耐久性沥青基层路面结构的沥青层层底拉应变在轮胎附近处均大于 0，且随着距轮隙中心距离的增大呈先增后减变化，各路面结构在轮胎中心处沥青层层底拉应变达到峰值，其中结构一的沥青层层底拉应变峰值为 7.02 με，结构二的沥青层层底拉应变峰值为 6.82 με，结构三的沥青层层底拉应变峰值为 7.99 με；当距轮隙中心距离超过轮胎外边缘后，各路面结构的沥青层层底拉应变均小于 0，即表现为压应变，且随着距轮隙中心距离的增大逐渐减小。在标准轴载作用下各路面结构的沥青层层底拉应变由大到小为结构三＞结构一＞结构二，且沥青层层底拉应变差距较小，说明各耐久性基层沥青路面结构均具有良好的抗疲劳损伤性能和使用性能。

3. 层底拉应力

轴载作用下，3 种耐久性基层沥青路面结构的各关键层底拉应力沿路幅方向的分布结果如图 5 所示。

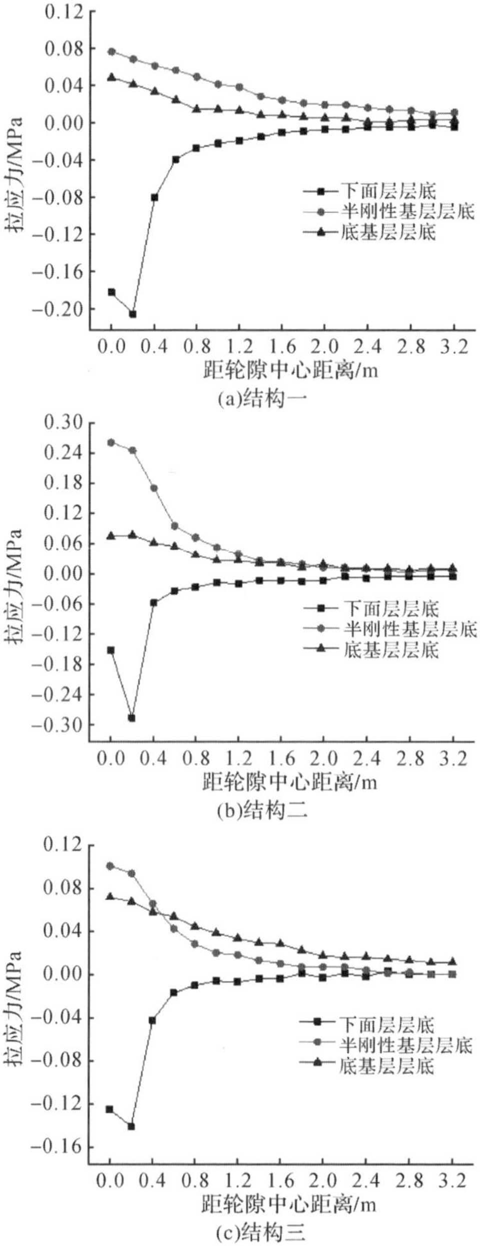

图 5　路面结构关键层底拉应力变化曲线

由图 5 可知，3 种路面结构的沥青层下面层层底拉应力均表现为受压，且随着距轮隙中心距离增大呈先增后减变化；而半刚性基层和底基层层底拉应力则表现为受拉，随着距离增大逐渐减小。沥青下面层层底拉应力峰值均位于轮隙中心处，其大小依次为结构二>结构一>结构三，说明倒装式半刚性基层路面结构的抗拉开裂性能较优；半刚性基层和底基层的层底拉应力则均位于轮胎中心处，其层底拉应力由大到小为结构二>结构三>结构一，说明 RCC 基层沥青路面结构的抗拉压性能较优。

五、沥青路面结构疲劳寿命对比分析

为比较 3 种耐久性基层沥青路面结构的使用寿命，根据文献[9-10]，公路路面结构的弯沉值与疲劳寿命的关系为：

$$I_d = 600\ N_e^{-0.2} A_c A_s A_b \tag{1}$$

式中，I_d 表示弯沉值；N_e 表示车道累计当量轴次；A_c 、A_s 、A_b 分别表示路面类型系数、面层类型系数和等级系数，按规范均取值为 1。

通过将公式简化为 $I_d = 600\ N_e^{-0.2}$ ，即可转化成 $N_e = (600/I_d)^5$ ，根据上述 3 种耐久性基层沥青路面结构的路表弯沉值即可计算得出其疲劳寿命，如图 6 所示。

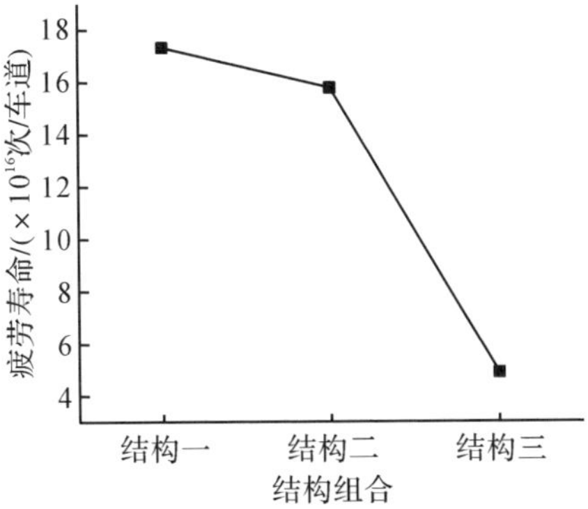

图 6　路面结构疲劳寿命对比

由图 6 可知，3 种耐久性基层沥青路面结构的极限累计当量轴次分别为 17.33×10^{16} 次/车道、15.79×10^{16} 次/车道、4.86×10^{16} 次/车道，路面结构的疲劳寿命由大到小为结构一>结构二>结构三，说明 RCC 基层沥青路面结构的抗疲劳能力较优。

六、结语

本文以某新建公路工程为背景，通过对工程初步设计供选的3种耐久性基层沥青路面结构进行力学响应和疲劳寿命对比分析，得出以下结论：

①随着距轮隙中心距离的增大，3种耐久性基层沥青路面结构的路表弯沉值均呈先增大后减小变化；RCC基层、加强型半刚性基层路面结构的路表弯沉峰值较倒装式半刚性基层路面结构的要小，因此该路面结构的承载能力更优。

②3种耐久性沥青基层路面结构的沥青层层底拉应变差距较小，故均具有良好的抗疲劳损伤性能和使用性能。

③倒装式半刚性基层路面结构的沥青下面层层底拉应力峰值较小，故抗拉开裂性能较优；RCC基层沥青路面结构的半刚性基层和底基层的层底拉应力较小，故抗拉压性能较优。

④RCC基层沥青路面结构的疲劳寿命较其余2种路面结构的要小，故RCC基层沥青路面结构的抗疲劳能力较优。

⑤综合分析可得，3种耐久性沥青基层路面结构中RCC基层沥青路面结构的各项性能较优，故工程路面结构推荐选用RCC基层沥青路面结构。

参考文献

[1] 沈斌斌．厦蓉高速公路改扩建工程(漳州段)沥青路面再生技术方案比选[J]．福建交通科技，2017(2)：40-42.

[2] 黄民如，许新权，王敬飞．不同结构型式沥青路面路用性能对比研究[J]．湖南交通科技，2018，44(2)：62-64.

[3] 冯学茂．混合式基层沥青路面结构的力学特性研究[J]．西部交通科技，2018(5)：52-55.

[4] 何创，曾静，李建阁，等．重载交通半刚性基层条件下沥青面层的力学响应研究[J]．路基工程，2017(3)：21-25.

[5] 杨三强，刘娜，张帅，等．荒漠地区耐久性沥青路面结构设计指标与路面结构力学分析[J]．河北大学学报(自然科学版)，2016，36(6)：574-582.

[6] 宋杨，马士宾，魏连雨，等．柔性基层耐久性沥青路面结构力学分析[J]．中外公路，2015，35(5)：94-97.

[7] 许新权，吴传海，李善强，等．耐久性基层沥青路面在高速公路上的应用研究[J]．广东公路交通，2016(3)：1-4.

[8] 叶成银，陈钟，王增逸，等. 非洲典型柔性基层沥青路面结构动力响应研究[J]. 公路，2019，64(3)：47-56.
[9] 曹晓峰，朱金鹏. 沥青路面基层表面处治质量控制指标研究[J]. 公路工程，2016，41(3)：147-150.
[10] 杨青莹，韩娟. 多聚磷酸与TPS复合改性沥青及排水性沥青混合料耐久性试验研究[J]. 公路工程，2016，41(3)：165-171.

（魏淑艳　姜　炎）

钢筋混凝土地下结构渗漏水防治方法研究

摘　要：渗漏水问题是地下结构工程中普遍存在的问题，防渗漏是地下工程施工、运维的控制难点和重点。本文对地下结构渗漏水的内因、外因进行了分析研究，总结和提出了相关的施工工艺举措，为类似关键节点施工提供借鉴。

关键词：地下结构；渗漏水；施工缝

一、引言

随着城市化进程不断加快，土地受限问题日益严重，空间分层的立体应用已是未来城市建设发展的趋势。地下结构工程作为空间立体分层最重要的研究领域之一，在抗震、防火、防核泄漏等方面都有巨大的优势，是现阶段城市发展的核心。但在轨道交通、城市下穿隧道、综合管廊等地下空间规模日益扩大的同时，结构渗漏水这一问题却始终未能得到彻底解决。报告显示，当前我国地下结构渗漏水率高达 80%。渗漏水的发生不仅会引发安全问题，还会减少建筑的使用寿命，尤其是施工缝渗漏水，其侵蚀作用会对内部的连接钢筋造成损伤，从而导致其结构耐久性降低。因此，解决渗漏水问题是整个项目实施中的重点和难点。本文结合工程案例，就如何有效解决结构渗漏水问题进行了研究，剖析了渗漏水的内因、外因，并提出相应的举措。

二、研究背景

工程项目位于杭州余杭区，属于杭州地铁 3 号线一期，规模为三站四区间及一个区间风井，土建主体结构均为地下连续墙围护混凝土框架结构，为岛式车站。工程结构的防水形式大致相同，采用高分子防水卷材，外包顶板涂刷聚氨酯防水涂料，施工缝中埋橡胶钢边止水带（环向）、止水钢板（水平），外贴防水卷材加强层，界面涂刷 CCCW（水泥基渗透结晶型防水材料）；变形缝采用中埋及外贴橡胶止水带，界面涂刷 CCCW。混凝土防水根据车站深度区分，其中，良睦路站及区间风井为三层车站，开挖面平均深度约 20 m，结构板、墙混凝土型号为 C35P10；文一西路站和创远路站为两层车站，开挖面平均深度约 17 m，结构板、墙混凝土型号为 C35P8。项目下属车站水文情况大致相同，以文一西路为例：车站主体外包总长为 550.6 m，标准段结构宽度为 21.7 m，结构净高为 13.35 m，所属场地浅层地下水属孔隙性潜水，主要附存于表层填土和浅部粉质黏土中，含水层厚度为 1.30～4.50 m，为弱透水，水位一般为 0.80～2.30 m；承压水主要分布于深部(12)1 层的中砂以及(12)4 层的圆砾中，承压水位埋深为 7.05 m(对应高程为－2.12 m)，水压较大，水头较高，水量较丰富，隔水层为上部的黏性土层。

三、病害原因剖析

1. 病害现状

以项目所含分项工程文一西路站为研究对象，经实地调查，主体结构中已完成的 19～23 区渗漏水分布情况如表 1 所示。

表 1　文一西路站 19～23 区渗漏水分布情况表

检查部位		检查范围	渗漏统计		工程量占比
			点数	堵漏长度	
－2F	底板面	2230 m^2	6	10 m	9.6%
	侧墙	1449 m^2	7	16 m	15.3%
	水平施工缝	446 m	10	15.5 m	14.8%
－1F	顶板底面	2210 m^2	5	7 m	6.7%
	侧墙	1042 m^2	4	10 m	9.6%
	水平施工缝	410 m	8	10 m	9.6%
环向施工缝		5 道	4	25 m	23.9%
变形缝		1 道	2	11.2 m	10.7%

由表 1 可知，施工缝处渗漏在工程整体渗漏中占比较高，从现场调研情况来看，部分外观较差的施工缝渗漏水水流及压力较大，封堵困难。

板面渗漏水情况调研以 22 区顶板为对象。根据现场调查，多数顶板底面渗漏点所对应的顶板面位置存在宽度在 0.2 mm 以上、长度为 0.33 ～1.21 m 的裂缝。

板面裂缝渗漏多为水印、水滴类型，部分－1F 渗漏点仅在强降雨天气出现。

2. 外在原因

渗漏水发生频率与地层含水量存在关联。根据案例环境分析，渗漏源可以分为潜水渗漏和承压水渗漏。潜水渗漏通常与管道破裂、河道湖泊渗水或夹层水相关，所引起的漏点大多位于顶板或上部侧墙等位置，渗漏线向下延伸。承压水通常水位较低，深基坑结构容易因其发生渗漏，漏点多数位于底板及下部侧墙，并会随堵漏施工向上延伸，处理难度相对较大。

3. 内在原因

从结构本身考虑，渗漏一般与施工中产生的缝隙有关。分析施工缝及 23 区顶板渗漏情况，结合裂缝产生的机理，施工端引起的结构渗漏缝隙可归纳为以下几种：

(1)病害裂缝

自身温差裂缝。施工阶段混凝土内部出现裂缝，主要原因则是其内在温度差的存在。混凝土在施工的时候很有可能会出现吸水化热的情况，导致施工时混凝土内部和外部出现了较大温差，使得混凝土内部和外部出现裂缝。

收缩裂缝。收缩裂缝是最常见的混凝土裂缝，根据收缩原因又可分为塑性收缩裂缝、化学收缩裂缝、沉降收缩裂缝和碳化收缩裂缝等。

塑性收缩裂缝。混凝土是以水泥为主要胶结材料，以天然砂、石为骨料，加水拌和、浇筑成型、凝结硬化形成的人工石材。在施工过程中，为保证其和易性，混凝土中通常会加入比水泥水化作用所需水分多 4～5 倍的水，因此当多余的游离水分蒸发时，混凝土内部形成大量毛细孔、空隙，混凝土甚至会产生收缩。

化学收缩裂缝。混凝土中的水泥熟料在水化反应后平均密度减小会引起体系收缩，从而导致裂缝产生。因此化学减缩量的大小取决于水泥水化物中化学结合水量的多少[1]。

沉降收缩裂缝。沉降收缩裂缝通常出现于浇筑后半小时，并在硬化时停止。其形成原因是浆体在浇捣后发生不均匀沉落，水泥浆上浮，当沉降受到钢筋或预埋件阻碍时混凝土会因剪切而开裂；此外，在表面形成的浮浆层也会因泌水而开裂。

碳化收缩裂缝。碳化收缩裂缝指大气中 CO_2 与混凝土水化产物结合生成 $CaCO_3$、铝胶、硅胶等，致使混凝土体积减小和发生收缩。其实质是碳酸对水泥石的腐蚀作用。一般水泥水化产物的碱度与空气中 CO_2 的浓度越高且湿度为 50% 左右时，越易发生碳化作用。

（2）施工缝

施工缝是指在地下工程施工过程中留下来的缝隙，尤其是市政设施地下结构，如案例中所提到的地铁车站，相比一般建筑项目地下室，通常采用分段施工方式，因此所含施工缝较多。根据防水需要，部分施工缝还会设置遇水膨胀止水条或注浆管。该部位渗漏通常由施工步骤错误或材料质量问题引起，例如凿毛不到位、钢板焊缝存在间隙、CCCW涂刷不到位、止水条提前遇水膨胀等等。

（3）变形缝

变形缝一般设有中埋及外贴橡胶止水带，相比施工缝，变形缝的止水带尺寸较大，因此容易出现安装错位、浇筑振捣变形等问题，导致难以起到止水效果。同时，在应用的过程中，一旦表面结构沉降（伸缩）变形较大，止水带就会因难以承受变形压力而拉断失效，且在外包防水无法与结构外表面完全黏合或遭到损坏时，外墙与防水层间将出现串水，使结构墙体内部发生空洞、裂缝现象，使渗漏水引向结构内部。

四、防渗漏治理及预防

（一）针对外在原因的防渗漏措施

针对结构渗漏水2种外因，在地下连续墙施工期间应加强对接头刷壁质量管控，必要时也可用十字钢板止水接头并对墙间接缝外侧进行水泥搅拌桩加固，加强围护结构的止水效果。潜水渗漏一般压力较小，结构施工时可通过外包防水进行渗漏预防。

（二）针对内在原因的防渗漏措施

1. 混凝土自身缺陷及防渗漏措施

由于混凝土存在裂缝等缺陷，水通过薄弱部位渗漏。从施工工艺方面进行分析，对混凝土浇筑及养护应进行如下管控：

（1）混凝土浇筑过程管控

混凝土的浇筑面积通常较大，底板较厚，可以采取分层振捣方式。

在结构的每个施工段平面上，按1∶6～1∶5的坡度斜向推进，推进层厚度为0.4～0.5 m。混凝土振捣时必须沿固定路线由坡脚和坡顶同时向坡中振捣，振捣棒必须插入已浇层内50～100 mm[2]，使层间不形成冷缝。

振动器插点要均匀排列，必须按一定顺序有规律插棒，可采用“行列式”或“交错式”,但不应混用,以免造成混乱而发生漏振。每一插点要掌握好振捣时间,过短不易捣实,过长可能引起混凝土产生离析现象。一般每点振捣时间应以混凝土表面呈水平不再显著下沉、不再出现气泡、表面泛出灰浆为准。

每浇筑一层混凝土都应及时均匀振捣,以保证混凝土的密实性。混凝土振捣采用赶浆法,以保证上下层混凝土接槎部位接合良好,防止漏振,确保混凝土密实。振捣上一层时应插入下层约 50 mm,以消除两层之间的接槎。平板振动器移动的间距,应能保证振动器的平板覆盖范围,以振实振动部位的周边。

在混凝土初凝之前,在适当的时间内进行 2 次振捣,可以排除混凝土因泌水在粗骨料、水平钢筋下部生成的水分和空隙,提高混凝土与钢筋的握力。2 次振捣时间间隔宜控制在 2 小时左右。

在以斜面分层法浇筑混凝土采用泵送时,在浇筑、振捣过程中,上涌的泌水和浮浆将顺坡向集中在坡面下,应在侧模适宜部位留设排水孔,使大量泌水顺利排出。

采取全面分层法时,每层浇筑,都须将泌水逐渐往前赶,在模板处开设排水孔,使泌水排出,或将泌水排至施工缝处,设水泵将水抽走,至整个层次浇筑完成。

(2)混凝土养护管控

对于减水剂较少的普通混凝土,早期收缩很小,早期浇水养护主要是使水泥充分水化,保证混凝土强度的发展。因此,根据我国混凝土结构施工质量验收规范,混凝土的初始养护时间为浇筑后 12 小时内。

对于减水剂较多的现代商品混凝土,相关试验表明,初凝后 8 小时内混凝土收缩量急剧增加,其表面容易龟裂。因此,控制初始养护时间是减少商品混凝土早期收缩裂缝的关键。如浇筑 8 小时后采用洒水养护,就会失去控制早期收缩裂缝产生的最佳时机。而目前大部分施工单位还习惯于传统的施工和养护方式,未根据商品混凝土的特点,即在混凝土刚凝固时(表面失水前)采取合理的养护措施,从而有效减少收缩和开裂。

对于大体积水化热较强混凝土可以在混凝土内设置冷凝管,并铺盖土工布及洒水养护,防止表面水分蒸发和氧化。

2. 施工缝渗漏水预防

施工缝是人为冷缝,混凝土抗渗无法在此发挥全部作用,降水停止后,外界水压逐渐增大,渗漏现象陆续出现。目前常规的施工缝防渗漏处理方式原理是,通过延长渗水路径并且使用遇水反应材料阻断缝隙,截断水流,达到防水目的。目前广泛采用中埋式止水钢板、钢边橡胶止水带、结合面涂刷 CCCW 来防渗漏。CCCW 的作用机理是能够有效地将混凝土当中的 CH 进行消耗，并生成更多沉淀物来堵塞缝隙，同时止水带的设置加长了渗水路径，两者结合可有效降低混凝土渗漏的可能性[3]。此外，部分施工缝还增加了膨胀止水条或注浆管的设置，进一步巩固了施工缝的防渗漏效果。因此，在施工过程中，影响施工缝防渗漏效果的主要因素有混凝土面处理、CCCW 涂刷、中埋式止水带施工以及遇水膨胀止水条埋设或注浆施工等几个方面。

(1)混凝土面处理

对旧混凝土面的凿毛施工不仅影响新老混凝土的贴合程度，还影响 CCCW 的作用效果，因此，其施工质量尤为关键，一般需满足以下要求：

①先浇筑的混凝土必须在达到强度后凿除混凝土表面的水泥砂浆和松软层。

②凿毛应使露出的新鲜混凝土的面积不低于 75%，且边墙内侧边缘 5 cm 内不得凿毛。

③纵向施工缝由于受相邻段衬砌漏浆影响，不宜采用点式凿毛。

④人工凿毛时混凝土强度应达到 2.5 MPa，风动机凿毛时混凝土强度应达到 10 MPa。

⑤清除混凝土凿毛面的杂物，用水清洗干净混凝土表面，但不得积水。

(2)CCCW 涂刷

CCCW 是阻隔渗水通道的主要材料，因此施工时需要注意以下 4 点：

①原混凝土面符合涂刷要求。涂刷 CCCW 前需将凿出的碎石等清理干净，使 CCCW 与原凿毛面完全贴合，避免涂刷后原混凝土面和渗透结晶间产生渗漏通道，降低 CCCW 防渗漏的作用；此外，原混凝土面涂刷前应保持湿润且不得含有积水[4]。

②CCCW 涂刷和养护控制。CCCW 涂刷要求：粉剂与水的配比在 100∶20 与 100∶25(质量比)之间，将粉剂与水混合搅拌，必须搅拌均匀无结块后才可使用，搅拌好的材料应自搅拌起 30 分钟内用完，使用过程中禁止加水。施工时应根据材料要求使用泥刀抹刮或者硬毛刷子蘸料涂刷，抹刮或者涂刷时均需要用力将材料均匀涂刷到潮湿的混凝土基面上，如使用涂刷法则需分两次施工，涂刷第一遍涂料后 4 小时左右进行第二遍涂刷，在防水材料终凝前可用浆刀收光表面，以达到更好的防水、防渗效果。CCCW 养护要求：根据施工环境状况而定，一般在通风干燥的环境下需要每天在涂刷 CCCW 的表面喷洒清水 3 次以上，养护 3～7 天。天气过于

干燥时建议覆盖草帘、麻袋片加以保护。需要适当地进行通风，施工完毕 12 小时后开始养护。如涂刷和养护未满足以上要求，CCCW 表面容易出现起砂、开裂等现象，使结晶表面对后期浇筑混凝土面渗透效果降低，影响施工缝防水效果[5]。

(3)中埋式止水带施工。钢边橡胶止水条、钢板止水带施工时需注意其钢边/钢板焊接质量，施工过程中不发生扭曲破损，混凝土浇筑时止水带侧封模处不允许漏浆。

(4)遇水膨胀止水条埋设。遇水膨胀止水条埋设增强了对施工缝流水路径的阻隔效果，遇水膨胀止水条埋设时应注意：基面需清理到位，避免止水胶与基面贴合度差或出现断连、孔洞；粘贴止水胶后在进行防水保护，避免其提前膨胀失效；止水胶埋放位置、尺寸应严格控制，粘贴或振捣混凝土时应注意避免止水胶移位、破坏等。

(5)注浆施工

注浆施工可于后期根据施工缝渗漏情况进行。注浆施工流程中需注意以下问题：①根据渗漏部位的特点确定注浆管埋设位置(不得接触止水带)。一般来说，注浆管需埋设于距裂缝 10～20 cm 处。②注浆管埋设后需利用速凝水泥固定注浆管，待速凝水泥完全凝固之后即可进行注浆操作。注浆前应先根据裂缝的类型确定相应的灌浆方式。常规注浆方法为利用电动泵产生的压力将凝固剂等材料灌注到注浆管当中，将注浆管完全灌注满之后再进行封闭。整个注浆过程循序渐进，分层次进行，不得为追求速度而超压注浆。最后，待缝隙浆液完全凝固成型即可。

3. 变形缝防渗漏工艺措施

①变形缝与防水卷材间设置 1 条泡沫棒，可使防水卷材在变形缝处预留一定冗余量，以便墙体出现不均匀沉降时防水卷材受拉力压缩泡沫棒而有拉伸余地，避免防水卷材被拉裂。

②施工优先选择晴天，要将变形缝处的水泥浆、杂物抠除干净，深度保证在 5～10 cm，然后用水冲洗或用风机吹净。

③填缝胶要搅拌均匀，填充时按照使用说明操作，填充密实，完工后要及时覆盖防雨，确保填缝胶 24 小时内不泡水。

④中埋式止水带选择热熔或粘接的方式连接，使接头的防水质量得到保障。

⑤固定止水带，用钢筋做定位箍固定止水带的位置。

⑥端部模板内壁应压在中埋式止水带的中间位置，浇筑混凝土时需注意止水带是否偏位，一旦偏位应及时调整、加固。

⑦对外贴式止水带应进行定位及固定，可用铁丝将止水带固定在墙身模板上等，确保止水带位置准确。

五、措施效果分析

项目部根据上述控制及预防措施，对施工进行精细化管理，在2～6区施工时将施工缝及变形缝凿毛，涂刷CCCW，板面大面积浇筑混凝土，进行温度和养护控制，对工序进行层层把关，制定具体标准，强化管理，该部分区块于2021年1月完工并进入春节停工期。2021年3月课题小组就2～6区渗漏水状况再次进行了调查统计，发现渗漏水情况已得到较大改善。渗漏水情况如表2所示。

表2　文一西路站2～6区主要渗漏水分布情况表

检查部位		检查范围	渗漏统计		工程量占比
			点数	堵漏长度	
－2F	底板面	1960 m^2	2	2.3 m	7.9%
	侧墙	1157 m^2	2	3.1 m	10.7%
	水平施工缝	392 mm	3	5.8 m	20.0%
－1F	顶板底面	1940 m^2	3	2.2 m	7.6%
	侧墙	813 m^2	2	1.2 m	4.1%
	水平施工缝	332 m	4	4.1 m	14.1%
环向施工缝		5道	2	9 m	31.0%
变形缝		1道	1	1.2 m	4.1%

六、结论

通过对上述渗漏原因的剖析与实体对比总结，本文提出了相关的预防与治理控制措施，并进行了现场作证；针对外在原因，通过加强围护结构分幅接缝控制有效地隔断承压水的渗透；针对内在原因，通过提升混凝土浇筑、养护等工艺措施控制效果减少混凝土的收缩、温差裂缝，变形缝和施工缝防渗漏水控制中应对止水带、CCCW涂刷进行标准化精细管控，减少冷缝中的渗漏水路径产生；为类似关键节点施工提供借鉴。

参考文献

[1] 王维强.浅谈面板混凝土防裂及裂缝处理措施[J].房地产世界，2021(11):125-127.

[2] 苏振罡.建筑工程中大体积混凝土施工质量研究[J].砖瓦，2021(06):207-208.

[3] 李崇智，吴慧华，牛振山，等.水泥基渗透结晶防水母料的配制与应用性能[J].材料导报，2020,34(A2):1261-1264.

[4] 杨关军.明挖地铁车站主体结构工程渗漏水处理施工技术应用[J].智能城市，2018,4(8):128-129.

[5] 张勇.地铁车站主体结构渗漏水原因分析及防治技术[J].智能城市，2021(6):134-135.

（严伟飞　郭舒帆）

中篇　调研报告

关于渣土出土难现象的调查和建议

近年来，杭州市地下工程建设逐渐进入高峰期，地下工程出土量大增，受周边渣土消纳场地减少、渣土处置费涨价等因素影响，出土费用不断攀升。虽然相关部门于 2019 年及时推出市域统筹出土处置保障价格，对稳定市场发挥了积极作用，但由于出土量与消纳量始终不匹配，出土难、出土贵现象一直存在，导致部分企业亏损严重。此事引起各级部门领导的高度重视，市相关部门也对此做了调研。

针对以上情况以及当前企业在复工复产、抗击疫情中的一些困惑和诉求，杭州市市政行业协会召开了 3 次座谈会，征求部分理事单位意见，提出了一些建议。

一、问题现象

现象一：转运能力趋紧，渣土中转费居高不下。杭州市工程车数量从 2016 年的 18000 辆增加到如今的 24000 辆，去年（2019 年）渣土出土总量约为 9000 万 m^3，今年（2020 年）1—7 月已达 5100 万 m^3，预计今年总量超过去年，亚运会召开前仍显增长趋势。目前渣土主要运往德清、绍兴、海宁等地，本市已无场地受纳，而码头未见增加，转运能力仍趋紧张。由此，去年 10 月，路河码头公开拍卖，通过数轮竞拍，以年租金 1.5 亿元成交，是前轮约 3000 万元年租金的 4 倍，同时土方中转费也大幅提高。

现象二：工程渣土已成为主要组价项目。以往，杭州市是以高架及道路等一般市政工程建设为主，土方量不大，出土费用在总造价中的占比也不大，市区、周边区县也有受纳场地。而今，地铁和下穿道路等暗挖工程比比皆是，土方在总造价中的占比大大增加。如某工程 2018 年中标合同总价为 8 亿元，其中出土总费用多达 9000 万元，约占合同总价的 11%，占比与钢筋混凝土相差无几，成为不可忽略的支出。

现象三：渣土证办理较复杂。渣土证办理涉及交警、城管等多部门，相对比较复杂。例如某工程从今年 3 月开始进行审批，工程实际出土为 50 万 m^3，审批同意暂时安排出土 10 万 m^3，消纳场所指定为临安。临安方面认为运途较复杂，要求按当地标准降低车厢栏板。施工方同意降低，但回到市里交警部门称是违法改装，不同意运输，至今已过去数月，出土运输仍在协调之中。

现象四：出土越多企业亏损越严重。2018 年前后，因土方价格上涨过激，投标报价时无法预料渣土消纳场地费用及后期凸显的涨价风险，导致企业严重亏损。如对某企业从 2017 年初至 2018 年中标的 6 项工程分析表明，其出土共约 430 万 m^3，按其中最高投标价 90 元/m^3、出土价 140 元/m^3 统计，土方差价为 50 元/m^3，该企业上述 6 项工程已至少亏损 2.15 亿元。

现象五：新增渣土消纳处置费。自去年开始，就有渣土消纳场发布通知，告知渣土处置费的收费标准。目前，这项渣土消纳处置费价位基本稳定下来，一般在 45 元/m^3 左右波动，多个工程项目也在逐步与市场接轨，但政策层面还未明确。

二、相关做法

萧山区制定消纳场补偿费用政策。萧山区通过对 2015—2018 年政府重大投资项目的审计，对有关渣土出土的补偿政策等做出了规定。具体做法：由区级层面统筹协调，通过多方渠道消纳渣土，合理制定计价标准，并根据当年渣土市场行情价格进行适当调整，等等。

宁波公布渣土处理费市场价。宁波发文明确渣土处置费为非竞争性费用，并将其列入工程造价中，依据的文件有《关于公布宁波市中心城区建筑渣土处理费市场信息参考价的通知》（甬价费〔2018〕60 号）、《关于明确宁波市中心城区建筑渣土处理费作为非竞争性费用列入工程造价等有关计价问题的通知》（甬建价〔2019〕1 号）。

三、对策建议

建议一：从政府层面解决或增加消纳场地，并纳入统一管理。

建议二：开展市区联动，交警与城管联合审批，简化出土审批手续。

建议三：渣土运输与消纳项目计价清单及消纳信息政策早日出台。

建议四：对出土亏损的项目，宜给予适当政策性补偿。

建议五：推广采用“桩墙合一”和“泥浆脱水固化”等技术，减少出土量。

（叶丽君　袁　翔　薛　飞　吕蒙军　费正云）

关于临江垃圾焚烧发电厂项目改用再生水冷却的建议

杭州市环境集团在临江科技园筹建国内总规模第二的生活垃圾焚烧发电厂，该项目采用目前全球市场排名第一的日立造船炉排焚烧炉，日处理生活垃圾5200 t，冷却水补充水量为600 m^3/h左右，来源为周边河水。

项目周边早年建有临江污水处理厂，该厂日处理污水300000 t。根据“五水共治”工作要求，曾于2016年完成提标改造，出厂水水质达到一级A标准。污水尾水排放指标即时监测数据已经纳入环保部门的统一监测信息平台。同时，国家环保、生态文明城市建设等考核任务中均明确提出杭州市再生水回用考核指标，要求考核指标须达到排放总量的20%以上。而杭州市环境集团垃圾焚烧发电厂项目距临江污水处理厂仅3 km，是最佳的再生水回用的用户。

杭州市市政行业协会科技专业团队经初步调研，建议环境集团垃圾焚烧发电厂项目可以考虑将临江污水处理厂的尾水稍加处理作为冷却用水。临江垃圾焚烧发电厂项目将再生水作为冷却用水，从环保、治水、循环经济、可持续发展等方面均有重要而深远的意义，亦具有诸多有利条件。目前该建议已送达环境集团，已进入可行性探索研究实施阶段，协会也会进一步组织调研，多方协调，并提供更加详细的建设意见。

（余建民　朱　彤）

关于规范养护投标的建议

随着我国经济社会的发展，养护工程招标投标活动的外部环境和内在要素发生重大变化，市场竞争矛盾日益凸显，与市场化营商环境要求存在一定差距。为规范养护工程投标行为，优化养护工程项目管理和营商环境，根据当前养护市场的现象和问题，我会（杭州市市政行业协会）通过调研，提出以下建议，供主管部门领导参考。

一、背景

按照《工程项目招投标领域营商环境专项整治工作方案》（发改办法规〔2019〕862 号）要求，当前优化营商环境是我国全面深化改革、建设开放型经济新体制、促进经济高质量发展的重要举措。同时，我们应在营商环境专项整治工作的基础上，完善招投标工作机制，建立竞争有序的现代市场体系。

杭州市政道路设施养护行业是较早实行招标投标制度的行业之一，2003 年，杭州市人民政府办公厅印发的《杭州市市政设施养护维修项目招标投标管理办法》，对规范我市养护维修项目招标投标管理，发挥了积极作用。

二、问题反映

①2019 年度城区 10 条道路路段调查结果显示，属大修等级的有 7 条，且均与大修年限不符，其中 1 条道路使用才 3 年。这说明，除部分属于建设质量外，养护作业和技术管理水平有待提高。

②市、区道路养护定额不一，区属道路仍执行《浙江省市政设施养护维修定额》（2003 年版本），相比市属养护定额，区属明显偏低。

③根据权威部门公布的信息，个别评标专家违反《杭州市工程建设项目评标专家管理办法》规定，受到相关部门告诫处理。另据反映，养护评标项目也存在类似现象。

三、建议

①按照《城镇道路养护技术规范》(CJJ 36—2016)和《杭州市市政道路养护指导书》要求，推行城市道路养护等级分类措施，并按养护等级分类实行招投标。

②养护等级分类宜按现状市属和区属道路划分，市属道路宜分为Ⅰ类和Ⅱ类养护，区属道路宜分为Ⅱ类和Ⅲ类养护；周边地块开发、载重货车相对集中行驶的货车专用道路应制订专项养护措施，进行特殊养护。招标文件应明确养护等级类别，按定额标准，区别报价。

③统一制定养护招标投标范本，以及设置主要投标条件，简化投标文件格式等形式要求。

④取消企业内部管理制度、养护维修技术方案、资料管理方案等合理、基本合理或不合理打分项，尽量简化受人为因素影响的评分项目及方法。

⑤公开中标人关键信息及其考核信息，告知前3位投标人未中标的原因。

⑥建立养护企业及人员信用评价体系，推行履约信用评价，鼓励创建优质养护工程项目。

（张海东　朱　敏）

杭州主城区10条道路[①]病害调研报告

一、任务来源

根据工作安排，杭州市市政行业协会组织业内质监、设计、监理等专家，针对主城区10条道路的病害情况进行了专项调查。

本次调查于2019年2月开始，协会召开由上城、下城、江干、西湖和拱墅5个城区养管单位参加的准备会议，征求各区意见，要求上报典型的道路病害情况案例。由于5个城区大部分道路在2016年G20杭州峰会期间进行过整治、返修，少数是新投入使用3～5年的道路，所以，道路整体情况相对比较好。五大城区根据实际情况各上报2条道路。

3月11日至22日，协会专家对主城区提供的10条道路的病害情况进行了调研。专家组通过对养护管理单位的调查和现场检查、检测等，初步梳理出主城区道路现存的主要病害：龟裂、横向裂缝、纵向裂缝、坑槽、麻面、沉陷、车辙、水损害、窨井下沉等。以下是专家组对沥青路面检查调研情况的分析，供相关部门参考。

二、沥青道路路面病害调查

1. 郭东园巷道路(上城区)

(1)设计依据

郭东园巷道路为城市次干道，交通等级为中交通，双向四车道。快车道路面结构为：5 cm高黏度改性透水沥青砼＋5 cmAC－20C型沥青砼＋7 cmAC－25C型沥青砼＋20 cm 5％水泥稳定碎石层＋15 cm 5％水泥稳定碎石层＋塘渣垫层。

① 本报告所提及的城区，均指杭州区划调整之前的区域；所指的石祥路，按调查点的不同，以石祥路(下城区)、石祥路(拱墅区)区分，视同两条道路。

(2)现状调查

以金刚寺巷口至江城路口两边外车道作为调查路段，全长 75 m。道路工程于 2010 年竣工，目前运营 9 年。

现状一：由于位于城站火车站附近，公交车较多，道路存在超负荷运行现象。

现状二：沥青面层多处网裂、沉陷，最大沉陷深度达 4 cm，且补丁较多。

现状三：井座整体下沉，深度达 55 mm，未进行防沉降改造。

现状四：人行道弧线段或三面坡位置采用小尺寸块材铺筑，路面松动；局部维修时也未采用与路面一致的块材，取材较随意；遇电力、通信检查井盖等构筑物时，行进盲道板未连贯设置。

(3)钻芯及路面损坏、平整度实测

通过钻芯测量，沥青层总厚度为 20 cm，大于设计要求的 17 cm，分 3 层脱开，中层 3 cm 处局部已碎裂、松散；下部水稳层松散，未成型。

经实测，路面损坏状况 PCI 指数为 56，评价为 D 级；路面行驶质量 PQI 指数为 0，评价为 D 级。

(4)综合评价

在消除局部沉陷、网裂等病害进行养护加铺时，未有效清理损坏部位，外加水稳材料拌制质量不高、摊铺时效把握不当，导致沥青层中层和下部 35 cm 水稳层已呈碎石状，无法起到整体支撑作用。

现结合检测报告，将本路段沥青路面综合评价为 D 级，建议大修。

2. 钱江路(上城区)

(1)设计依据

钱江路为城市主干道，交通等级为重型，双向四车道。快车道路面结构为：3 cm AC-13 Ⅰ细粒式沥青砼＋5 cm AC-20 Ⅱ中粒式沥青砼＋7 cmAC-25 Ⅱ粗粒式沥青砼＋35 cm 粉煤灰基层＋30 cm 塘渣垫层，路面结构厚度符合当初设计要求。

(2)现状调查

截至调查时，该道路已运营 11 年。从钱江路 4 号线路灯杆至姚江路路口，全长 60 m，为本次调查路段。

现状一：由于周边地块有较多重载车通行，道路存在超负荷运行情况。

现状二：道路南段，出现较多不规则裂缝，呈网裂状态；车行道多处沉陷，最大沉陷深度为 116 mm；养护时新老路面接槎不够平整、顺直。

现状三：侧石后未设坞膀，导致部分侧石后倾，在沥青面层间形成大大小小的缝隙，出现破损。

现状四：窨井未做防沉降处理，全路段出现不同程度的下沉。

(3)钻芯及路面损坏、平整度实测

经钻芯测量，沥青层最小厚度为 15 cm，与设计相符，但已分 3 层脱开，个别芯样 3 cm 中层已碎裂、松散；下部粉煤灰三渣基层松散，未成型。

经实测，路面损坏状况 PCI 指数为 64.2，评价为 C 级；路面行驶质量 PQI 指数为 3.7，评价为 A 级。

(4)综合评价

由于粉煤灰三渣拌制质量、摊铺时效等不合乎要求，粉煤灰基层的支撑作用已基本失效。现结合检测报告，将本调查路段沥青路面综合评价为 B 级，建议中修。

3. 石桥路(下城区)

(1)设计依据

石桥路设计等级为城市主干道，交通等级为重交通，地面双向六车道。辅道路面结构为：4 cm AC-13 Ⅰ 细粒式沥青砼＋5 cm AC-16 Ⅰ 中粒式沥青砼＋7 cm AC-25 Ⅰ 粗粒式沥青砼＋1 cm 下封层＋20 cm 5%水泥稳定碎石基层＋20 cm 3%水泥稳定碎石基层＋30 cm 塘渣垫层。辅道路槽土基设计回弹模量≥20 MPa。

(2)现状调查

该道路工程于 2015 年竣工，目前运营 4 年。本次调查范围为石桥路秋石高架路绕城北线方向入口前 165 m 辅道。

现状一：辅道路槽土基设计回弹模量≥20 MPa，该路段现通行公交车等车辆，车流量较大，当公交车通过时路面有明显的弹簧现象。土基控制指标偏低，类似情况在杭州的市内道路中普遍存在。

现状二：路面网裂及沉陷等病害明显，补丁较多，特别是由南向北的公交车道路面沉陷较严重，损坏面积约 10 m^2，下沉深度为 35 mm。

现状三：高架桥墩前后中央绿化带侧石突然下沉。

现状四：公交车道和人行道存在检查井及井周路面下沉现象(未进行防沉降改造)。人行道表面管线裸露；行进盲道板未连贯设置；树池过小，导致人行道板拱起等。

(3)钻芯及路面损坏、平整度实测

经钻芯测量，沥青层最小成型厚度仅 4 cm，与设计严重不符(设计要求为 16 cm)；下部水稳基层松散，未成型。

经实测，路面损坏状况 PCI 指数为 55.5，评价为 D 级；路面行驶质量 PQI 指数为 1.6，评价为 D 级。

(4)综合评价

该路段底面土基按辅道设计，实际用作主干道，这种现象有一定的普遍性。另外，水稳基层失效，局部沥青层厚度严重不足，又因路基存在弹簧现象，以及公交车等车辆通行影响，路面提前出现损坏。现结合检测报告，将本路段沥青路面综合评价为 D 级，建议大修。

4. 石祥路(下城区)

(1)设计依据

该道路设计等级为城市主干道，交通等级为重交通，双向六车道。(未搜集到该路段设计资料。)

本次调查范围为下城区石祥路北侧 49 墩往前 130 m，南侧 C 匝道到东新路 100 m，位于东新路交叉口东侧。

(2)现状调查

该道路建成于 2008 年，从现场情况看，由西向东(南侧)车行道路面病害较多，除了裂缝、沉陷外，沥青混合料松散掉渣、剥落范围广；周边沉降明显，影响行车。由东向西(北侧)车行道路面情况良好，据养护人员反映，年前刚进行修补。

现状一：地面道路为城区外围道路，是杭州为数不多的允许货车通行的道路。长期超负荷运行，是石祥路众多病害发生的主要原因。

现状二：由西向东外车道大面积沥青面层剥落，损坏面积达 172 m^2，个别沉陷深度达 55 mm。

现状三：检查井沉降明显，沉陷深度为 30～40 mm，两井间距为 2 m，未进行防沉降改造，未避开轮迹线位置。

现状四：部分侧石在外力作用下出现破损、后倾现象。

(3)钻芯及路面损坏、平整度实测

经钻芯测量，其中南侧 1 只芯样中，沥青层成型厚度为 10.5 cm，基层水泥砼为 20.5 cm，下部水稳层松散；北侧沥青层成型厚度为 16 cm，水稳成型厚度为 8 cm，上部与沥青层有黏结，下部未成型。一般主干道设计沥青层厚度为 16 cm，基层应在 35～40 cm。

经实测，路面损坏状况 PCI 指数为 79.5，评价为 B 级；路面行驶质量 PQI 指数为 3.6，评价为 B 级。

(4)综合评价

南侧路段与取芯结果相符,沥青层偏薄,病害面积较大,沉降(包括检查井)明显;而取芯结果显示,南侧路基为水泥砼+水稳形式,北侧路基为水稳层,疑似施工不一致。现结合检测报告,将本路段沥青路面综合评价为B级,建议中修。

5. 九沙大道(江干区)

(1)设计依据

九沙大道为江干区的东西向道路,红线宽60 m,道路分幅为四块板形式,双向六车道。根据江干市政所提供的资料,九沙大道道路等级为城市次干道(疑资料有误,实应为城市主干道)。机动车道结构为:15 cm碎石+20 cm 4%水泥稳定碎石层+20 cm 5%水泥稳定碎石层+7 cm AC-25C粗粒式沥青砼+5 cm AC-16F中粒式沥青砼+4 cm AC-13F细粒式沥青砼面层。路基处理方式不明。

(2)现状调查

九沙大道于2014年竣工,目前运营5年。现场调查路段为通盛路交叉口以西的南半幅道路,具体为南侧公交车道第三根电线杆开始往东120 m。

现状一:周边数个地块处于开发阶段,大型土石方运输车辆、公交车通行频繁。靠近道路南侧一在建地块,正值地下室施工,易导致道路产生纵向裂缝。

现状二:通盛路以西靠近地块开发的南侧路面存在多处纵向裂缝、网裂与沉陷,最大一块沉陷面积约20 m^2,深度为15 mm。

现状三:沥青中面层和上面层采用F型级配不是很妥当(F型适用于干旱少雨、交通量较少、气候严寒地区)。

(3)钻芯及路面损坏、平整度实测

经钻芯测量,沥青层最小成型厚度为11.5 cm,与设计不符(主干道设计要求一般为16 cm);水稳成型厚度为12.5 cm,远低于设计厚度,下部松散。

经实测,路面损坏状况PCI指数为75.9,评价为B级;路面行驶质量PQI指数为2.6,评价为C级。

(4)综合评价

其中一处取芯的沥青层厚度与设计要求基本吻合,另一处低于设计要求;水稳层上层部分成型,下基层已经破碎,基层的支承能力已大幅降低。该路段使用年份短,芯样成型与路面损坏状况PCI指数比较一致。

现结合检测报告,将本路段沥青路面综合评价为C级,建议中修。

6. 明月桥路(江干区)

(1)设计依据

明月桥路位于火车东站东侧，为南北向道路。道路设计等级为城市主干道，交通等级为重交通，红线宽 50 m，道路分幅为三块板形式，双向四车道。根据江干市政所提供的资料，机动车道结构为：30 cm 塘渣＋25 cm 5%水泥稳定碎石层＋6 cm 粗粒式沥青砼＋5 cm 中粒式沥青砼＋4 cm SMA-13 沥青玛蹄脂混合料面层。路基处理方式不明。

(2)现状调查

该道路工程于 2012 年竣工，目前运营 7 年。现场调查路段为鸿泰路交叉口往北 110 m。

现状一：上述资料显示，机动车道路基换填厚度及基层厚度明显偏小，无法满足主干道及重交通等级要求。下路床范围处理要求未知，有可能是路基压实度和回弹模量偏低影响了路面功能。

现状二：该路段沉陷严重，路面多次修复，补丁上打补丁。其中，最大一块网裂面积约 20 m^2，最大一块沉陷面积约 15 m^2，深度达 25 mm。

现状三：据江干区市政所反映，该路段下面为地下防空设施，且周边地块仍处于开发阶段，大型土石方车辆进出频繁，专家组初步判断路面病害原因为人防设施顶面的回填土压实度未达到规范要求及重载车的作用。

(3)钻芯及路面损坏、平整度实测

经钻芯测量，沥青层最小成型厚度为 13 cm，与设计不符(设计要求为 15 cm)；下部水稳层松散、失效，钻芯处路面病害较集中。其中一处芯样的沥青层厚度及水稳部分成型，以及相互之间黏结情况尚可，但基层支承能力已大幅降低，因养护加铺，该处路面病害相对轻微。

经实测，路面损坏状况 PCI 指数为 80.1，评价为 B 级；路面行驶质量 PQI 指数为 2.2，评价为 D 级。

(4)综合评价

水稳层不足以支撑重交通荷载，在现有行车荷载作用下产生剪切破坏，导致路面出现沉陷和网裂。现结合检测报告，将本调查路段沥青路面综合评价为 D 级，建议大修。

7. 石祥路(拱墅区)

(1)设计依据

此道路设计等级为城市主干道，交通等级为重交通，地面道路设计为双向六车道。快车道路面结构为：4 cm SMA-13 改性沥青混凝土＋6 cm AC-20C 中粒式沥青混凝土＋8 cm AC-25C 粗粒式沥青混凝土＋35 cm 5％水泥稳定级配碎石基层＋15 cm 3％水泥稳定级配碎石基层＋40 cm 级配碎石垫层。路槽底面设计回弹模量≥30 Mpa。

(2)现状调查

石祥路于 2016 年竣工，目前仅运营 3 年左右。本次调查的石祥路位于上塘路交叉口两侧，分为 2 个路段，第一个路段为石祥路 044 号灯杆向西至 88 m 处，第二个路段为 S055 桥墩与 SX12-02 墩之间的 40 m 道路。

现状一：电力检查井位于中间机动车道上，且覆土较浅，导致机动车道破损严重。虽经过几次改造、修补，但未从根本上解决问题，因此造成沿线机动车道破了修、修了破的状况。

现状二：路面多处沉陷、网裂，最大一处沉陷面积约 70 m^2，下沉深度为 110 mm。

现状三：车行道多处井盖沉陷，最大下沉深度达 45 mm。

现状四：重载车辆基本在石桥路左转进入拱康路，因此，在交叉口及前面路段重载车辆集中在左转车道上，导致左转车道及其延伸段路面破损严重。

(3)钻芯及路面损坏、平整度实测

经钻芯测量，沥青层成型厚度大于设计厚度 2～8 cm；下部水稳层松散、失效；另一水泥砼成型厚度为 14 cm，有碎裂，下部水稳层松散。

经实测，路面损坏状况 PCI 指数为 63.7，评价为 C 级；路面行驶质量 PQI 指数为 2.7，评价为 C 级。

(4)综合评价

从病害集中于重载车辆集中的中间车道可以看出，该路段损坏的主要原因是重载车辆较多，道路超负荷运行，路基或基层结构遭破坏，从而引起路面网裂和沉陷，最终导致路面破损。

沥青层偏厚可能是部分钻孔位置存在养护时对面层加铺的情况；基层与设计不符也可能是养护时对基层用水泥砼进行了修复，说明原来的 50 cm 水泥稳定碎石基层已经完全损坏。电力井盖已无法承受重载交通，宜迁出机动车道。

现结合检测报告，将本调查路段沥青路面综合评价为 D 级，建议大修。

8. 湖墅南路(拱墅区)

(1)设计依据

根据湖墅南路的竣工资料，机动车道原为 16.6 m 的水泥砼路面，后拓宽改造为 19.2 m，水泥砼路面经处治后加铺玻纤格栅＋5 cm 以上的 AC-16F 中粒式沥青砼＋5 cm 高黏度改性排水沥青砼，加宽部分采用级配碎石垫层＋30 cm C30 水泥砼＋玻纤格栅＋5 cm AC-16F 中粒式沥青砼＋5 cm 高黏度改性排水沥青砼。加宽部分现浇 C30 水泥砼，设横向假缝。假缝位置与现有水泥砼路面横缝一致。

本次调查范围为密渡桥路至环城北路段，密渡桥路人行道口至环城北路人行道口，长度为 200 m。道路等级为城市次干道，道路分幅为双向四车道的三块板断面。

(2)现状调查

根据湖墅南路竣工资料，该段道路竣工于 2007 年，加铺的路面结构能满足湖墅南路的交通要求，该道路目前已运营 12 年左右，已经接近设计规定的 15 年年限。

现状一：环城北路交叉口渠化为四进二出，密渡桥路口渠化为三进三出。

现状二：机动车道范围有较多规则的横向裂缝，间距在 5 m 左右。根据现场情况及竣工资料，基本可以断定为混凝土路面的反射裂缝。

现状三：车行道路面多处沉陷、网裂，最大一块沉陷面积达 100 m^2，最大下沉深度为 8 cm。检查井沉陷深度达 5.5 cm。因项目建成时间较早，检查井未采取防沉降措施。

现状四：因树池过小，树木生长空间不足，树根生长致使道板拱起。建议条件允许的路段应尽量加大树池尺寸，在绿化设计时适当考虑树种根系与树池尺寸的匹配度，同时也应定期整修树根及树池边的道板。

(3)钻芯及路面损坏、平整度实测

经钻芯发现，沥青层成型厚度为 10 cm，水泥砼成型厚度为 30 cm，下部水稳层松散。

经实测，路面损坏状况 PCI 指数为 64.5，评价为 C 级；路面行驶质量 PQI 指数为 0，评价为 D 级。

(4)综合评价

钻孔取芯位置为快车道拓宽部分，原为机非绿化分隔带，在上一轮改造中拓宽为机动车道，拓宽了 2.6 m。本次取芯结果与设计基本吻合，沥青面层与水泥砼比较完整。而出现大量裂缝与沉陷的原因是拓宽部分路基密实度较低，导致水泥混凝土基层下局部脱空，板块断裂、沉降，最后反映至加铺的沥青路面；另外，16.6 m 的水泥砼路面板块长度实际为 4.5～5 m，拓宽部分砼基层的假缝位置与现有水泥砼路面横缝一致，现长宽比偏大（规范要求不大于 1.35），因此加宽部分在行车荷载应力和温度翘曲应力的综合作用下很容易在板块中间位置出现横向断裂，使沥青路面产生反射裂缝。相应路面平整度较差，与实测结果一致。

现结合检测报告，将本调查路段沥青路面综合评价为 D 级，建议大修。

9. 留泗路（西湖区）

(1)设计依据

留泗路位于西湖区转塘镇，为城市次干道，交通等级为重要，道路分幅为机非混行的两块板形式，双向四车道。

根据西湖区城管局提供的资料，机动车道结构为：20 cm 级配碎石＋40 cm 5％水泥稳定碎石层＋8 cm AC-25 SBS 粗粒式沥青砼＋6 cm AC-13 SBS 细粒式沥青砼。路基按城市次干道重型压实度标准施工，土路基顶面回弹模量≥25 MPa。

本次调查范围包括 2 个路段：第一个路段位于大美创意园附近，即留泗路东侧 131 号灯杆至 133 号灯杆之间，长度为 34 m；第二个路段位于太坞山隧道南口（龙新路交叉口以北）146 号杆至隧道出口，长度为 152 m。

(2)现场调查

根据西湖区城管局提供的资料，留泗路路基路面设计基本能满足中—重载交通的要求。留泗路改造工程于 2013 年 5 月竣工，设计使用年限为 15 年，目前运营 6 年左右。

现状一：留泗路的车流量很大，特别是货车的占比较大。这与留泗路与绕城高速西线路段平行有关，部分货车为避开绕城高速的拥堵或收费而改走留泗路，从而使留泗路承受的交通荷载远远大于设计要求，使道路处于超负荷运行的状态。

现状二：第一个路段较短，共 34 m，路面沉陷、网裂 3 处，面积约 70 m^2，最大下沉深度达 5 cm。第二个路段存在大面积龟裂，损害程度比第一个路段严重。其中，路面沉陷面积约 76 m^2，最大下沉深度达 7.5 cm；网裂面积约 88 m^2；另有约 100 m长度的路面龟裂，剥落面积达 380 m^2。

现状三：从现场情况看，该路段的管位布置不尽合理，部分管线未避开轮迹线位置，井圈及周边路面沉降明显，对行车影响很大。

(3)钻芯、路面损坏及平整度实测

经钻芯测量，沥青层成型厚度为 29 cm、13.5 cm、6 cm，下部水稳层均松散。

经实测，路面损坏状况 PCI 指数为 52.3，评价为 D 级；路面行驶质量 PQI 指数为 0.3，评价为 D 级。

(4)综合评价

该路段通行大型货车，车流量较大，道路交通等级偏低；沥青层局部厚的超15 cm、薄的不足8 cm，存在明显的不均匀现象；基层结构水稳层均松散，损坏严重；路面上，大面积沉陷、龟裂、剥落等病害较集中，且非常典型。专家组认为，该工程项目经6年时间使用，已提前达到使用寿命。

结合检测报告，将本调查路段沥青路面综合评价为D级，建议大修。

10. 甲来路(西湖区)

(1)设计依据

甲来路位于西湖区三墩镇，南起吉鸿路，北至茹家路，全长约900 m，红线宽20 m；道路等级为城市支路，道路分幅为双向两车道一块板断面。

根据西湖区城管局提供的资料，该道路为机非混行车道，结构为60 cm塘渣垫层+35 cm 5%水泥稳定碎石层+8 cm AC-25C粗粒式沥青砼+4 cm AC-13C细粒式沥青砼，经过河道、鱼塘的路段以水泥搅拌桩处理路基，其他均采用塘渣填筑。路基按城市支路重型压实度标准执行，塘渣顶面回弹模量≥35 MPa。

本次调查路段范围为002灯杆往北至红绿灯，全长310 m。

(2)现状调查

根据西湖区城管局提供的资料，甲来路路基路面设计基本能满足中交通的要求。据了解，甲来路改造工程于2014年竣工，设计年限为15年，目前运营5年左右，沥青路面已严重损坏。

现状一：甲来路在吉鸿路—来仁路路段路面问题较多，全长约310 m共出现11处沉陷、网裂、坑槽等病害，面积约450 m^2。其中，最大一块沉陷面积约150 m^2，下沉深度为25 mm。

现状二：养护人员反映，因周边地块施工，本调查路段(吉鸿路—来仁路)晚上有较多施工重载车通行，与道路病害产生直接相关。另外，设计道路虽为城市支路，却长期处于超负荷运行的状态，基层及路基在重载交通行车荷载作用下产生剪切破坏，引起路面网裂和沉陷。

现状三：该道路建成于2014年，井盖未做防沉降处理。因此，全路段(吉鸿路—茹家路)的井盖均有不同程度的下沉，甲来路出入口的检查井沉降尤其厉害，沉陷最深达5.5 cm。目前已有部分井盖做了防沉降改造，改造后检查井及井圈周边的沉降情况得到明显改善。

现状四：路侧绿化带树木修剪不及时，侵占人行道空间，减少了人行道的有效通行空间，在人行道宽度较窄的路段对行人通行产生较大影响。建议与园林管理部门加强沟通联系，更换人行道边的植物品种或加大修剪力度。

(3)钻芯、路面损坏及平整度实测

经钻芯测量，沥青层成型厚度为 25 cm、14 cm，水稳层成型厚度为 21 cm 和未成型各 1 只，成型芯样下部松散。

经实测，路面损坏状况 PCI 指数为 57.5，评价为 D 级；路面行驶质量 PQI 指数为 1.9，评价为 D 级。

(4)综合评价

由于通行施工重载车辆，城市支路等级偏低，以及沥青层局部分别超厚13 cm、2 cm，水稳层减薄 14 cm，另 1 只未成型。可以判断，沥青层大于设计厚度，但基层承载能力部分或全部失效，已无法起到支撑作用，路面仍旧会产生各种病害，这与路面损坏状况、路面行驶质量检测结果是一致的。

现结合检测报告，将本调查路段沥青路面综合评价为 D 级，建议大修。

三、后续需要研究的问题及建议

1. 道路整治遗留问题及建议

本次调查发现，沥青路面沉陷、窨井下沉及裂缝为主要病害。其中，石桥路、留泗路、湖墅南路和甲来路 4 条道路属改造整治工程，分别于 2015 年、2013 年 5 月、2007 年、2014 年竣工。调查发现，上述工程道路拓宽时，未及时迁改管线，使部分管线及井室处在主干道中间或车辆轮迹线上，导致窨井和路面下沉。建议地下管线和基层(指已损坏)的改造同步进行，避免因道路整治致使窨井处于道路中间、车辆轮迹线上或集中于交叉口的布局，直线段雨水、污水管道的井距宜控制在50～70 m之间。

2. 水泥稳定层失效问题及建议

水泥稳定碎石是杭州市目前使用最广泛的半刚性基层，具有初期强度高、水稳定性好等优点，是高级路面的理想基层材料。

但依据本次调查取芯的结果，基层却十分糟糕，多数道路的水泥稳定碎石层未成型，呈松散状，失去承载作用。出现病害的道路，竣工交付时间短的才 3 年，长的在 10 年左右，远未达到设计年限。出现这么普遍的早期损坏，是施工问题还是其他问题，这需引起相关部门、相关人员的注意。建议相关部门、领导和业内技术人员，关注基层原材料、拌制、摊铺碾压和养生与工期、环保等方面冲突的问题，提出解决或改善的方法和措施。

3. 沥青拌和料拌制质量问题及建议

从现场沥青面层的观感、钻芯包裹情况来看：石子呈针片状、含粉量较高，部分沥青混合料偏粗或偏细，油石比不符合规范要求；面层磨损，骨料之间黏结性差、松散。上述问题与材料、拌和基地路程及旧料掺配比例有相当大的关系。

建议：①施工配合比设计应经技术论证；②旧料不得用于上面层，中下面层使用不宜超过20%；③接入大数据管理称量系统，实施监督管理和质量抽测；④编制城市专项规划，考虑道路养护用拌和基地的合理布局。

4. 管养方面问题及建议

如果沥青路面病害处理不及时，将会诱发新的病害，进一步影响路面的使用性能。例如，路面开裂但未及时做灌缝或封缝处理，雨水会通过路面裂缝渗入基层，造成基层水破坏，导致路面发生坑槽、龟裂等病害。10条道路重复修补面较多，有的坑洞、坑槽较大较深，龟裂、裂缝面积较大的，未得到及时修补或者修补质量不到位。从本次抽查的路段观感可以看出，修补不到半年但表面沥青已出现剥落、飞料、麻面等情况的路段较多。

建议：首先，统筹安排，强化材料控制、施工监管、现场检测及考核培训，推广示范路好的经验。其次，完善信息化管理系统功能，规范路网检测、路况评定、养护分析、规划编制、计划制订和绩效评估等工作。

5. 交通导改产生的路面损坏问题及建议

在调查走访中，专家组发现，因交警交通导改，原来应走主干道的施工车辆频繁通行于支路上，导致支路损坏的情况不在少数。交通管理部门考虑的是交通的畅通问题，并不清楚不同道路的结构情况。建议由交通与市政部门共同制订交通导改方案；对于建成区，可以考虑谁破坏谁修复。

6. 准确预测设计年限内的累计标准轴载问题及建议

在几个区的调查走访中，养护单位都提出了周边工地施工重载车对路面的影响问题，认为路面损坏与施工车辆频繁进出有关。专家组认为，设计单位在设计图纸时或多或少考虑了地块开发时施工车辆对路面的影响，但是，实际上还是明显存在着对重载车估计不足的问题。

重载车超载对路基路面的损坏是随超载率呈几何级数增加的，超载因素该不该考虑、应该怎么考虑也是一个问题。因此，设计道路时该考虑多少重载车不是设计单位能完全把握的。如何准确预测设计道路在设计年限内的累计标准轴载，保证路面在设计年限内不出现早期损坏，针对这一问题建议建设主管部门和设计单位组织课题进行专项研究。

四、总结归纳

本次调查由市城建院、市城乡院道路设计，以及专业监督和协会人员完成，市政测试站负责检测。调查工作经过方案制订、开会动员、具体落实及分析总结，历时3个多月，其间得到上城、下城、江干、西湖和拱墅五城区养管单位的大力配合支持。

本次调查路段总长1590 m，取芯21个，其中水稳层成型5个(每个芯样仅部分成型)，沥青层最小厚度为4 cm(设计要求为16 cm)；10条道路中，路面损坏状况评价为最末等级D级的有4条，路面行驶质量评价为最末等级D级的有6条，综合评价为最末等级D级(属于大修等级)的有7条。道路使用3～6年属于大修等级的有4条，其余3条为7～12年。

由此，专家组认为杭州市沥青路面产生病害及使用功能早期退化的趋势较明显。虽然，产生这种趋势的因素是多方面的，包括设计、施工、材料方面的影响，或是行车、养护、整治和交改等存在不足。鉴于沥青路面早期退化这一特点，在优化设计的同时，更为重要的是要加强监管，规范施工与质量检测。政府应出台政策，采取行业组织服务等多种形式，对配合比设计和试验段进行质量比照，并有效控制水稳基层、沥青面层混合料的质量。

养护方面应积极实施预防性养护，根据南方雨水多的特点，及时排除路面积水，做到路面病害随时发生随时处治，防止路面破损的蔓延和扩大；随着交通量的增长，应逐年对通行能力较差路段进行改造，提升路线整体服务质量和通行能力；根据需要，制定适合本地区的标准和规范，制定旧料再生利用和掺量控制的规定，对养护维修人员加强培训；采用路面信息系统的同时，制订养护计划、养护处置方案，做到路面修补可追溯。

(熊传美　邢庭荣　吴小英)

赴新加坡学习考察的报告

杭州市市政行业协会于2020年10月28日至11月1日，组织施工、养管等相关单位代表共11人，参观考察新加坡的城市建设。在5天行程里，让我们感受最深的是蓝天白云下的明媚阳光、远处排队进港的海轮、鳞次栉比的高楼大厦、内河两岸的灯光夜景、多姿多彩的桥梁建筑风格、井井有条的城市秩序，以及和谐共融的城市管理。

一、新加坡简介

新加坡地处太平洋与印度洋航运要道马六甲海峡，是马来半岛最南端的热带岛国，属于热带雨林气候。该国于1965年建国，国土面积724.4平方千米(2020年)，总人口570万(2019年6月)，是东南亚地区的中心，堪称“亚洲的十字路口”，得天独厚的地理条件使之发展成为一个金融、通信、转口贸易和旅游中心。

二、参观新加坡城市规划建设展览馆

1.综述

通过参观城市规划建设展览馆，我们了解到新加坡从一个渔村发展到现代化大都市的历程，特别是展览厅内的一座大沙盘，它分区域把目前新加坡全国的规划建设按比例制作成不同模型，十分精致。其中，房顶标红色的部分是保护建筑；绿色区域为山区、河流，是生态保护区；本色模型是未来建筑，让参观者一目了然。

2.新加坡城市规划的类别和内容

编制新加坡全国概念性发展规划，以此为总纲制定城市总体规划、城市分区规划和控制性详规，为未来城市空间布局、交通网络、产业发展等提供战略指导。具体包括：

一是概念性发展规划，是根据国家发展长期愿景，明确了未来城市发展方向以及土地利用的长期策略。

二是总体规划，是为每个地段或区域制定的总规划图或详规图。

三是项目发展管制，是对发展项目的具体管理。

3. 追求精品、经典的城市建设理念

新加坡从规划、设计到施工，建立科学管理体系，追求精品、经典的城市建设理念，并突出理性、安全、友善，处处体现了对自然的保护和对人的关怀。同时，还特别注重将建设用地的15%用于道路建设，把管线与道路工程建设一次到位，避免重复开挖。

三、参观滨海堤坝水资源保护利用展览馆

滨海堤坝是一个壮观的旅游景点，特别是在泵站内还设立了新加坡水资源保护规划展览。

1. 滨海堤坝工程建设

新加坡滨海堤坝位于滨海湾，由九道冠状钢闸组成，将外海与滨海湾内海隔开。下雨时闭闸集水，把滨海湾内海变成了蓄积淡水的大水库；暴雨来袭时，钢闸立即开启，将滨海湾内多余的雨水排入海里，使昔日的低洼地区摆脱了水患的威胁。

2. 形成四大水源体系

一是建设滨海堤坝，可将滨海湾内海转化成蓄水池，逐渐冲淡海水，为当地居民提供饮用水源。

二是与邻国马来西亚签订了50年、100年2份供水协议，从2条管道进口饮用水。（还进口砂子、石子，工程建设的代价很大。）

三是全国新建了4座水厂，污水从处理厂排出至新建水厂进行深度处理。经处理，其中70%供工业企业用水，其余排入河流、湿地贮存。

四是雨水收集后排入蓄水池。新加坡建有17个蓄水池，其中马洛蓄水池及其设施，是目前世界上唯一采集城市居民区雨水的现代化集水工程。

3. 采用深隧道输送污水

新加坡全国的污水从现有管网汇集，在重力的作用下流向2条60 m深的地下管廊（直径6 m深隧道）。

四、新加坡道路桥梁建设及管养特色

1. 桥梁

新加坡工程建设的规令取自英国皇家工程学会的相应标准，故在新加坡经常能看到完全不同于国内的结构样式。新加坡的桥梁跨径都不大，不是那么雄伟壮观，但是其桥梁，胜在新颖，胜在独特。也许是地方太小的缘故，每座桥梁都进行了精心设计，以下试着以几种不同类型的桥梁为例简要述之。

(1)人行天桥

考察组住地宾馆的门前道路，间隔约 300 m 就设置了 2 座人行天桥，其他路段也同样设置类似人行天桥，行人穿越非常方便。估计这类人行天桥使用了 20 年以上，多数不设雨棚，看上去十分简朴，但又很实用。其结构大多数是两侧和中间各设一组桥墩，主梁是整体预制混凝土结构，最大特点：一是桥型轻盈、简洁，横支梁两头翻起约 30 cm，使主梁架在上面不会侧翻或滑落；二是桥面栏杆为铁制栏杆，涂层为普通油漆，较厚实，通体未见锈迹、损伤，桥面和所有结构表面也未见开裂、损坏或渗漏，可见建造质量和养护着实到位。

(2)H 型高墩预应力钢筋混凝土桥梁

为控制预应力钢绞线长度，发挥结构及材料的应力特性，该桥梁的连续梁长度大大减短，而其断缝则位于箱梁纵向 0.21～0.2 倍跨径处，其优势显著：一则充分利用下部结构大刚度优势，避免了墩顶反弯矩应力；二则大大减小上部结构的梁体高度，节约了建造成本，增加了桥梁净空高度；三则避免了多支架现浇作业。这优势也是我国桥梁行业多年来一直在摸索实践的重点课题。

(3)钢带钢桁式吊桥

考察组一行还参观了在新加坡河上的一座百年老桥。这座利用钢带作为悬索的钢桁式吊桥，也是一座体现世界百年造桥理念与材料历史的活化石。特别是主、副钢吊带在空间上的相互交叉布置，即副钢带精准地为主钢带完成线形定位，又通过主副钢带之间的传力定位杆，完成主钢带受力的目的，并为整桥带来飘逸的线形，达到力学与美学的完美统一。

(4)多跨不锈钢全断面编织桁式曲线人行桥

该桥跨一条海湾航道，是一座新建的人行专用桥梁。它采用了高强度耐候不锈钢杆件及不锈钢铸造节点，单元杆件在日本制造，在水上分节段预拼装。并且根据不同的使用部位及受力性能，其主要受力杆件均采用了变截面设计，即一杆一型、一杆一设计。另外，该桥虽然跨度不大，但在桁架间修筑了检修通道，在桥面上设置了检修孔等，考虑较为周全。

以上这些从设计到建造到养护，从加工制造工艺到节点处理到杆件处理等细节，处处体现了精益求精的工匠精神，令考察组成员震撼。

2. 城市道路

新加坡的路网由高快速道路、主干道、集散道路和支路系统等组成。高快速道路只能和主干道相衔接，不能连接次干道和支路系统；主干道和次干道相衔接，不能连接支路系统。其他内容例如：

①不允许在主干道上开进出口，需要开口的路段也都进行了渠化设计，大部分进出口主要开在其他次支道路上。为避免车流交叉和相互干扰，许多大路都是单行道，单行道交通大大提高了城市交通运行的效率。

②新加坡有三大沥青生产公司，90%的沥青用于出口，其中，壳牌沥青是有名的品牌沥青。因此，考察组见到的城区几乎都是沥青路面，而且路面密实、平整，很少见到修补、石子脱落等现象；路中检查井也很少，个别井周路面有修补的，也较为平整，车辆开过未见响动；出入口则统一铺设沥青路面。

③最繁华的商业街乌节路均采用混凝土预制或现浇侧平石。侧石大都为预制混凝土，外形与杭州市差不多，在道路上高出路面约 15 cm，杭州市为 17 cm，可参考新加坡降低 2 cm，因为原先我们是为了阻挡汽车上人行道，现在应该没有必要了。另外，每块拼缝均匀，砂浆嵌缝密实，我们做不到，应该学习。

④在道路两侧设置钢制雨水口，据观察一般不会积水。因为钢制雨水口 2/3 为过水面积，泄水快；雨水口间隔近，相距 5～8 m 不等，易排水；雨水口内排水支管口径大，管段短，不易堵塞。

（余建民　李昌耀　江春威）

2020 年杭州市“西溪杯”检查情况汇报

2020 年首次“西溪杯”评选，杭州市市政行业协会编制了西溪杯评价标准，出台了评定办法，并组织养护管理技术人员培训学习。从 2020 年 10 月 16 日召开“西溪杯”检查工作准备会议起，聘请 20 位业内专家参加，统一检查标准，并将符合参评的 44 项工程分为道路组(18 项)、桥梁组(5 项)、隧道泵站组(隧道 3 项、泵站 4 项)、河道排水组(河道 7 项、排水 7 项)，至 11 月 13 日结束，专家组对申报资料、台账和现场实体质量进行了检查。现将检查情况汇报如下。

一、总体情况

本次经参评单位申报，各区主管部门审查同意，报秘书处核查共 44 项养护项目。根据专家组书面检查意见，共有 25 个养护项目被评为“推荐”项目，16 个养护项目被评为“宜推荐”项目，3 个养护不予推荐。具体推荐情况详见附表。

二、现场实体及资料检查

1. 道路检查(18 项)

总体评价：大部分道路养护基本符合规范要求，路面较平整、美观，修补质量较好，有的轻微病害处采取了预养护措施。养护记录、维修作业、定期检测等资料比较齐全清晰。

存在不足：个别道路养护不够及时，局部存在龟裂、沉降、裂缝、路面积水等情况，有的资料与主城区项目相比还存在一些差距，需进一步提升。

评分项目：9 个项目得分为 90.3～95.6 分，推荐；7 个项目得分为 85.4～89.4，宜推荐；2 个项目不推荐。

2. 桥梁检查(5 项)

总体评价：桥梁伸缩缝、支座、铺装等部位能够及时养护，外观质量良好，未发现严重病害。养护方法有多种创新，如制订专项养护方案，采用市政医生智能化信息系统，以及TM硅树脂透明保护涂装新材料和GD弹性混凝土进行维护，引进先进养护设备，建立完善的应急保障机制，等等。

资料基本齐全规范，日常养护记录、维修作业、定期检测资料清晰。现场VCR展现人流量、桥面及电梯维修情况。现场安全文明施工较规范，沥青桥面维修较平整，能及时恢复交通。

存在不足：目前杭州地区索桥增多，对拉索和桥塔无法进行检测和养护，存在隐患。

评分项目：3个项目得分为91～93.2分，推荐；2个项目得分为88.5～88.6分，宜推荐。

3.隧道泵站检查（隧道3项、泵站4项）

总体评价：项目基本按规范进行养护，主要设施设备运行良好，现场环境秩序、设备保养情况良好，按标准化要求进行养护。评审资料基本齐全。

存在不足：个别环境较杂乱，附属设施局部锈蚀，报警电话和地面导向信号灯损坏。定期检测资料存在缺项情况。

评分项目：5个项目得分为91.6～106.4分，推荐；2个项目得分为90～90.1分，宜推荐。

4.河道排水检查（河道7项、排水7项）

总体评价：现场基本按养护规范进行养护。河道现场整洁、美观，水清，岸绿，绿化树种搭配合理。管网清洁无异味，落地井、边井清理及时，井位中无乱穿管、乱接管现象。CCTV（图像通信系统）资料显示，管网内无塌陷、断裂、裂缝等。日常养护记录、维修作业、定期检测等资料齐全。

存在不足：个别河道晴天排污、有臭味、漂浮物不及时清理等，排水检查井存在未清理干净、局部沉降、防漏网破损、井盖有阻水等情况。

评分项目：8个项目得分为90.2～95.2分，推荐；5个项目得分为86～88.4分，宜推荐；1个河道项目不推荐。

三、建议

①养护管理台账、日常养护检查记录、维修台账等资料应统一格式。

②隧道、河道、大型斜拉桥等结构工程应提供竣工图及主要结构详图，制定养

护检测标准，用于安全管理和养护方案制订。

③组织养管技术比武和经验交流活动，推广应用新材料、新技术，不断提升养护水平，促进行业创新发展。

④目前杭州地区索桥增多，对拉索和桥塔无法进行有效的检测和养护，建议布置监测系统，进行实时监控。

附表

2020 年杭州市市政基础设施养护质量奖“西溪杯”评选活动现场检查评分结果汇总表

序号	所属区块	项目名称	设施类型	单位名称	综合得分	推荐情况
1	西湖区	虎跑路（之江路—杨公堤）	道路	杭州市路桥集团股份有限公司	95.6	推荐
2	江干区	新塘路（新业路—运河南）	道路	杭州江干区市政工程公司	95	推荐
3	江干区	东风港路（天鹤路—天龙路）	道路	杭州市路桥集团股份有限公司	94.6	推荐
4	钱塘新区	江东一路（河庄大道—青六路）	道路	杭州大江东城市设施管养有限公司	92	推荐
5	富阳区	江滨西大道市政养护工程	道路	浙江奔腾市政园林建设工程有限公司	91.7	推荐
6	钱塘新区	梅林大道（江东三路—江东五路）	道路	杭州大江东城市设施管养有限公司	91.6	推荐
7	余杭区	杭州未来科技城良睦路（宣杭铁路—文二西路）	道路	杭州市路桥集团股份有限公司	91.4	推荐
8	江干区	九盛路	道路	杭州西景市政建设有限公司	90.6	推荐
9	拱墅区	赵伍路（大关路—登云路）	道路	杭州市路桥集团股份有限公司	90.3	推荐
10	拱墅区	中花路（丰潭路—莫干山路）	道路	杭州西湖区市政工程有限公司	89.4	宜推荐
11	西湖区	紫荆花路（文二西路—余杭塘河）	道路	杭州西湖区市政工程有限公司	89.4	宜推荐
12	西湖区	紫金港路（文三西路—文一西路）	道路	杭州西湖区市政工程有限公司	88.6	宜推荐

续 表

序号	所属区块	项目名称	设施类型	单位名称	综合得分	推荐情况
13	滨江区	东信大道（闻涛路—浦沿路）	道路	滨和环境建设集团有限公司	86	宜推荐
14	萧山区	萧山科技城2020年度市政养护	道路	大立建设集团有限公司	85.6	宜推荐
15	下城区	朝晖路（中山北路—绍兴路）	道路	杭州市下城区市政园林工程有限公司	85.5	宜推荐
16	江干区	海达南路（艮山东路—德胜路）	道路	杭州伟业建设集团有限公司	85.4	宜推荐
17	拱墅区	中河高架三期02标中河南路	桥梁	杭州市路桥集团股份有限公司	93.2	推荐
18	拱墅区	留石快速路（储鑫路—丰庆路西侧）	桥梁	杭州市市政工程集团股份有限公司	92	推荐
19	西湖区	庆新人行天桥	桥梁	杭州市路桥集团股份有限公司	91	推荐
20	西湖区	余杭塘河桥	桥梁	杭州西湖区市政工程有限公司	88.6	宜推荐
21	富阳区	富阳大桥	桥梁	杭州市市政工程集团股份有限公司	88.5	宜推荐
22	西湖区	紫之隧道	隧道	杭州市路桥集团股份有限公司	106.4	推荐
23	滨江区	冠山隧道	隧道	杭州市路桥集团股份有限公司	99.2	推荐
24	拱墅区	婴儿港泵站	泵站	杭州市市政工程集团股份有限公司	94	推荐
25	上城区	横河人行地道	地下通道	杭州市路桥集团股份有限公司	92.3	推荐
26	拱墅区	姚潭洋泵站	泵站	杭州西湖区市政工程有限公司	91.6	推荐
27	下城区	江南巷泵站	泵站	杭州西湖区市政工程有限公司	90.1	宜推荐
28	江干区	同协路泵站	泵站	杭州市路桥集团股份有限公司	90	宜推荐

续　表

序号	所属区块	项目名称	设施类型	单位名称	综合得分	推荐情况
29	拱墅区	莫婆桥河	河道	杭州西湖区市政工程有限公司	95.2	推荐
30	下城区、拱墅区、江干区、余杭区	上塘河	河道	杭州市路桥集团股份有限公司	90.8	推荐
31	西湖区	蒋村岗河	河道	杭州西湖区市政工程有限公司	90.5	推荐
32	钱塘新区	钱江直河	河道	杭州大江东城市设施管养有限公司	90.3	推荐
33	滨江区	建设河	河道	杭州市市政工程集团股份有限公司	87.8	宜推荐
34	钱塘新区	八工段直河	河道	杭州大江东城市设施管养有限公司	87.5	宜推荐
35	江干区	东风港路	排水管道	杭州市路桥集团股份有限公司	92.8	推荐
36	江干区	华丰中路	排水管道	杭州市路桥集团股份有限公司	92.2	推荐
37	江干区	富春路污水管道	排水管道	杭州市排水有限公司	91	推荐
38	西湖区	紫金港路	排水管道	杭州西湖区市政工程有限公司	90.2	推荐
39	西湖区	紫金花路	排水管道	杭州西湖区市政工程有限公司	88.4	宜推荐
40	拱墅区	申花路	排水管道	杭州西湖区市政工程有限公司	88	宜推荐
41	钱塘新区	江东一路	排水管道	杭州大江东城市设施管养有限公司	86	宜推荐

（熊传美　王伟业　吴小英）

2020年百例质量安全问题摘编

一、行为方面

第1例:人员配备或到岗率不足,实际人员与备案不符。

第2例:特殊工种证书未备案、过期或无证作业。

第3例:未按施工方案施工。

第4例:专项施工方案未按实际编制,内容缺乏针对性。

第5例:企业领导带班检查记录缺失,企业自查流于形式,与整改要求有差距。

第6例:未申领排污许可证、临时排水许可证,或证已过期。

二、安全文明施工方面

第7例:应急预案未报审,应急避险场所未落实。

第8例:临时用电方案未审批。

第9例:用电线路未按“三级配电,三级漏保”及专项方案敷设。

第10例:存在一漏多接、乱拉乱接、使用禁用线缆情况。

第11例:电缆未架空或埋地敷设。

第12例:易燃易爆物品随意存放和使用。

第13例:区间内切割作业无防火措施。

第14例:灭火器数量不足,布设不合理或已失效。

第15例:宿舍烟感失效。

第16例:围挡局部缺损,冲洗设施损坏。

第17例:沉淀池未按三级设置或清理不及时,未设排水设施。

第18例:主要道路和材料加工区未硬化,便道浮尘或积水泥泞。

第19例:材料堆放无序,场地积泥积水,裸土及材料未覆盖。

第 20 例:雾炮、扬尘监测设施未及时安装或未用。

第 21 例:现场“控尘十条”落实不到位,建筑垃圾清运不及时。

第 22 例:后浇带拆除加固支撑未编制专项方案。

第 23 例:桥面临边防护不到位。

第 24 例:支模架未按专项方案实施,存在警示标识缺失、搭设不规范情况。

第 25 例:支模架立杆间距偏大,扫地杆、剪刀撑数量不足。

第 26 例:基坑坑内积水。

第 27 例:坑边堆载较大、过高。

第 28 例:上下梯笼未达作业面。

第 29 例:基坑开挖未放坡或超挖。

第 30 例:钢支撑与钢横梁抱箍形式与图纸不符。

第 31 例:梯笼与钢支撑焊接存在隐患。

第 32 例:联络通道应急用油溶性聚氨酯储备数量不足。

第 33 例:联络通道紧急联络电话未安装。

第 34 例:联络通道备用发电机电路未接通。

第 35 例:联络通道现场缺有害气体检测仪。

第 36 例:起重机吊臂长度与危大工程专项方案不相符。

第 37 例:龙门吊走行轨架空布置,受力计算与实际不符。

第 38 例:起重机械的年度检验合格证和检测报告不真实。

第 39 例:起重机械小钩限位、防脱钩装置缺失。

第 40 例:监测方案未审批,监测频率和内容不符合要求。

第 41 例:施工监测点无标识、保护不到位。

第 42 例:预警闭合处理缺失,报警处置不及时。

第 43 例:总包和监理单位对基坑监测报表审核滞后。

第 44 例:周边房屋未及时进行安全鉴定。

三、质量方面

第 45 例:钢筋焊接不合格率达 2.3%。

第 46 例:钢筋金相组织不合格率达 1.5%。

第 47 例:钢筋不合格率达 1.1%。

第48例:钢管不合格率达6.7%。

第49例:扣件不合格率达21.7%。

第50例:混凝土试件不合格率达10%。

第51例:混凝土实体回弹不合格率达13.3%。

第52例:钢筋保护层厚度不合格率达8.5%。

第53例:桩长、钢筋笼焊接长度无影像,未进行一桩一检验。

第54例:养护室缺配置,留置、养护操作不规范。

第55例:试块报告无法及时出具等。

第56例:未及时完成试成桩或试成槽记录。

第57例:地基验槽签章滞后。

第58例:委托检测单信息不齐全。

第59例:见证单未归档留存。

第60例:待检水泥未进行密封,留样数量不足。

第61例:未设立防水材料等其他样品留存室。

第62例:水泥胶砂强度试件未标识成型日期。

第63例:快速法测混凝土氯离子含量未留存原始打印数据。

第64例:电通量检测过程数据未在电脑中留存等。

第65例:地铁混凝土电通量(或氯离子扩散系数)的检测频率未达到要求。

第66例:砂石料进场检验频率不足。

第67例:配合比调整不及时,投料偏差较大,拌和计量未进行自校准。

第68例:混凝土试件留置与台账不符。

第69例:混凝土试件未记录试验数据,或提前记录试验数据。

第70例:混凝土抗渗试件与实际台账不符。

第71例:电通量检测缺乏可追溯性。

第72例:氯离子检测试剂管理不规范。

第73例:天然砂氯离子含量试验频率过低。

第74例:试验室压力机速率无法调节。

第75例:养护室积水严重等。

第76例:留样室未设置温湿度控制仪,试验环境不规范。

第77例:水泥标准养护箱存在过期的水泥试块。

第78例:标养室温湿度管控不到位。

第 79 例:标养室存在空白试块,同条件试块未留置。
第 80 例:管片成品气孔较多,未进行有效标识,或标识不清晰。
第 81 例:防水材料未提供型式检验报告、产品合格证、质量证明文件。
第 82 例:钢筋复试报告出具前监理已审批并签字同意进场使用。
第 83 例:钢筋锈蚀严重,铭牌缺失,不同厂家不同批次混放。
第 84 例:混凝土标养室试块进出库台账记录与实际不符。
第 85 例:标养室温湿度控制仪失效。
第 86 例:混凝土浇筑方量与质保卡标定、监理旁站记录不符。
第 87 例:施工记录、监理日记、旁站记录、模板检验资料与实际不符。
第 88 例:原材料进场复试滞后,清单缺失。
第 89 例:钢筋机械连接评定报告中缺残余变形值。
第 90 例:缺钢结构现场焊缝评定。
第 91 例:缺钢筋丝头检验及接头连接质量检查记录。
第 92 例:总包单位管理缺位,分包单位管理混乱。
第 93 例:监理人员配备与实际工况不符,总监到岗率不足。
第 94 例:钢筋锈蚀严重。
第 95 例:防水材料堆放时暴晒雨淋。
第 96 例:钢筋接头断面不平整。
第 97 例:钢筋套丝后未采用保护套,套丝外露过长。
第 98 例:箍筋弯钩角度、接头连接与设计不符。
第 99 例:焊接长度不符合规范要求。
第 100 例:现浇砼构件尺寸偏差过大,存在裂缝、露筋现象。
第 101 例:钢筋保护层垫块数量不足。
第 102 例:违规使用黏土实心砖。
第 103 例:盾构管片止水条粘贴不密实,存在空鼓情况。

（杭州市市政行业协会秘书处）

市政设施无障碍环境提升策略的探索

——以杭州市为例

摘　要:为了保障2022年亚(残)运会顺利召开,同时服务好残疾人、老年人以及全社会需要无障碍环境的人士,杭州市于2020年6月启动了无障碍环境建设行动。本文主要围绕城市管理过程中市政设施无障碍环境提升的策略及其取得的初步成果来展开分析与探讨,助力加快完善无障碍环境,构建“平等、参与、共享”的文明、和谐社会。

关键词:城市管理;市政设施;无障碍环境

一、无障碍环境及其建设背景

1. 无障碍环境的内容

无障碍环境是指为有需求的人提供安全、方便地使用各种设施以及确保他们能够自由安全行动的理想环境。“有需求的人”不仅包括残障人士、老年人、孩童、孕妇、病人等弱势群体,还包括由于处于某个生理阶段行动或交流不方便的人群,以及其他特定场景下“有障碍”的人群,例如推婴儿车、携带大件行李、语言不通的旅行者等。无障碍环境建设是贯彻落实习近平新时代中国特色社会主义思想中以人民为中心发展思想的具体体现,是全面建成小康社会的重要内容,也是社会文明进步的重要标志,是落实党中央、国务院应对人口老龄化战略的必然要求,也是保障全体社会成员平等参与融入社会生活的重要举措。

2. 杭州市无障碍环境建设的背景

2022年,杭州市将举办第19届亚洲运动会和第4届亚洲残疾人运动会,届时国内外的运动员、观众、游客都将来到杭州,检阅这座城市的市容市貌与基础设施建设水平。为进一步提高市政设施无障碍环境改造质量,确保2022年亚运会和残运会顺利召开,2020年6月,杭州市委、市政府召开全市无障碍环境建设工作动员部署会议。会后,市委、市政府成立了市无障碍环境建设领导小组,印发了《杭州市

“迎亚(残)运”无障碍环境建设行动计划(2020—2022 年)》(杭政办函〔2020〕19 号)。市人大在《关于我市无障碍环境建设工作情况报告的审议意见》(杭人大常审议〔2020〕7 号)中确定了 130 项问题整改清单，作为 2020 年跟踪监督项目。市、区(县、市)两级政协联动组织开展了“无障碍环境建设暨交通出行安全”专项民主监督行动。市检察院在全市部署开展无障碍环境检查公益诉讼专项监督行动，排查发现违法无障碍环境建设 108 处，发出行政诉讼前检查建议 25 件。

二、城市管理中市政设施无障碍环境提升策略

市政设施包含城市道路、桥梁、隧道和其他配套设施，提升既有市政设施的无障碍环境水平是全市无障碍环境建设工作的重要组成部分。根据市残联前期的调查，全市无障碍环境建设负面清单问题达 5.7 万余个，其中涉及市政设施的问题就有近 2.4 万个。市城管局市政中心闻令即动、加强统筹、强化保障、狠抓整改，在重要举措上谋策略，在关键节点上下功夫，在主要环节上抓督查，全力推进市政设施无障碍环境建设工作，为坚决打赢无障碍环境建设的大会战贡献市政力量。

1. 突出重点抓统筹

确定工作方向。坚持问题导向，迅速甄别、研判市残联普查负面清单 5.7 万余个问题中涉及市政设施无障碍环境问题的分类与覆盖面，多次组织专题研讨，编制了《杭州市市政设施无障碍环境提升行动计划(2020—2022 年)方案》。同时，积极参与《杭州市无障碍环境建设办法》《杭州市无障碍环境建设规划》《杭州市无障碍环境融合设计指南》等法规标准的编制和修订，对全市市政行业无障碍环境建设进行统筹谋划和统一部署。

确定工作目标。积极开展“亚运会”场馆、亚残运会场馆、亚运村、官员驻地(酒店)、景区、商业区、大型居住区等“重要区域、重要道路、重要节点”周边市政设施无障碍问题扩面普查，共普查城市道路 969 条、人行道面积 860 余万 m^2。结合市残联负面清单、扩面普查结果、市人大专项督查审查意见，分门别类地制定了年度“三张无障碍问题清单”，按照每月有计划、每月有进度的目标，统筹抓好各项工作。

2. 加强协调抓保障

落实资金保障。结合“迎亚运”道路修缮、道路有机更新(加固)、道路综合整治(地铁恢复)等设施项目清单，梳理编制第一批市政设施(市属区管城市道路、过街设施等)无障碍环境提升专项计划，涉及市属区管道路 79 条、人行天桥 47 座、地下

通道 30 座，总投资金额达 3790 万元，向市政府请示 2020 年先行组织实施第一批 36 条市属区管道路、投资金额达 945 万元计划的有关事宜。

研究考核保障。研究年度无障碍环境提升考评意见，谋划 2021 年城管目标考核中无障碍环境提升日常考核机制，进一步规范城区实施无障碍环境提升工作的立项、工程管理、竣工验收和成品保护等各环节，作为一项长效工作落实，最大限度保障无障碍环境提升成果品质。

给予技术保障。积极打造拱墅区丰庆路工程样板示范点、江干区天城路与余杭区北大街体验示范点，供各区、县(市)专项整改参考；采取实地考察、互查互评、专家点评的形式，组织开展“比学赶超”现场观摩活动，针对关键节点、难点问题开展专项论证，帮助答疑，提供技术指导；联合市建设工会共同举办无障碍人行道板铺装技能大赛，模拟新建道路无障碍人行道板铺装专项工程，规范城市道路人行道铺装作业，培育选拔人行道铺装“工匠”和专业化队伍。

3. 建立机制抓实施

建立指导机制。通过现场调研、征询意见，结合资金保障、目标任务要求等实际，围绕“改不改”“怎么改”等疑难杂症，邀请上海、深圳等全国权威专家评审指导，整理编制了《杭州市市政设施无障碍环境提升改善指导意见(试行)》，正确处理好“已有”与“规范”、一般与重点、标准与实际、社会效益与经济效益等“四方面”关系。组织“走近我们的市政设施”暨“迎亚(残)运会”市政设施无障碍环境提升活动。邀请残障人士、“公述民评”民情代表、普通市民、无障碍专家针对“公述民评”关注的城市道路无障碍问题，参与武林路和延安路专项整改前“怎么改”、庆春路专项整改后改得“怎么样”现场体验、意见交流、方案讨论。

建立月报机制。结合市政设施无障碍环境提升与城市道路修缮(加固)2 项民生实事重点任务，每月编制一期综合月报，以图表形式生动直观地展示各区完成道路无障碍环境问题整改的比例和速度，形成互学互鉴、比学赶超的氛围，使全市市政领域无障碍整改工作高效、规范。

建立督查机制。结合“美丽杭州”创建暨“‘迎亚运’城市环境大整治、城市面貌大提升”长效管理契机，做好“三张无障碍问题清单”(市人大督查清单、市残联排查的负面清单、各区市政部门扩面普查清单)的整改督查、核销等工作，积极配合政协、检察机关开展视察督查，形成“排摸—发现—整改—销号”的闭环处置机制，抓实市政设施无障碍环境提升工作。

三、市政设施无障碍环境提升策略取得的成效

1. 无障碍理念与认识深入形成

通过浙江卫视、"杭州发布"、《杭州日报》、"杭州城管"等媒体平台多角度积极宣传市政设施无障碍环境提升工作成果，形成良好的社会氛围。如浙江卫视《新闻深一度》节目报道了国际盲人节活动，邀请视障人士体验改造后的盲道；《杭州日报》专题报道了今年市政行业无障碍环境建设整体情况；各类公众号、"两微一抖"平台报道无障碍环境建设相关内容22篇，点赞、阅读量超过448万次。

2. 年度目标任务超额完成

2020年11月底前，提前完成了市人大专项督查的14条段(项)城市道路无障碍问题整改。2020年度城管目标考核要求全市完成城市道路无障碍环境问题整改8776处(以约2.3万个问题为基数)，各区、县(市)自加压力排摸问题总数24129个，按照40%的考核目标整改数为9652个，截至2020年底，全市共完成城市道路无障碍环境问题整改12467处，无论是以年度城管目标考核还是自加压力扩大整改为基数，整体均超额完成年度目标，完成率分别为142.06%、129.16%。

3. 树立多种类型样板示范标杆

根据各区、县(市)实际情况，打造不同类型的特色亮点示范道路。江干区天城路是今年人大专项督查整改点，重点以闻皇庙公交车站、闸弄口地铁站D出入口为突破点，以点带面做好共性问题整改。在公交站台设置了全宽式单面坡、处理人行道与公交站台坡道、加强盲道与地铁出入口系统衔接，在细节处打造无障碍环境。拱墅区丰庆路在道路加固改造时，为人行道铺上了新的盲道砖，成为专项工程结合改造的示范点。视障人士孙雯表示"以前的盲道脚感是非常不明显的，现在这个盲道脚感是比较好的，我可以直接往前走而且是很大胆地走"。滨江区飞虹路是重要场馆(奥体)周边改造示范点，盲道与人行横道的衔接更加标准，公交站入口处进行了降坡处理，并更换了容易卡住轮椅车的雨水箅子。余杭区北大街是区域综合体验示范点，周边与公交站台、商业综合体、银行等服务窗口的衔接更加安全、顺畅。如今，已成为市政无障碍环境提升与长效管理的标杆。

4. 整改提升的管理体系更加完善

构建了市政设施无障碍环境提升资金、考核、技术"三方面的保障"，指导、通报、督查"三方面的机制"，以及天城路人大专项督查整改、丰庆路道路有机更新工

程样板、飞虹路重要场馆周边改造、北大街区域综合体验“四大示范点”的管理体系，特别是《杭州市无障碍环境建设专家研讨会议纪要》《杭州市市政设施无障碍环境提升改造指导意见（试行）》，对推进存量设施提升有很大的助推作用。同时，坚持“迎亚运”道路修缮、有机更新（道路加固）等专项工程建设与运行管理有机衔接，减少重复建设。

四、结论与展望

无障碍环境建设既是一项关心帮助特殊群体的民生工程，也是与社会大众每个人都息息相关的实事项目。“无障碍环境建设今天是为了爷爷奶奶，明天是为了爸爸妈妈，后天是为了我们自己。”只有将残疾人、老年人出行的“障碍”清除了，让他们能够安全出行、愿意出行，才能够进一步加深沟通交流，帮助他们更好地融入社会。

下一步杭州市将坚持“创新、协调、绿色、开发、共享”发展理念，以“通用化、系统化、人性化”为方向，在城市管理过程中继续推进市政设施无障碍环境提升，并在以下 4 个方面有所创新：在理念方面，借助不同形式、多种渠道媒体宣传，推进市政无障碍意识理念传播常态化，让全社会都参与到无障碍环境建设中来；在审查方面，随着《杭州市无障碍环境融合设计指南（试行）》的出台，市政管理部门将严把无障碍设施规划、设计、建设、验收关，加强建管衔接，推进市政无障碍设施建设审查规范化；在管理方面，研究制定相关管理制度，明确责任分工，推进市政无障碍设施管理长效化；在信息化方面，利用杭州互联网的区位优势和物联网技术，研究应用新技术新设备，推进市政无障碍设施环境提升信息化。杭州在过去的城市基础建设中成绩斐然，如今面临新挑战和高标准，应不断总结经验、勇于创新，打造市政无障碍环境建设的杭州样板，成为浙江标杆、全国示范。

（方　伟　何佳杰）

下篇　专家建言

专家建议书 1

编号:201905001

环城北路—天目山路提升改造工程 2 标段

专家建议:1. 沿环城北路 3#井向西路段地下管线较多,特别是直径 1500 mm 的一段污水干管,建于 20 世纪 80 年代,年份已久,为平接口,受地下水和管内污水的腐蚀,管材强度已大幅降低,且距盾构北线最近距离约 2 m。建议在施工影响范围内,将该污水管整段堵截,并按原水流量设置水泵翻水,保持管道空置状态。至施工结束后,对该管段进行必要的检查、修复,恢复正常运行。

2. 本项目所属路段,某些军用通信管线等不会在图纸上标注,建议沿路段纵向每 10 m 挖一道勘察沟,探明地下管线。同时,联系产权单位,明确保护方案,做好施工过程的监护工作。

3. 上塘高架以西路段,土层中多为杂填土、粉砂土和淤泥土,隧道明挖段降水会对周边构筑物造成较大影响,建议采取如下方法。方法一:降水时,对施工影响范围以外的土层进行补水,尽量保持地下水位不变。方法二:施工影响区域,采取粉喷桩隔水措施,以隔离外围水体。

4. 明挖段穿越地铁 1 号线、3 号线箱体,由于该段靠近运河,地下水位较高,处理不当箱体会上浮,地下水抽取过多,箱体会下沉。建议制订详细的地下水降水方案,应考虑对箱体上方挖土卸载与降水高度进行平衡。

(邢庭荣　顾剑胜)

专家建议书 2

编号:201905002

艮山路提升改造暨地下综合管廊改造工程

专家建议:1.由于目前石矿基本不生产级配塘渣,所以运到现场的塘渣,空隙较大,若用来填筑路基石,道路建成通车后,容易造成路面平整度下降,建议将塘渣运至现场后,大于填筑厚度三分之二的应打碎,并适当掺入粉砂土,保证塘渣空隙填满。

2.埋在透水沥青层下的收水管太细,建议加粗、埋深。

3.桥台背及管廊出口等道路接坡处,道路部分均为高填土,工程建成后,容易产生沉降,形成跳车带。建议在道路接坡处采用黄沙掺砾石进行填筑(长度 5~10 m),用水密法进行施工,确保压实度,可减少路面沉降量。

4.砼老桥拼宽钢结构,存在的问题就是 2 种不同性质材料的热膨胀系数不同,即钢结构的热膨胀系数大得多,由于部分钢结构桥处在曲线段,热膨胀时存在内外曲线长度差,会造成上下旋翘,使新老桥拼缝形成高差。建议:①在施工钢结构安装后,在钢箱内部填入砼,进行压制,减小钢结构在热膨胀时上下旋翘,填入的砼要经过设计计算,既能保证桥建成后使用安全,也能满足桥的荷载要求;②建议将钢结构桥改为砼拼宽桥。

5.回收沥青混合料使用请参照《杭州市市政行业沥青混合料生产质量守则(试行)》的规定,不建议用于沥青路面上面层。

6.结合“四新”技术,积极开展 QC 小组活动,提升道路工程施工质量。

(余建民　顾剑胜)

专家建议书 3

编号:201906003

文一路(紫金港立交—荆长大道)提升改造工程

专家建议:1. 文一路西段交改便道除保留原有公交车辆、社会车辆通行外,还承担着施工车辆通行的重任;同时,车行道由原来双向六车道改为双向四车道,部分路面保留埋深较浅的 220 kV 电力沟。便道结构设计为 30 cm 塘渣、10 cm 碎石、25 cmC25 混凝土和 11 cm 沥青面层,土路基为流塑性淤泥质土,承载能力较弱。因此,宜将交改便道的性质改为临时城市主干道,并按相应标准设计建造;将 220 kV 电力沟顶部的砼保护层加厚至道路水泥混凝土基层顶面,以防止施工机械反复碾压,损坏电力沟。

2. 长 200 m、直径 500 mm、壁厚 1.6 cm 的过河钢管,因刚性大,采用拖拉管施工困难。建议先在过河管位置采用拖拉管施工法,预做一条直径 600 mm 的 U-PVC管,并加大倒虹井尺寸,作为钢管施工工作井,按工作井长度制作钢管,将钢管逐节拖入 U-PVC 管,并注意钢管焊接及防腐的质量。

3. 盾构 2 号工作井位于道路中间,两侧车辆交通繁忙。基坑开挖施工期间,应加强监测及巡查,如有异常状况,及时启动应急预案。

(邢庭荣 余建民 颜 兵)

专家建议书 4

编号:201906004

江东大道(河庄大道—青六路)、河景路提升改造工程

专家建议:1. 江东大道隧道工程与已建管廊合建段存在“先浅后深”邻近施工风险,请科学制订隧道基坑支护方案,加强降水及基坑监测,重点加强雨后基坑变形、地面沉降监测,若遇非正常情况应及时采取应急措施,保证管廊与基坑支护安全。另外,规范地下连续墙及防水措施施工作业,预防渗漏水。

2. 结合河景路工程“海绵城市”施工,请组织科研团队,总结建造经验,优化设计,编制本工程“海绵城市”标准化图集,并经专家论证,形成我市市政行业可推广、可复制的最新成果。同时,发掘施工作业创新亮点,为提升施工质量管理水平,提高施工质量和企业效益,积极开展全员质量管理小组活动,争创优质工程。

3. 对照我市“双标化”工地评选办法的规定,进一步规范现场“双标化”管理工作,落实现场安全文明施工的责任,抓紧与新区建设主管部门、质安监站的衔接,完善申报推荐程序。

(熊传美　颜　兵)

专家建议书 5

编号:201907005

杭州市第二水源输水通道(江南线)山岭段

项目概况:杭州市第二水源输水通道(江南线)山岭段项目隧洞全长 13.027 km,采用双护盾 TBM 法+钻爆法组合方案施工。TBM 法施工段长 8.075 km,开挖直径为 6.0 m。管片衬砌段长 7.063 km,管片内衬钢管段长 1.011 km,钻爆法施工段长 4.952 km,砼衬砌段长 0.462 km,钢衬段长 4.499 km。

专家建议:专家认为本标段创优创杯目标明确,策划有序,质量安全措施考虑较周全,给予肯定,并提出如下建议。

1. TBM 法施工方案中,围岩划分种类(Ⅲ～Ⅴ级)分别对应三类管片,因掘进、围岩种类判定和管片运输、安装工序间难以高效衔接操作,故建议:①考虑工序衔接顺畅,宜采用单一种类的管片;②采用超前探测预报方式,确定前方一定范围内(例如 100 m)围岩、地下水的状况,提前安装适用的管片,并预先采取必要的排水、防水措施。

2. 拼装管片及防水工序质量控制(内、外处理等)须进一步细化,减少源水渗漏以及地下水(岩石裂隙水)进入管道污染源水。对于管片外豆砾石吹填灌浆形成的混合体,建议对其质量性能进行水压试验,钻孔取芯以确定其强度。

3. TBM 工艺的成功实施,取决于对施工段工程地质、水文地质条件(地下水分布、破碎带岩土体性质、软硬岩段分布等)的准确判断。建议对照勘察设计资料和对岩体、断层、水文状况的判定进行全面分析,设定 TBM 试验段参数(推力、转速、贯入度等),积累经验,指导后续掘进。

4. TBM 法掘进线路长,采用有轨线路运送材料、人员进出,须考虑设备性能、调度安全及粉尘危害,加强技防与人防措施。

5. 建议以项目(钻爆法施工、盾构法施工)为载体,研究制定《市政隧道工程质量验收标准》。

(顾剑胜　余建民　童朝宝)

专家建议书 6

编号:201907006

环城北路—天目山路提升改造工程 1 标段

项目概况:环城北路—天目山路提升改造工程(中河立交桥—天目山路)1 标段位于杭州市西湖区天目山路,古翠路至保俶路之间。

该标段全长 2.328 km,明挖区间长 545.201 m;盾构区间隧道长 1757.551 m(北侧)、1760.169 m(南侧);2 号工作井长 27.4 m;标段内还包含 1 个过街通道、1 个人行天桥、2 个匝道。总建筑面积 70000 m^2。工程开工时间为 2018 年 10 月 15 日,竣工时间为 2021 年 4 月 16 日,总工期为 915 日历天。

专家建议:1. 为确保超大构件运输安全(宽度、高度、荷载等),须研究策划盾构机等超大构件进出场的最佳运输路线,并事先做好沿线踏勘及有关审批工作。

2. 基坑开挖应制订各项涉水工程措施,如降水位、排水(雨水、地下水)、防水(地下水)等,避免渗水、透水事件发生。

3. 根据市勘察院出具的管线探测技术报告书和省交通规划设计院的管线分析,项目地下管线较为复杂,2016 年出具的探测成果存在遗漏与错误的可能,望在明挖区间周围进一步探挖,查明施工区域再无地下管线,包括探测成果以外的管线,确保施工安全。

4. 盾构沿线污水干管建于 50 多年前,最大管径为 1.8 m。施工前,应实地查明该管管位、埋设深度,探明运行现状,与水务公司共同制订保护方案。盾构施工时应控制注浆压力和监测预警,防止土体上拱和下沉。若发现问题,须快速处置,并制订应急预案。

(刘　强　相玉成　王伟业)

专家建议书 7

编号:201908007

大毛坞—仁和大道供水工程 4 标段

项目概况:杭州市千岛湖供水工程城北线项目(大毛坞—仁和大道)为千岛湖引水配套工程,上接杭州市第二水源输水通道工程九溪线、城北线共用段输水隧洞,下接嘉兴域外配水工程(杭州方向)。起点为闲林里项大毛坞支洞,终点为绕城高速与仁和大道交界处的仁和节点(G8 盾构井)。工程全线长 28.6 km,采用隧洞和管道组合方式,分为钻爆段、明挖段、盾构段,设计输水规模为 165 万 t/d。其中,山体钻爆施工 8 km,管径为 3.4 m;明挖埋管 0.4 km;盾构施工 20.2 km。工程分为 5 个施工标段,本项目为 4 标段。

专家建议:1. 本工程盾构隧道内,管径为 3.4 m 的输水钢管接口宜采用全自动焊接。焊接作业时,应采取通风净化措施,防止职业病危害。

2. 请设计复核:输水温差产生的钢管伸缩量及补偿措施;钢管下部混凝土浇筑期间的“浮力”值及临时支座的牢固度,防止焊缝因不均匀受力受损;验证长距离输水管道运行工况时的水锤防护设计,确保运行安全。

3. 本项目是在盾构隧道内实施钢管吊装、接口焊接、内外衬防腐、大体积管座混凝土浇筑、质量检验等关键环节作业,目前在杭州地区尚属首例,建议编制盾构输水钢管施工及质量验收标准。

4. 制订水泥砂浆内衬防腐作业专项方案,确定所用材料、添加剂、配合比及作业方法,水泥砂浆内衬质量控制应符合生活饮用水输配水设备及防腐材料安全性评价标准的规定。建议组织专家对该专项方案进行评审。

(颜　兵　王伟业　熊传美)

专家建议书 8

编号:201908008

文一路提升改造工程二期工程(五常港河—荆长大道)

项目概况:该工程西起荆长大道,东至五常港河,全长约 1.71 km,为城市快速路。其中北线盾构隧道长度为 2220 m,南线为 2209.24 m,隧道覆土厚度约 8.5 ~28.1 m,隧道内衬砌环外直径为 13.7 m,主要穿越地层为粉质黏土层和粉砂层,小部分穿越全风化、强风化、中风化砾砂岩。

本工程北线及南线各设置一个区间风井,区间风井间设置联络通道,长度为 65.9 m,内净空为 6.3 m(宽)×11.4 m(高)。隧道建成后上层为行车道,下层为管廊和疏散通道,以及该范围内的道路、排水、绿化及相关配套设施等。

专家建议:1. 本工程施工难度较大,风险点较多,希望制订相关技术措施,并进行必要的专家评审,在专家的指导下实施。

2. 针对上软下硬不均匀地层,在大直径盾构机穿越高速公路、高压煤气管和桥梁桩基等重要设施所在区域前,须复核沉降值,须满足上述各类设施运行的要求。南、北盾构机分阶段穿越时,严格控制地层损失率,并根据纵坡、曲线半径和沉降量控制盾构进尺,防止内衬被压损。

3. 在对联络通道土体进行预加固时,须按土体特点,调试水平高压旋喷的压力与注浆量,确保小导管提前支护和土体预加固的质量。暗挖时,应分块、分台阶、按序顺次开挖,并保持通风。

4. 施工和第三方监测应按标准设置监测频率、预警值,严格预警规定。联络通道宜边施工边量测,保证施工安全;风井基坑土层含淤泥质土,开挖宜增加监测频率,监控基坑变形和渗水情况,防止水土流失。迁改后的管线,监测点可设在管道抱箍上,直接监测管线的沉降。

5. 根据评优评奖和防治质量通病发生等要求,制订相关科技创新、工法、QC 等计划,并与工程同步实施。

(汪　强　顾剑胜　薛　飞)

专家建议书 9

编号:201908009

杭州市第二水源输水通道工程江南线平原段

项目概况:杭州市第二水源输水通道工程江南线属于杭州市第二水源千岛湖配水工程的一部分。江南线起端为闲林配水井,分为山岭段、平原段与过江段。平原段起点位于山岭段花山隧洞出口,以管道形式往南敷设穿越规划中的铜鉴湖区域至袁富路南侧绿化带内,再沿袁富路绿化带向东敷设管道,终于富春江边北岸龙油村过江点。本标段沿线设置顶管井,共计 10 座,其中,工作井 6 座,直径为 12 m;接收井 4 座,直径为 8 m。井壁厚 0.6～1.2 m,井壁长 18.55～29.96 m。输水管道采用单管顶管布置,顶管长 6.42 km,其中 DG04～DG05 段下穿地铁 6 号线盾构、DG08～DG09 段下穿杭新景高速公路,采用 F 型 DN4000 钢新砼套管保护;其余段采用 Q235B DN3600 钢管,壁厚 36 mm,DG07～DG08 段为强线段顶管,弧线段总长 633.6 m,其余为直线顶管。

专家建议:1. 建议设计单位计算重核长距离输水管道运行工况下的水锤防护设计(本项目起点接配水井,运行过程中阀门关闭、流量调节等均会发生水锤现象,须确保最大水锤压力不会破坏管路系统),以及输水温差产生的钢管伸缩量和相关补偿措施。

2. 编制下穿地铁 6 号线、高速公路和绕开高压铁塔专项方案,组织专题论证,做好相关单位之间监测数据交接确认工作。如下穿地铁 6 号线,最近距离为 9 m,属地铁保护区控制范围,制订城市轨道交通保护专项方案时,其内容应包括施工监测及轨道交通保护动态监测、应急预案等。

3. 现场焊缝质量检验方法应符合国家现行标准的要求,抽检比例宜大于工厂焊缝的抽检比例。同时,通过拉伸、冷弯等焊接力学试验,满足管端热影响区的性能要求。局部自动焊焊缝高度存在差异,希望控制坡口加工的质量。

4. 基于本工程的重要性,以及钢管材质质量等级较低,顶管施工对管道外防腐涂层的耐磨性、黏结力等要求高,建议在加工、运输、吊装、顶进等过程中采取质量控制措施，确保管道外防腐层不被破坏。其中，下井管段两端在井下焊缝检查合格后，应涂快干型涂料防腐，内防腐涂料应具有卫生检验合格证，见证送样质量检测合格。

5. DG07～DG08 段为弧线段，总长为 633.6 m，建议采用 F 管顶管，钢管用作内衬输水管。

6. 须考虑管道系统端头加固、试压顺序等措施内容，编制管道分段、总段水压试压方案，并组织论证、实施。

（许振中　熊传美　金南国）

专家建议书 10

编号:201909010

大江东产业集聚区江东大道提升改造及地下综合管廊工程

项目概况:大江东产业集聚区江东大道提升改造及地下综合管廊工程西起河庄大道以西,东至青六路以东,位于大江东最核心的区域,全长约 4.58 km。项目建设内容包括:道路工程、综合管廊工程、桥涵工程、隧道工程、管线工程、机电附属工程、景观绿化工程等。全线结构物主要有:综合管廊 1 条,沿道路北侧辅路下通长布置;隧道 2 条,分别为河庄大道—青西三路长隧道、青六路—青东一路中隧道;桥涵 3 座,分别为城隍庙直湾桥、中央景观湖桥、前民直河箱涵;管理用房 1 座,位于河庄大道和河中路之间。

专家建议:1. 管廊燃气舱调整为高压电力舱,应对已施工主体进行系统研究,包括通风、消防等附属系统,以及舱内外各节点、构筑物(出线预留、支架预埋等),并出具详细的设计处理方案,对该方案建议进行专项评审。

2. 本管廊与江东大道快速路隧道衔接,建议完成相交管廊的预留。

3. 水缆舱防火墙位置施工有误,请核对设计消防分区,并根据施工图调整防火墙位置。

4. 优化整改转角支架的衔接,以及出线展宽段弱电支架预埋件间距、过河倒虹段哈芬槽的预埋位置等,以保证支架的功能。

（刘敬亮　颜　兵　陈立安）

专家建议书 11

编号:201909011

杭州市解放路—佑圣观路人行过街天桥工程(连廊)

项目概况:本天桥工程于 2014 年 10 月 10 日开工建设,2015 年 9 月 29 日竣工投入使用。已建工程包括:路口及连接浙二门诊楼的通道(共 5 条通道)、4 个角点的落地设施(电梯扶手)、配套的交通设施和管线。未实施连接金钱大厦的通道。本次设计在北侧面新建平台五,其柱体与金钱大厦 H4 结构柱对齐,避开了 4 号扶梯(已经落地),方便地面行人通行。同时适当拉长桁梁长度,降低坡度。新建钢桁梁长 23.52 m(不含平台长),宽 4.0 m,坡度为 6.90%,连接平台四(需要局部改造,改造时需封闭平台)与平台五,进而沟通天桥与金钱大厦。

专家建议:1. 完善门式支架施工安全防护方案的内容和措施,对搭设方式进行受力验算,对架体结构进行抗风计算,满足架体及立柱支点基础的荷载、稳定性要求。

2. 为确保支架稳定性,建议钢立柱设置混凝土基础。该基础需破路制作钢筋混凝土承台,埋设钢板与连接钢筋,使承台与立柱预埋件共同受力。承台混凝土标号不低于 C30,掺入早强剂后确保 3 天强度达到 80%以上,并在立柱与预埋件底板连接四周设置加强肋。同时,为不影响交通,承台顶面应与沥青混凝土路面齐平。

3. 在门式架体的合适位置,应设置必要的剪刀撑和拉杆连接件,使其形成整体,提高使用稳定性。

4. 在立柱和车行道上方的横梁等处,应设置交通防撞设施,以及限高等警示标志,避免碰撞事故发生,确保安全。

(周松国　王伟业　余建民)

专家建议书 12

编号:201909012

良睦路 EPC 项目(文二西路—绿汀路)

项目概况:良睦路(文二西路至绿汀路以南)工程南起绿汀路以南,北至文二西路,总长约 1.93 km。建设内容包括隧道、管廊、道路、桥涵以及相关配套工程等,道路采用主干路标准设计,设计时速为 60 km/h。

地面道路共分 3 部分:常规地面道路、隧道接线道路及慢行道。常规地面道路南起绿汀路以南,北至创远路,全长约 702 m,双向四车道规模。隧道接线道路南起隧道 U 型槽接地点,北至文二西路,全长约 190 m。慢行道贯穿未来湖,总长约 1.2 km。

专家建议:1. 本项目需制订评优创杯的方案,评优创杯主要包括结构评优、省市双标化、西湖杯和钱江杯。根据工程进展和评优创杯方案要求,须尽快提交申报计划,并在相关协会及部门完成入库登记。同时,在不同施工阶段(基础、主体、完工阶段),须制作留存施工标准化和实体优质标准的照片影像等资料,作为评选依据。

2. 本工程综合管廊全长约 1800 m,分 12 段,同步开挖,目前,应统筹考虑在土方运输、基坑支撑架设的及时性和控制软土变形等方面,进一步细化安全施工方案,重点突出主要节点、部位的质量安全控制。例如,针对不同围护结构(如地连墙、钻孔桩、SMW 工法桩等)转换及转角部位桩间易渗水问题,建议增设止水围护桩。

3. 本项目涉及道路、管道、桥梁、隧道、管廊、地铁交叉作业,现可根据总包单位技术优势,进一步研究运用 BIM 模型技术,优化施工方案,提升标准化管理水平,也为后期科学运维管理工作打好基础。

4. 因施工便道距基坑较近,基坑内土层属淤泥质土,此类土含水量较高,为防止载重车通过土层遇拨动液化对基坑产生影响,现场应加强基坑开挖监测及报警的管理,需对基坑支护结构、周围施工便道、地下水位等项目的监测数据进行分析,及时掌握施工环境变化。施工方和第三方监测机构须严格按照监测规范及监测方案进行监测，监测过程、结果出现异常情况或者监测结果超出预警值、报警值和控制值的，监测预警系统应实时发送通知。

5. 管廊、隧道主体结构防裂抗渗等级要求高，防水混凝土配合比须经有资质的检测单位试配确定，对混凝土的原材料必须进行严格检查。混凝土施工应采用机械振捣密实，避免漏振、欠振和超振。为防止渗漏水，建议施工缝表面采取凿毛、清除浮粒、铺设水泥砂浆层、止水带设专人安装到位等预防措施。

（向　俊　顾剑胜　童朝宝）

专家建议书 13

编号:201910013

庆春路—大学路人行过街设施工程

项目概况:该项目位于庆春路与大学路交叉路口,为人行过街通道,东北侧为三瑞大厦,东南侧为远洋大厦,西南侧为青春外贸大厦,西北侧为银座大厦。主通道南北向横穿庆春路,呈一字形布置,采用顶管法施工。北侧出入口设置顶管始发井,南侧出入口设置顶管接收井。顶管主通道南北向横穿庆春路,总长度32.74 m,顶部埋深 4.85 m,主通道横断面为矩形,结构外径宽 7.1 m,高 4.7m,结构内净宽6.2 m,净高 3.0m。

专家建议:1.关于北侧基坑东北角桩间漏水问题的建议。

据介绍,今年(2019)8 月 23 日中午,该基坑开挖至深度约 7.5 m 时,基坑东北角桩间发生涌水,涌水量较大,并伴有白色泡沫块和玻璃瓶等杂物,所幸未对周边产生大的影响。此前,涌水处的三轴搅拌桩在施工钻孔灌注桩时,被切除 400 mm,又由于桩间衔接或桩体局部夹泥,形成较大空洞,导致坑外潜水涌入坑内。

施工方于 8 月 28 日、9 月 8 日分别采取水平和垂直注浆封堵措施,经二次探挖均未奏效。现经重新论证,拟采取 MJS 止水围幕桩封堵,为此,建议补充以下措施,一并采用。

①采用 MJS 桩封堵,经检测达到桩身强度后,在漏点开挖前,利用坑外深井进行降水,适当降低坑外水位,减少坑内外水位差。

②用人工分层搬除目前堵漏的沙袋,每层高度不大于 30 cm。并注意观察。

③在搬除沙袋的同时确定漏点位置,此时,可采用水平注浆有效封堵该漏点,并在漏点影响范围内的墙面植入钢筋网片实施加固处理。

2.本工程为过街设施,地处庆春路,交通流量大,路基下埋设有天然气、自来水等多种管线,危险性大。当基坑开挖和主通道顶管时,应加强基坑围护桩位移、路面沉降监测,设计好报警值,发现问题,及时报警处理。

3.过街设施地处粉砂土区域,粉砂土渗水性好,水土流失快。在该地区进行地下顶管施工，建议重视顶管过程的渗漏水问题，特别是顶管的进洞和出洞过程，容易出现漏水。为此，现场应做好应急预案，备好应急材料，出现渗漏情况，及时处理解决。

（王伟业　顾剑胜　余建民）

专家建议书 14

编号:201910014

城区河道一期综合整治工程设计采购施工(EPC)总承包项目

项目概况:本项目工程位于杭州市富阳区皇天畈,属于河道整治工程。其整治范围包括三号渠、四号渠、五号渠(含南渠)3 条渠道,累计整治长度为 10.7 km。其中,三号渠范围为西环北路至新桥江,长约 2.7 km;四号渠范围为金秋大道至大闸浦北,长约 3.6 km;五号渠(含南渠)范围为三号渠—鹿山引水泵站,长约4.4 km。施工内容主要为绿化种植、园路铺装、广场、栈桥、小品、景观照明、景观给排水。

专家建议:本工程生态景观、文化内涵、自然绿化、水域、休闲等综合设计的效果明显,城市环境和谐、美观,品位大大提升,自然与人性化获得充分展现。部分建设内容如下:

1. 在三号渠与五号渠交汇处,附属 3 座桥两侧的电缆线、照明线、过桥管线等显得较为凌乱,影响市容,应重新整理上述过桥穿越的管线,要求外包排列整齐,分色标注。

2. 自然驳坎沿岸每隔一定距离设置了排水口,从自然景观效果考虑,排水口显得不够规整,易松动,在雨季洪水期容易受损,建议对排水口进行加固处理。

3. 河岸段主要节点处的植物须统一配置设计,并考虑植物多样性和四季观赏性。本工程花卉植物搭配占比明显偏少,主要植物未挂铭牌。另外,可从园路、栏杆、休憩设施、公厕等角度继续完善个别景观细节。

4. 尽快增设监控。绿地内个别污水检查井砌筑不规范,侧平石缺角,拼接缝隙偏大,建议整改。

(钟江波　熊传美　徐　南)

专家建议书 15

编号:201910015

闲林水厂一期工程

项目概况:闲林水厂是由杭州市人民政府立项审批的浙江省重点建设项目,定位为第一给水系统水厂,也是杭州市第一座山体水厂。该水厂利用地势落差,借助重力输送清水,是节能、高效、环保的现代化制水厂。水厂水源为千岛湖配水工程引来的千岛湖水,应急备用水源为闲林水库。水厂选址于闲林街道里项村闲富公路与留和路交叉口东北角山地上,占地 382.506 亩。作为杭州市千岛湖供水"两场四线"工程中的重要组成部分和其中"一厂",闲林水厂规划总规模为 60 万 t/d,计划于 2020 年通水。

专家建议:1. 水工构筑物施工应采取下列防渗漏措施。

①确保构筑物底板变形缝内的中埋式橡胶止水带下部的混凝土振捣密实,橡胶止水带设置宜采用 V 字形。

②池壁应采用两端能拆卸的穿墙螺杆,中部设有的止水片不宜采用圆形,其两侧均应电焊,螺栓拆卸后应封堵混凝土壁面形成的锥形槽,并确保封堵质量。

③施工缝处浇筑混凝土,并将已硬化的混凝土表面凿毛,冲洗干净,再加铺一层厚度为 2 cm 的水泥防水砂浆。必要时,可在特殊部位设置注浆导管。

2. 为防止暴雨时山体水流入基坑,应制订排水和对构筑物采取抗浮的应急措施。同时,应安排及时回填基坑,回填前可在池壁防水涂层外设置泡沫板,防止涂层受到损坏。

3. 设备和工艺管道安装工程宜提前介入,帮助和指导土建工程预留孔洞,设置预埋件,并对设备基础、预留孔洞、预埋件的位置、高程、尺寸等进行复核。

4. 考虑到叠盒式水工构筑物不同池子进行满水试验时,可能发生不均匀沉降,应预先做好编排试验顺序等方案措施。

5. 争创行业施工质量标准化样板工程。

(姚元重　周青松)

专家建议书 16

编号:201911016

丽水路(石祥路—金昌路)

项目概况:丽水路(石祥路—金昌路)位于拱墅区运河新城,为城市次干路。本工程南起石祥路,北至金昌路,沿线与石祥路、祥园路、管家漾、上塘高架、谢村路、金昌路相交。工程全长 1.76 km,双向四车道。地下一层为周边地块预留通道,双向两车道。地下隧道段约 1085 m,地面路基长约 645 m,标准段宽 25～36 m,双向六车道,为城市次干路。整个工程包含临时河道改迁工程、明挖隧道工程、装修工程、机电通风工程、道路工程、给排水工程及管理用房工程。

专家建议:1. 该工程中段基坑开挖距上塘高架桥桥墩水平距离仅 2 m,深度为 17 m,建议增补对高架桥结构、桥墩周边土体或临时隔离桩的变形监测,以及监测报警后的应急预案等内容。

2. 邻近高架桥施工,应加强大型机械设备的管理,特别是高于高架桥的机械设备须采取防倾覆措施,杜绝机械设备事故对高架桥的影响。

3. 框架结构和 U 型槽混凝土施工宜采取以下措施:

①分层浇筑混凝土墙身时,在下一层混凝土初凝前应及时浇筑上一层混凝土;初凝后浇筑须采取加铺一层砂浆等措施,使上下层混凝土形成一体,避免墙身出现分层浇筑缝。

②因橡胶止水带底部混凝土不易振捣密实,个别 U 型槽节段底板变形缝处出现渗漏现象,宜在设置橡胶止水带时采用 V 字形结构。

③因 U 型槽坡度较大,为避免路面结构层产生滑动和推移,建议增强主体结构与路面结构之间的黏结性。

4. 现场进行 H 型钢加工时连续施焊和角缝高度须符合设计要求。

(余小勇　吴小英)

专家建议书 17

编号:201911017

江东大道、河景路提升改造工程

项目概况:大江东产业集聚区江东大道提升改造及地下综合管廊工程项目,西起河庄大道以西,东至青六路以东,位于大江东最核心的区域,全长约 4.58 km。项目建设内容包括:道路工程、综合管廊工程、桥涵工程、隧道工程、管线工程、机电附属工程、景观绿化工程等。全线结构物主要有:综合管廊 1 条,沿道路北侧辅路下通长布置;隧道 2 条,分别为河庄大道—青西三路长隧道、青六路—青东一路中隧道;桥涵 3 座,分别为城隍庙直湾桥、中央景观湖桥、前民直河箱涵;管理用房 1 座,位于河庄大道和河中路之间。

专家建议:1. 项目应尽快办理工程质量安全监督手续,现根据现场实际,须与新区建设主管部门、质安监站再次衔接,提交先前施工的质量检测方案,取得认同,落实现场检测,并提交合格工程的检测报告;另外,请质安监站启动程序,指派监督小组进场进行监督交底,发放监督计划书。

2. 本项目需制订评优创杯的方案,评优创杯内容主要包括结构评优、双标化、西湖杯。另外,根据工程进展和评优创杯方案的要求,开工后须到相关协会及部门完成入库登记。(协商补办)

3. 针对透水人行道和路侧收水过程可能存在的问题,提出以下 3 点建议:

①目测透水人行道板找平层透水性较弱,须调整配比,对已完成路面进行透水性试验,确保设计的透水要求。

②人行道板拼接缝隙应采用水泥细砂灌缝,一次灌缝后浇水沉实;二次灌扫墁,墁平后适当洒水直至缝隙饱满。局部侧石接缝嵌缝不规范,影响美观。

③路侧收水过程因采用混合级配反滤层,容易堵塞、积水,可调整为在收水井前端设置收水通道或在集水管外采用大、中、小三档单级配砾石进行分层包方。

4. 深基坑钢管支撑使用前应进行焊缝检测,焊缝须满足设计要求。现场钢管支撑的围檩接头处需补强,两端端头下方须补设钢垫箱等防脱落装置。

5.深基坑东端已剩最后一道支撑，须加强对坑外降水井的控制，统一抽降。每天测量坑外降水井静水位，挖至基底时控制水位，并加强对出水水质的巡查，出现浑浊水，及时处理。挖土至设计基底前不得超挖，须采用人工清底作业，验槽后，及时封闭基坑。

6.保持监测点的完整性，做好监测点的标识牌。做好深基坑应急方案，现场储备物资，遇透漏水采取多种措施实施堵漏，确保基坑安全。

（杨　超　陈涌彪　顾剑胜）

专家建议书 18

编号:201911018

大毛坞—仁和大道供水管道工程Ⅱ标段

项目概况:大毛坞—仁和大道供水管道工程输水线路起点为共用段隧洞末端大毛坞节点,终点为绕城高速与仁和大道交界处的仁和节点,下接千岛湖配水工程绕城高速—仁和水厂原水输水管道,途中需在绕城高速与西塘河交界处分水至祥符水厂。本工程主要功能是供水。通过建设大毛坞—仁和大道供水管道工程,为城乡生活和部分工业企业提供优质原水,以改善饮用水品质、提高城市供水保障能力。本工程引水规模为 182 万 m^3/d,输水线路结构尺寸设计预留 12.7 m^3/s 引水规模,因此本工程设计流量为 21 m^3/s。

专家建议:1. 下凉坞支洞衬砌施工主要存在以下问题,建议整改。

①初期支护喷射混凝土表面凹凸量偏大,个别凹陷大于 100 mm,对大于设计要求的部位需用砂浆抹平,确保基面无空鼓、裂缝、松酥,表面平顺。

②二衬钢筋安装存在绑扎搭接长度不足、缺少保护层垫块等问题;半成品钢筋随意搁置在路面上,受混凝土车辆碾压,影响场地进出。局部模板接缝不够严密,存在漏浆现象。

③支洞底面未硬化找平,岩面高低起伏,台车导轨轴线不够顺直,造成相邻衬砌施工段接缝错台。

④局部便道积泥浆,厚度较厚;排水沟仅设单侧,不利于排水和清理。洞内汽车尾气浓度偏高,应确保通风,并采取必要的劳动保护措施。

2. 为保证隧洞主洞初期支护和二次衬砌施工质量,消除质量缺陷,确保千岛湖优质原水的正常输送,满足竣工验收要求,根据隧洞主洞完成情况,编制隧洞衬砌质量检测方案,进行施工质量验收。衬砌质量检测应探测衬砌厚度、混凝土密实和脱空情况,以及对衬砌结构实体进行自检和监督检测,内容包括混凝土强度、钢筋保护层厚度等,考虑到隧洞较长,检测频率须合理布置。

3. 钢管安装完毕后,输水前应进行清管及强度和严密性试验。试验须符合现行国标《给排水管道工程施工及验收规范》中有关管道功能性试验的要求。本项目可根据实际，分段进行试压。

4.完善施工技术方案及有关资料的内容，及时收集整理工程施工亮点的影像资料，规范现场质量管理工作。

（王　雷　童朝宝　王伟业）

专家建议书 19

编号:201912019

良睦路(文二西路至绿汀路以南)工程

项目概况:良睦路(文二西路至绿汀路以南)工程南起绿汀路以南,北至文二西路,总长约 1.93 km。建设内容包括隧道、管廊、道路、桥涵以及相关配套工程等,道路采用主干路标准设计,设计时速为 60 km/h。

地面道路共分 3 部分:常规地面道路、隧道接线道路及慢行道。常规地面道路南起绿汀路以南,北至创远路,全长约 702 m,双向四车道规模。隧道接线道路南起隧道 U 型槽接地点,北至文二西路,全长约 190 m。慢行道贯穿未来湖,总长约 1.2 km。

专家建议:1. 本工程隧道设计年限为 100 年,设计砼标号 C35。根据《混凝土结构耐久性设计标准》,当混凝土结构构件同时承受其他环境作用时,应按环境作用等级较高的有关要求进行耐久性设计。另外,配筋混凝土墙、板构件的一侧表面接触干燥空气而另一侧表面接触水或湿润土体时,接触空气一侧的环境作用等级宜按干湿交替环境确定,专家建议,本工程隧道环境作用等级应选择Ⅰ～C 级,满足耐久性要求的砼最低强度等级为 C40。

2. 根据地下结构耐久性和砼自防水的要求,应采取以下措施:

①现场抽测商砼坍落度,控制振捣密实度。

②U 型槽侧壁与底板转角、箱涵侧壁与顶底板转角等高密度钢筋区域的砼浇筑,可采用高一强度等级的细石混凝土,分层捣固或配以人工插捣。

③箱涵外侧防水薄膜与钢筋保护层垫块直接相碰,在砼振捣时,钢筋振动会造成防水薄膜破损,建议在垫块与薄膜相碰处粘贴软性材料,以防防水薄膜破损。箱涵底板与砼身的防水材料的粘接要确保平顺。另外,尽量不要触碰钢筋预埋件、预埋螺栓、暗管等,如发现变异应及时校正。

④应进行保护层厚度的施工质量验收,对选定的配筋构件,选择有代表性的最外侧钢筋进行混凝土保护层厚度的无破损检测。

⑤建议做好砼的拌和和运输跟踪，确保在砼初凝前完成浇捣。

3. 地下工程结构除控制好防水材料质量，施工时，还应保持防水层基层坚固、平整、干净，保证防水材料搭接满足要求等。建议在施工缝处的止水钢板上部粘贴软性橡胶条，高度在 5 cm 左右，以提高止水效果。

4. 组织土建工程与安装工程进行衔接，做好预埋预留工作。

（陈立安　顾剑胜　余建民）

专家建议书 20

编号:201912020

环城北路—天目山路提升改造工程

项目概况:环城北路—天目山路提升改造工程(中河立交桥—天目山路)1 标段位于杭州市西湖区天目山路,在古翠路与保俶路之间。

该标段全长 2.328 km,明挖区间长 545.201 m;盾构区间隧道长 1757.551 m(北侧)、1760.169 m(南侧);2 号工作井长 27.4 m;标段内还包含 1 个过街通道、1 座人行天桥、2 个匝道。总建筑面积 70000 m^2。工程开工时间为 2018 年 10 月 15 日,竣工时间为 2021 年 4 月 16 日,总工期为 915 日历天。

专家建议:1.本项目涉及改迁和需要保护的管线比较多,为确保施工工期和管线安全运营,项目部应积极配合管线协调处置工作。

①勘探查明基坑开挖及影响范围内地下管道的种类、位置、数量,逐一明确需要改迁和保护的管线,并制订改迁和保护管线的实施方案。

②大口径 D1800 污干管纵向位置正好落在深基坑中,建议对该干管在基坑外两端进行封堵,并另设管路按原水流量进行翻水。同时联系水务集团,尽量在施工期间减少排水量。

③由专人负责地下管线的改迁和保护工作,落实保护地下管线技术措施。煤气管线迁移须提出监护的书面申请,办理"地下管线监护交底卡"手续。

④观测管线的沉降、偏移量等,及时提供监测资料。同时,监护人员进行 24 小时监护。

2.基坑与地铁 1#、3#线交叉区域施工,主要分为对盾构的门式加固和盾构上方的分块开挖作业,目的是在土体开挖卸载时,有效控制盾构上浮,建议如下:

①根据加固和分块开挖的设计要求,制订专项安全施工方案。

②控制门式加固体的质量,经测试验证,符合设计并达到加固体的强度要求后,方能开挖。

③设置降水井,宜将地下水降至盾构底部以上合适位置,并稳定水位。

④基坑至加固土体纵向分为 1 号块(1 块)、2 号块(2 块)、3 号块(2 块),并实施按序分块开挖。第一步,将 1 号块挖除的土分两侧均匀堆放,并及时浇筑 0.6 m 厚的钢筋混凝土垫层(之后垫层以相同方法浇筑);第二步,将 2 号块连同已堆放的土同时开挖,其中一部分土可运走,另一部分分两侧均匀堆放在 3 号块上方;第三步,挖除 3 号块所有土方。上述临时堆的土可作为配重,也可加快挖土进度,控制盾构上浮变形,使其比原来更安全。

3.盾构路线处在混堂桥下方,碰到桥桩位置,通常采取盾构机更换高强力刀片方法,磨除桥桩,或拔除桥桩。拔除桥桩做法:

方法一:靠近河岸两侧做围堰,采取吹填法或草包掼土作填,双排草包中间填黄泥夯实,当围堰内开始降水时,即可拔桩施工。

方法二:靠近桥梁两端做围堰,围堰方法同上。同时,根据河道水流量埋设导流管,管道直径满足水流量要求,位置可设在河道中心线上,当围堰内开始降水时,即可拔桩施工。

(肖　鸣　薛　飞　顾剑胜)

专家建议书 21

编号:202005021

之江路输水管廊及道路提升工程(之浦路—复兴路)

项目概况:之江路输水管廊及道路提升工程(之浦路—复兴路)西起之浦路以西,东至复兴路,线路总长约 6.3 km,共设 2 对匝道。主线隧道总长约 5.6 km,含 2 段明挖隧道和 1 段盾构隧道,盾构隧道外径为 14.5 m,内径为 13.3 m,与 DN2200 原水管、DN2000 清水管合建。

该提升工程中隧道为城市主干路,地面道路为城市次干路兼具景区道路功能;设计车速主线隧道为 60 km/h,地面道路为 40 km/h,匝道为 40 km/h;主线车道及地面道路均为双向四车道。

采用管线、交通、景观三合一综合设计的建设方案,分两期实施。其中,本次实施的一期工程包含隧道工程、地面道路工程、输水管廊工程及其他附属工程;二期工程包含景观工程。

专家建议:本工程创优创杯目标明确,策划有序,计划周密,特点难点分析到位,质量安全措施考虑较周全。同时,因工程建设规模大,工艺复杂,沿线地铁 4 号线、钱江一桥等重要设施,均处于施工影响范围。另外,施工又采用大直径盾构,深基坑沿江开挖和 10 多条联络通道施工等部位节点,安全质量风险较大。

因此,施工期间应特别关注以下 5 种情形:一是钱塘江涌潮对五浦河上的钢便桥有一定的破坏性,而且较难预测,长期运行影响较大;二是白塔年代久远,档案资料缺失,作为遗产保护任务艰巨;三是沿江防洪大堤、抗咸渠道等建(构)筑物保护要求高,须探明位置,实施监护;四是水源保护区环保要求特殊,须加强排放、渗透等管控;五是由于盾构距离较长,中途换刀时应尽量避开水文地质复杂处、地面建(构)筑物、地下管道和文物等。

专家提出以下预控建议:

1. 为确保地铁盾构的安全,施工前应按照《杭州市城市轨道交通运营管理办法》第二十六条规定款项,会同产权单位对其上跨地铁施工方案进行安全评估,并制订保护措施。

2.加强第三方和自行监测管理工作。监测方案应按要求进行论证，并严格按照有关监测规范及监测方案进行监测，确保采集数据的真实性与准确性，实现数据存储及自动实时传输功能。监测过程中出现异常或其结果超出预警值、报警值和控制值时，现场监测预警系统应实时发送信息，自动向相关负责人发送信息通知，各负责人收到通知后，应立即做好处置、消警等工作。

3.邀请文保专家共同研究白塔保护措施。聘请文物维修专业队采用钢护筒围砂或轻质泡沫材料，对白塔进行施工期间的定型保护，实时监测可能发生的变化。同时，为了进一步减小盾构掘进对白塔产生的影响，测定途经岩石的干抗压强度、饱和水抗压强度、抗剪强度、软化系数等，优化白塔附近石英岩体掘进的参数，跟踪注浆进行主动防护，并辅以“隔离减震”措施。

4.复核计算在钱塘江大潮汛水流冲击下钢便桥的负荷安全系数。由于大潮汛水流和车辆荷载作用对桥的影响较大，且该桥将运行 4 年，建议采取光纤技术，对钢便桥外侧主梁进行实时监测，分析掌控全桥的受力状况或类似于“虎门大桥”桥面波浪形的变化。同时制订钱塘江大潮汛期间对通行车辆的安全管制预案，落实专业队伍进行钢便桥维护。

5.加强特殊部位施工质量专项控制，防止渗漏水。工程地处防洪大堤、抗咸渠道一侧，地质以粉砂土为主，地下水丰富，土质透水性强。因此，各特殊部位，包括地下岩层存在裂隙处等均应制订专项施工方案和渗漏水处理预案，落实抢险设备、物资、人员。

如深基坑围护结构转角部位桩间宜增设止水围护桩；保护地铁盾构设置的混凝土加固体，盾构进出洞的冰冻加固土体，下穿钱江大桥注浆部位，以及联络通道开口施工超前支护和主体结构必须加强质量管控，经探测或检测确认，满足设计要求，方可进行后续施工。

6. 因沿途为石英岩，为降低盾构掘进时产生的冲击振动对地表的影响，提高切削效率，宜适当改造盾构刀盘刀具设计，并保持刀具完好，也可加装先行刀，增加顶推装置，增加总推力。

（陈涌彪　顾剑胜　金南国　颜　兵　熊传美）

专家建议书 22

编号:202005022

大毛坞—仁和大道供水管道工程 1 标段

项目概况:该工程造价 1.5 亿元,全长 3.6 km,其中包含 2 个支洞,分别为地下阀室支洞、白龙山支洞以及 3551 m 输水主洞。隧洞采用钻爆法施工,呈门洞形开挖,开挖直径为 5.7～6.2 m,衬后直径为 5 m。项目于 2018 年 3 月 16 日开工,计划于 2019 年 6 月具备通水条件。

专家建议:大毛坞—仁和大道供水管道工程 1 标段,引水输水距离远,输送水断面结构形式各异,其中主洞采用钢筋混凝土现浇衬砌。

目前,工程基本完工,大部分已隐蔽。后续应做好工程质量保证资料收集、留存工作,内容应包括全面反映施工质量安全状况的影像,质量验收评定、监测、检测,原水水质保护,以及科研成果、十项新技术推广应用等情况。

1. 影像资料应反映混凝土坍落度的量测,混凝土抗压、抗渗等检验取样制作、刻画,监测点布置及观察测量等现场场景。

2. 质量保证资料应反映隧洞主体结构检查验收、工程实体质量检测,以及钢管超声探伤无损检测评定、钢管保护层检测、钢管功能性水压试验等。主要质量控制数据包括隧洞施工采用钻爆法时围岩及支护结构的位移、应力变化、下沉,并且应对监测数据的变化情况进行评估,描述隧洞主体结构完成后的稳定趋势。

3. 认真总结现场采取二维码管控措施、相关水利与市政质量验收标准的区别和用途、超前小导管施工和不同围岩段支护效果,以及创新应用等工作内容。

4. 建设、设计、施工、监理等单位经补充整理主要工作和上述关键技术,统一形成 2000 字左右的汇报文稿。根据文稿,编辑一部视频宣传片。

5. 围绕水质保证项目,本工程隧道主洞为混凝土衬砌直接输送原水,宜提供材料、工艺符合饮用水卫生标准的相关指标。

(朱　彤　熊传美　姚元重)

专家建议书 23

编号:202006023

环城北路—天目山路(中河立交桥—古翠路)提升改造工程

项目概况:项目起点在古翠路与天目山路交叉口西侧,终点在中河立交桥以东,近建国北路,全长约 5.6 km。工程主要包括地面道路(含盾构段道路整治)、隧道、地面桥涵(含立交匝道桥)、人行天桥、过街地道及其他配套管理设施建设。

专家建议:该明挖隧道基坑上跨地铁 1、3 号线盾构区间,工程围护结构加固、抗拔桩、基坑开挖施工将对上述盾构区间造成一定影响。根据专项保护工程施工方案研讨会与会专家建议,补充完善以下相关措施。

1. 补充下卧盾构隧道上浮与基坑底隆起的计算与验算,并根据计算结果确定压重荷载值,预备应急堆载、压重应急物资、应急吊装安排等,同时对坑边堆载、交通运输、大型机械设备进行有序控制。

2. 编制分块开挖施工进度计划,明确平面、竖向开挖顺序,绘制开挖断面图。因每条分块宽 4 m,深 4.6 m,槽壁为直槽,建议做好沟槽边坡保护。

3. 绘制基坑排降水布置平面图,通过井点降水试验,制订排降水措施。为确保盾构顶部土体稳定性,宜将基坑内侧土体水位降至盾构顶部;另因基坑离运河较近,根据以往汛情,坑底与运河水位落差大,可考虑采取隔水措施。

4. MJS 基桩宜采用跳桩施工,靠近隧道的扩孔型桩应先施工,外侧一排桩之后施工。同时严格控制地内压力,当压力超过控制值时,开启倒吸空气及倒吸水装置。部分钻孔灌注桩应采用全套筒施工,并控制基桩施工进尺。基坑围护结构和加固体应严格控制施工顺序、垂直度及深度,确保几何尺寸、结构强度、质量。

5. 建立监测预警、报警、消警制度。围护结构加固、基坑开挖施工时,监测频率需满足设计、规范要求,出现报警(预警)时,应增加监测频率。同时与相关主体单位建立相互校核、确认的工作机制。

6. 快硬钢筋混凝土垫层厚度为 600 mm,为 C50 等级,浇筑养护时应控制产生的温度应力。添加早强剂,应经砼厂家计算、配方,须符合实际施工和质量控制的要求。

7. 盾构隧道上浮与坑底隆起、基坑支护结构防渗漏、基底管涌和暴雨坑内积水等应对措施太笼统，缺乏针对性，建议补充具体内容。如基底管涌应对措施，根据管涌出水量大小，可按先引导再封堵的原则，宜综合采用集水井抢排法、深井降水法、注浆加固法，并明确设备、材料及相应控制要求。同时，加大对承压水、围护结构变形、地铁盾构的监测频率。

8. D1800 污水管建造年代久远，渗漏风险较大，可作为重点部位进行检测、改迁保护，编制割接预案。

（邓文全　陈涌彪　熊传美）

专家建议书 24

编号：202006024

杭州市闲林水厂出厂给水管线工程(南线与北线)

项目概况：闲林水厂出厂给水管线工程总长为 14388 m，总投资为 1.515 亿元。

南线 1 标段输水管道总长为 4200 m，其中大开挖施工段为 4080 m，顶管施工段为 120 m。管材主要采用 DN1200 钢管、DN1600 球墨铸铁管及 DN1600 钢管顶管。其中，开挖段采用拉森钢板桩进行沟槽支护，顶管施工段采用沉井法顶进工艺。工程造价为 3148.1109 万元，工期为 180 天。

南线 2 标段输水管道总长为 3800 m，其中大开挖施工段为 3285 m，顶管施工段为 515 m。管材主要采用 DN1200 钢管、DN1600 钢管、DN1600 球墨铸铁管及 DN2000 钢套管顶管。其中，开挖段采用拉森钢板桩进行沟槽支护，顶管施工段采用沉井法顶进工艺。工程总投资为 4100.8888 万元，工期为 180 天。

北线 1 标段输水管道总长为 2650 m，其中大开挖施工段为 2416 m，顶管施工段为 180 m，倒虹管施工段为 54 m。管材主要采用 DN2000 钢管、DN2000 球墨铸铁管及 DN2200 钢筋砼 F 型钢承口顶管套衬。其中，开挖施工段采用拉森钢板桩进行沟槽支护，顶管施工段采用沉井法顶进工艺。工程总投资为 3734.2579 万元，工期为 240 天。

北线 2 标段输水管道总长为 3738 m，其中大开挖施工段为 968 m，顶管施工段为 2770 m。管材主要采用 DN1800 钢管、DN1800 球墨铸铁管及 DN2200 钢筋砼 F 型钢承口顶管。其中，开挖施工段采用拉森钢板桩进行沟槽支护，顶管施工段采用沉井法顶进工艺。工程总投资为 4167.0929 万元，工期为 240 天。

专家建议：1.应以“双标化”“西湖杯”为创建目标。由于本项目为线性大型管道工程，具有分区、分段平行作业和交叉施工等特点，实施难度大，因此，建设单位应统筹安排，明确一手抓进度、一手抓创建的模式。

2.应履行相关建设程序，明确分工，落实关键节点(跨路、跨河)的施工组织及创优措施。建设单位应牵头做好有关创建方面各阶段的申报工作，并落实专人分别到市总站、市市政行业协会办理预登记，摸清楚工程打包及申报单位、参建单位等相关规定。

3.坚持现场文明施工标准化管理要求。首先，进行封闭围挡、扬尘抑制、区域照明等方案设计；其次，落实分段交改、临边防护、土方覆盖、标志标牌等专项工作。同时，做好施工难点、亮点等方面的资料整理和归档，以及关键节点的音像制作工作。

4.顶管、工作井、深沟槽、大型构件起重吊装等危大工程必须编制专项施工方案并进行论证，按规定办理审批手续，按方案实施。

5.注重实体质量。特别是沉井、顶管顶进和注浆、钢管焊缝及内外防腐、沟槽回填等，突出“四新应用”。提前选择创新课题研究项目，10 月做好 QC 课题及发布。

6.大直径球墨铸铁管顶管及钢套管顶管等新工艺、新技术宜制定施工及验收标准，并在做好试验段探索和总结的同时，为指导后续施工积累参数。大直径球墨铸铁管顶管施工宜申报省级工法。

（吕蒙军　姚元重　白长江）

专家建议书 25

编号:202006025

景宁畲族自治县金村水库及供水工程 PPP 项目

项目概况:金村水库及供水工程位于景宁县红星街道岗石行政村金村自然村下游,坝址在金村下游约 3.0 km 处,设计概算总投资为 57691.18 万元(本 PPP 项目建设范围内的工程投资概算为 52701 万元),项目建设期为 2019 年至 2022 年。工程主要建筑物由拦河坝、溢洪道、输水系统、放水建筑物等组成。水库正常库容为 773.8 万 m^3,总库容为 905.4 万 m^3。其中拦河坝为面板堆石坝,最大坝高 90 m,输水隧洞为 2.6 m×2.6 m 城门洞型,长 9 km,设一个施工支洞。

专家建议:本工程除了导流洞已经打通并进行衬砌外,其余工程均未开工,因此对施工进度计划及度汛带来一定的影响。现提出以下几个方面的建议,供参考。

1. 石料场爆破振动会对拦河坝、溢洪道、输水构筑物等混凝土结构产生影响,建议进行数值模拟分析,并按实地爆破情况,对最近距离混凝土结构产生的振动进行检测验证,为施工提供参考依据。

2. 堆石坝混凝土面板具有低强度、高抗渗、高抗冻、高抗裂性能,建议通过试验评价混凝土的抗裂等级,确定原材料,以及混凝土配合比、养护等方面要求。

3. 该工程应按清单编制危大工程施工方案,并进行论证审批和实施条件的验收。同时,对隧道爆破、筑坝等重大危险源应制订相应的专项应急预案,定期组织应急救援演练。

4. 制订围岩类别判别、地质超前预报和不良地质段的处理措施,落实第三方监测和施工监测,并按监测实施方案进行预控。

5. 根据隧洞工程的特点,按每月 100 m 的平均掘进速度,约至 2022 年底完工。另考虑大坝从 2022 年 4 月完成面板施工,经蓄水验收、封堵导流洞,约至 2023 年 4 月完成水库蓄水,其中 2020 年 10 月完成截流验收为关键节点。而目前施工区风水电系统及料场开挖情况不容乐观,今年完成截流、开始填筑坝体难度较大,请业主及施工单位高度重视。

6. 根据石料场及上坝道路布置方案，目前是通过两侧隧洞运输上坝，该方案应经测算、评估，进一步细化具体内容。

7. 隧洞渣料宜改为有轨运输方案，由于有轨运输采用蓄电瓶车运输渣料，可减少通风排烟压力、避免车辆交会等施工难题。另外，应增强通风排烟设备能力，保证洞内有足够的风量和风压，加快小断面长隧道通风排烟的速度。

（金南国　王伟业　彭银生）

专家建议书 26

编号:202007026

丽水路(石祥路—金昌路)道路工程

项目概况:丽水路(石祥路—金昌路)道路工程位于拱墅区运河新城,为城市次干路,本工程南起石祥路,北至金昌路,全长 1.76 km,双向四车道。地下负一层为周边地块预留通道,双向两车道。地下隧道段长约 1085 m,地面路基长约 645 m,标准段宽 25～36 m,双向六车道。整个工程包含临时河道改迁工程、明挖隧道工程、装修工程、机电通风工程、道路工程、给排水工程及管理用房工程。工程总造价为 64054.1773 万元,合同工期为 728 天。

专家建议:1. 本下穿隧道主体结构属单面支模体系,仅依靠维护桩充当结构暗面的外模,增加了超厚外墙的防水施工难度。结构暗面防水卷材铺设、固定,施工缝处理和变形缝设置,混凝土自防水及维护桩质量,成为各防水施工环节的重点,宜制订专项方案,组织专班逐个落实防水措施。

2. 从现有混凝土实体看,收缩裂缝较多,建议从混凝土材料、施工过程、设计等多方面进行优化,严格按照施工规范要求操作,特别注意主体结构暗面的质量控制。以下 3 个方面尤其要注意防范:

①主体结构渗漏水与箱体结构混凝土施工过程有关,例如混凝土和易性、振捣及对防水卷材的防护、养护等,每个环节出问题,都会造成结构渗漏水。

②箱涵混凝土施工缝应清除断面表面的浮浆,吹尽浆灰,在浇捣混凝土前,铺设底浆,使新老混凝土紧密接合。另在施工缝处宜设置止水钢板,发挥较好止水效果。

③立足于混凝土自防水,减少后期的修补,提高隧道整体防水质量。

3. 箱涵结构混凝土渗漏水的后期处理材料多种多样,处理方法也很多,但由于主体结构的厚度达 1 m,堵漏材料不易穿透,效果有限。因此,有必要选择专业堵漏作业单位,进行处理。

4. 根据施工工艺、河道布置及水文情况,建议会同设计院,尽量减少施工缝并合理设置施工缝位置，从源头上减少防水难度。

5. 涉河隧道段，施工前应制订渗水预案、渗水修复和引排方案。河道段隧道应覆土 2m，并可增设混凝土防护板，防止通航河道维护过程中被意外破坏。

6. 该隧道结构多个部位混凝土最小尺寸大于 1 m，建议按现行国标《大体积混凝土施工标准》(GB 50496—2018)等相关标准要求，优化钢筋间距，并请生产厂家提出设计配合比、水化热温度控制及养护方案等措施，确保大体积混凝土结构施工质量。

（王明波　顾剑胜　高登繁）

专家建议书 27

编号:202007027

康桥路(康运桥以东至拱康路)道路加固工程

项目概况:康桥路道路加固工程位于杭州市拱墅区,西起康运桥以东,东至拱康路,全长约 1250 m,计划总投资为 750 万元,项目建设期为 2019 年 12 月至 2020 年 7 月。工程主要包括机动车道修复、窨井提升等。其中,本次车行道沉降、翻浆的路段,采用 5 cm 的 SMA-13 细粒式沥青砼＋8 cm 的 AC-25C 粗粒式沥青砼＋35 cm的 5%水泥稳定碎石层;剩余铣刨加铺的路段,采用 5 cm 的 SMA-13 细粒式沥青砼。对现状不满足收水要求或存在严重破损的雨水口进行翻建,将沉降的雨水检查井进行提升,将钢纤维检查井盖、雨水箅子更换成球墨铸铁材质。

专家建议:1. 因弯沉值超差、路面损坏等,约 37%的机动车道将实施大修。专家建议对严重损坏路段的路基进行检测,明确重载、侵蚀、路基浸水等损害原因,并确认路基强度是否达到设计值,是否需要加固。这对路面加固非常关键,希望后续路段可考虑实施。

2. 部分管线方包后,混凝土结构顶面距设计路面仅 5cm,与养护规范不符,行车后容易破碎。建议管线尽量埋深,保证方包后的混凝土结构顶面能按设计摊铺两层沥青混合料。

3. 现有工地出入口、交叉口进口、公交车站等特殊路段应加强基层、路面的结构处理,并采取与周边过渡搭接措施,防止刚柔之间应力变化不一,产生沉降、裂缝等病害。

4. 按本工程设计依据,该道路为重交通量等级,现经推算,目前路面设计修复的结构形式,仅能使用 2～3 年时间。为此,建议对于所有重载交通区域的道路,今后应先调查交通情况再确定大修方案,并经必要的专家论证,避免重复修。

（高登繁　何佳杰　吴小英　熊传美）

专家建议书 28

编号:202007028

浙江裕丰隧道管片制造有限公司

专家建议:1.部分钢筋笼露天制作、存放,易锈蚀;管片钢筋笼堆放无标识,存在错误使用的风险。

2.水泥抗压抗折试验机、2000 kN压力机、300 kN万能试验机的检定标签均过期,应及时申请检定,并按检定日期重新张贴检定标签。混凝土成型室、力学室应安装空调,按规范要求实施温控。

3.原材料堆场部分碎石规格偏大,原材料和混凝土缺自检报告及原始记录,缺7月份水泥检测的留样。针对存在问题,企业应建立原材料进场验收及内部质量控制制度。

4.水泥胶砂流动度测定仪应安装在混凝土基座上,并按《水泥胶砂流动度测定方法》(GB/T 2419—2005)的要求进行安装。

(相玉成　袁浩翔)

专家建议书 29

编号:202007029

良睦路(文二西路至绿汀路以南)EPC 总承包项目

项目概况:该工程南起绿汀路以南,北至文二西路,总长约 1.93 km。建设内容包括隧道、管廊、道路、桥涵以及相关配套工程等,道路采用主干路标准设计,设计时速为 60 km/h。地面道路包括常规地面道路、隧道接线道路和慢行道。常规地面道路南起绿汀路以南,北至创远路,全长约 702 m,双向四车道。隧道接线道路南起隧道 U 型槽接地点,北至文二西路,全长约 190 m。慢行道贯穿未来湖,总长约 1.2 km。

专家建议:1. 该工程隧道、管廊主体已完成 80%以上,总体施工质量良好。后期土建、安装工程应协作施工,确保基坑作业面整齐、管廊防火门位置准确,防止高处坠落、物体打击等意外事故发生。

2. 综合管廊侧墙、隔墙墙面局部存在裂缝,个别沉降缝存在错缝等现象。

①后续混凝土墙体浇筑时须加强振捣,避免混凝土离析。

②确保伸缩缝止水带材料的质量,以及安装后、混凝土振捣时的成品保护。

③铺设底浆,使水平施工缝新老混凝土紧密接合。

④根据裂缝的位置、性质、深浅制订修补方案,侧墙及顶板可采用灌胶法修补。

3. 主体结构的混凝土浇筑应满足其对温度、湿度和时间的要求,考虑施工对象、环境条件及混凝土性能等因素,本工程现阶段宜采用喷淋系统进行养护。

4. 杭州地区雨水较多,隧道顶部回填路基施工时,应结合地面道路的断面形式,提前规划好排水系统的设置。由于该区域为软土地质,可考虑对道路范围内的路基进行必要的软土补强,特别是主体结构外侧,宜采用轻质的路基材料进行分层回填、碾压,确保路基压实度满足规范要求。

5. 由专家严伟飞高工牵头,现场配合,调查隧道 U 型槽两侧墙面及其他有规律的裂缝缺陷现状,并从设计配筋、混凝土施工及止水带材料等方面因素切入,分析要因,提出处理措施。

(严伟飞　顾剑胜　张海泳)

专家建议书 30

编号:202007030

富阳区银湖水厂一期工程

项目概况:富阳区银湖水厂一期工程,主要工程内容分为 4 个部分:①取水工程按远期 50 万 m^3/d 规模进行土建设计,按江北水厂 20 万 m^3/d、银湖水厂一期 10 万 m^3/d 规模安装设备。取水泵站总建筑面积为 2447.87 m^2。取水头部在距离富春江堤约 67 m 处,在该处搭设钢平台,通过两路 DN1800 mm 管道取水。②输水工程包括从取水泵站至江北水厂、银湖水厂的输水管线,管线长度为 30.7 km。③净水工程含常规处理、深度处理和污泥处理 3 部分,总建筑面积为 14515.23 m^2。④千岛湖配水工程配套供水工程,包括千岛湖引水工程上陈村取水构筑物的建设,以及至银湖水厂、江南水厂总长度为 17 km 输水管道的敷设。

专家建议:1. 粉砂土区域,大管径、长距离顶管,应调查沿线管线、建构筑物等地下或地面邻近设施,明确需要保护的节点位置,结合现场实际,提出解决方案,确保顶管顺利顶进。

2. 制订顶管机头选型、安装、调试方案,制订顶管时机头和机头管道连接处渗漏水,以及应对其他质量安全突发事件的应急措施。

3. 输水管道和厂内工艺管道应按标准做好内外防腐措施,须加强生产、运输质量控制,进场实施验收。局部因刮擦、吊装损坏,应及时修复。现场应平吊轻放,避免损坏保护涂层;下井安装时对施工缝除采用自动焊接技术进行处理并进行焊缝检查、拍片之外,应按设计要求采用快干型防腐材料对接口处做防腐处理。该工序十分重要,建议现场以 QC 成果固定下来,便于日后推广。

4. 约 300 m 取水管道采用套管顶管方法横穿 320 国道,根据横穿国道的有关要求,为确保套管管段、内衬输水管及国道的质量安全,应制订以下相关技术措施:

①根据地质情况,配制合适的护壁泥浆,支撑土体稳定。

②顶管时就做好泥水压力、顶进参数等数据记录,加强监控量测,防止沉降,发现异常情况,及时分析原因,提出改进措施。

③因输水管与套管管段之间间隙、允许偏转角较小，为保持输水钢管在套管内顺直和水平，应采取输水钢管在套管内移送、就位、设置固定架固定及均匀填充密实技术措施。

5. 净水厂土建施工和设备安装关系密切，专业性强，关乎工艺质量水平，经现场了解查看发现，如滤池滤板标高、位置等关键节点，有施工技术难度，希组织专班攻关。水池池壁施工应选择合格的砼模板拉杆，试用时比对分析拉杆止水片的适用性，确保拉杆连接处无渗水。同时，按规范要求，填堵池壁拉杆孔。

（陈　伟　王伟业　余建民）

专家建议书 31

编号:202008031

钱江路隧道延伸工程(含引水河)

项目概况:钱江路隧道延伸工程(含引水河)全线为U型槽+隧道形式,双向四车道规模,设计时速为50 km/h,起点接目前已建钱江路隧道(U型槽段),终点接沪杭甬抬升工程地面辅道,隧道段采用明挖法施工。

左线桩号为ZK0+130~ZK0+829.715,全长699.715 m,其中隧道暗埋段长约287 m。

右线桩号为YK0+130~YK0+810.533,全长680.533 m,其中隧道暗埋段长约226.751 m。

另外,本工程还包含引水河改造工程。引水河以倒虹形式下穿钱江路隧道(U型槽段),共设3处倒虹井,11 m宽,两处倒虹尺寸均为20 m×11 m,交汇处倒虹尺寸为20 m×24 m。

深基坑包括主线隧道明挖基坑和引水河明挖基坑。主线左幅深基坑最深处为14.7 m,右幅深基坑最深处为14.2 m,隧道泵房侧加深2.77 m。引水河明挖深基坑最深处为10.4 m。

深基坑围护类型有:

1.深度4.0 m以下为1∶1.25放坡开挖。

2.深度4.0~10.0 m为ϕ850@600 SMW工法桩。

3.深度10.0~14.7 m为ϕ850@600三轴止水帷幕+ϕ900@1100钻孔灌注桩。

场地承压水静止水头高程约−2.50 m,按设计图纸要求需降承压水。基坑深度小于12 m时,坑内设置一排疏干井,纵向间距为12 m,井深为基坑深度加长7 m,降水深度为开挖面以下1.0 m。基坑深度大于12 m时,坑内设置一排减压井、一排疏干井,纵向间距为12 m。减压井井深为27 m,原承压水头由−2.5 m降至−5.0 m,ZK0+492、YK0+485处泵房开挖时,对应范围承压水头额外降至

－10.0 m。疏干井深度为基坑深度加长 5 m,以不穿透隔水层为宜。减压井、疏干井交错布置。坑外根据环境情况设置应急降水井或控制降水井,间距为 10 m。控制降水井井深15 m,降潜水位至地面以下 8 m。应急降水井井深 12 m。

专家建议:1. 基坑承压水降水井可调整到围护桩以外位置,并进行承压水头试验。承压水头试验应会同地勘等单位共同进行,其试验方案及相关试验结果,需得到设计院、监理单位、业主等单位认可。因承压水头降压,疏干井和基坑外应急降水井降水,易引起周边环境沉降,所以应对试验方案中的承压水头进行计算,必要时进行回灌。

2. 项目横穿电力高压线,施工时必须确保净空、净距的安全要求,避免空气潮湿状态下,桩机设备触碰高压线引发事故。具体要求如下:

①本项目包括地铁预加固、引水河倒虹、钱江路隧道、风起东路管廊、沪杭高速高架等工程,建议做好相关工程的施工衔接、成品保护。

②横穿 220 kV 和 110 kV 高压线前,应编制专项施工安全方案,进行施工监护。

③加强基坑监测,防止现状建筑沉降事故发生。

3. 建议将本项目列入调查试点,项目部配合杭州市市政行业协会严伟飞专家,开展地下砼 U 型槽和箱涵裂缝渗漏通病的调研。现场可从制订混凝土配合比优化、水化热温度控制、喷淋养护等措施着手,分析配筋、砼质量、防水工艺、构造等方面的影响,实施检测、追踪,年底前提出调研初步成果。

4. 围护结构施工时,发现地下障碍物应进行有效处理,并做好记录,预防渗漏。地铁加固部位实行见证检验和过程质量验收,确保隐蔽主体工程的质量。

（童朝宝　严伟飞　顾剑胜）

专家建议书 32

编号:202009032

庆隆小河单元 GS0303-G1-38 地块公园及地下社会公共停车库工程

工程概况:庆隆小河单元 GS0303-G1-38 地块公园及地下社会公共停车库工程项目位于杭州市拱墅区,以公园景观为主体,配套建设地下停车库。

该项目红线范围内用地面积为 7195 m^2,建筑总面积为 7285 m^2。其中,地上建筑面积为 1085 m^2,地下建筑面积为 6200 m^2,新建机动车停车位 200 个。该项目为地下负四层机械式停车库(负一层为自走式车库,负二层以下为平面移动式机械车库),基坑最深处为 14.7 m,采用三道支撑梁体系逐层开挖施工。

专家建议:1. 地下车库外墙换撑砼板与防水、回填施工建议。

①外墙换撑砼板按水平间隔均匀布置,板间宜保留 1 m 间隙(具体板块和间隙长度,以设计单位计算为准)。车库进出车道外墙两侧可不设换撑砼板。

②外墙防水层施工宜在换撑砼板处外立模板内侧预先安装防水布,预防局部渗漏;外墙大面宜从支撑梁位置开始粘贴防水层。

③设计采用先回填土再施工换撑砼板方法,受上部砼支撑影响,回填密实较为困难。现场提出采取主体结构完成后集中回填方法,该方法基本可行,但须在确保围护结构无渗漏情况下,制订主体结构外全包防水的完整性控制措施,而且须在送设计验算复核并认可后,方可实施。

2. 预防水池底板裂缝渗漏措施建议。

水池底板基础及其与主体结构间的防水应请设计单位专项设计;水池底板宜采用钢筋与桩顶联结,形成挑梁式底板;水池底板施工缝位置宜增设一道止水条或预埋注浆管(池内防水施工前注浆)。

3. 车库主体结构宜增设后浇带建议。

车库主体结构四周长约 240 m,设计未设置后浇带,为减少结构裂缝,可考虑在长边增加一道后浇带。为此,请悦容集团厉总工程师组建专班,将工程列入我会防水课题组攻关试点项目,并制订方案,优化设计,严控防水砼、浇捣和养护质量。

4.深基坑监测存在的问题与不足。

①基坑东西两侧的土体测斜孔槽口未能垂直基坑,北侧基坑测斜孔距离围护结构偏远,其监测数据不易准确反映基坑及围护结构真实变形。

②增设基坑周边地表沉降和塔吊基础的监测方案。

③监测每根混凝土支撑轴力的钢筋计现设为 2 个,宜按全断面 4 个钢筋计均匀布设。

④深层水平位移已超过累计报警值(一级安全基坑),水位监测孔累计变形量超过 1100 mm,应按报警处理。

(卢彬荣　赵　勇)

专家建议书 33

编号:202001033

城东垃圾分类减量综合体

项目概况:城东垃圾分类减量综合体项目位于杭州市钱塘新区,合同造价约3.14亿元,建筑面积为30784.15 m^2,项目建成后将承担钱塘新区、江干区日常生活垃圾的处置转运功能。

项目于2019年9月开工建设,计划于2021年5月份竣工并投入使用。施工过程中严格按照省、市标准化创建要求开展各项工作,把安全生产纳入常态化管理,明确责任,层层落实,严格按照标准化规范要求进行施工管理。

专家建议:1.现场作业场地已基本硬化,还主动设置了噪声监测设施,并在出入口处一侧制作按比例缩小的模板拉杆与墙面、屋顶剖面等模型,呈现不少亮点,富有创意,宜组织相关行业人士观摩交流,打造样板,予以鼓励推广。

2.该工程土建主体即将完工,今起应与安装工程施工配合协调,确保大型设备在有限空间内吊装作业的安全,尤其要考虑起重支点位置的选择,同时防止高处坠落、物体打击等意外事故发生。

3.因环保需要,宜在污水处理池排水口设置监测点,设置长期监测垃圾处理后排出污水(尤其是产生恶臭味的)水质的监测设备。

4.根据现场实际,宜在厂房周围、总排风口,以及易聚集有毒有害、易燃易爆气体处,设置长期监测垃圾进出、压缩过程中排放气体(尤其是产生恶臭味的)成分的监测设备,监测指标可按环保要求确定。

5.成立QC小组或课题组,总结提炼质量检测、大型混凝土结构的质量控制及裂缝防治等方面的重要技术方法措施,不断提高企业科技水平。

(金南国　王伟业)

专家建议书 34

编号:202001034

莫干山路提升改造工程预制生产项目

专家建议:1. 预制吊装的桥墩在市政工程中初次应用,希补充运营养护的相关要求。运营时,墩柱与钢混叠合梁关联部位宜实施在线监测,并提出评估判断的标准。

2. 墩柱就位采用了二次吊装,因构件笨重,效率不高,故可考虑在墩柱上部端面找平,调整垂直度或采用其他方法,确保一次吊装就位成功。

3. 装配式墩柱连接处压浆属于隐蔽工程,目前缺少有效的检测手段,为确保压浆的可靠性,宜按现有方法注浆,上部气孔接塑料管,待冒浆后封口,让注浆机稳压1～2 分钟,压浆压力值须经验证压浆的密实性,并作为压浆压力控制的标准。

4. 盖梁节段断面拼装过程中,因涂胶后相互咬合时易出现气泡,影响拼接质量,可考虑以优化断面设计来改善;盖梁节段宜采用带牛腿方式划分,提高盖梁整体性和极限承载能力。

5. 高架桥立柱构件砼强度为 C50,批量生产,要求高,为确保质量,可采取下列措施:提出原材料、配合比级配要求,并派员监理;制订养护方案,采用蒸养方式,改进现有简易的喷淋方法;加强插入式振捣质量控制,确保立柱砼表面密实、光洁。

6. 基础承台表面如果条件允许可考虑抬升,上部防撞墙也可考虑纳入统一预制,为整体预制拼装积累经验。

(田章华　严伟飞)

专家建议书 35

编号:202001035

临丁路(秋石高架东侧—余杭区界)提升改造工程

项目概况:临丁路(秋石高架东侧—余杭区界)提升改造工程,道路标准段红线宽度为60 m,双向六车道,全长约5.33 km。其中,拆除、复建1号河桥和东丰港桥,新建同协河桥,新建华西路东侧天桥。该工程主要包括道路工程,桥梁工程,排水与水工结构工程,交通设施工程,智能交通工程,临时交通工程,电梯设备、电气、自来水迁改等。总工期为530日历天。

专家建议:1.老结构层换填施工应严格按设计划分区域换填,确保换填厚度。旧建筑碎石利用应符合级配、材质的要求。

2.浙江华东建设工程有限公司工程勘察报告显示,在大量载重车行驶荷载作用下,路基下伏层的淤泥质软土被扰动,土体力学指标已低于下伏原状土,地基承载力仅为45 kPa,已影响道路建设质量安全。为避免工程建成后再次产生不均匀沉降,造成路面损坏,本工程应进行必要的地基加固处理。

(朱　敏　杨小平)

专家建议书 36

编号:202001236

杭州路顺环境建设有限公司

项目概况:公司投入 2.4 亿元,引进意大利 5500 型拌和机,于今年 9 月建成第三座沥青混合料生产基地。在原材料自行加工、长期供应方面,公司优势显现,配套建成的沥青混合料运输、装备租赁、市政施工、物流等产业链,已初具规模。

专家建议:根据目前状况及未来发展规划,建议重点关注技术体系建设、大数据应用、沥青混合料生产精细化及品种研发等方面,进一步提升企业发展空间。

1. 引进专业人才,整合现有技术力量,健全生产技术管理、技术创新、技术研发体制机制。

2. 推行“产学研”相结合的模式,组建开放式研发团队和企业“沥青制品研发中心”等机构,引领企业创新发展。

3. 研发应用性排水沥青、橡胶沥青、彩色沥青、温拌沥青、冷铺和安孚克透水材料等特色品种,为企业储备技术优势,参与市场竞争。

4. 总结技术创新成果,力争通过行业和政府层级的评审、鉴定,获得认可,同时发表相关论文,申请新产品、新技术推广应用或专利证书。

5. 用好材料资源,用好在线数据,用好文化设施,向社会介绍企业,走一条生产精细化、高质量沥青制品的路子,打出品牌来。

（金南国　熊传美）

专家建议书 37

编号:20210337

江东大道提升改造工程(河庄大道西—青六路东)及江东大道地下综合管廊工程项目(自来水供水管道维修改造),河景路(滨江二路—梅林大道)工程项目

项目概况:1. 江东大道提升改造工程(河庄大道西—青六路东)及江东大道地下综合管廊工程项目(自来水供水管道维修改造)位于大江东最核心的区域,全长约 4.58 km。江东大道为城市快速路,主路设计车速为 80 km/h,辅路设计车速为 60 km/h,道路标准段红线宽 50 m。

该项目位于钱塘新区河庄街道、义蓬街道。项目建设内容包括道路工程、综合管廊工程、桥涵工程、隧道工程、管线工程、机电附属工程、景观绿化工程等。全线结构物主要有综合管廊 1 条(沿道路北侧辅路下通长布置)、隧道 2 条、桥梁 2 座、箱涵 2 座、管理用房 1 座。

2. 河景路工程项目起点位于钱塘新区河庄街道,与规划滨江二路相交,道路沿规划线向东延伸,接河庄街道已建段河景路,经靖江路、青西四路、青西三路、青六路、青蓬路、头蓬快速路、义蓬东一路、义蓬东二路、东升路、新湾大道、向阳南路、钱江通道,终点接现状梅林大道。路段总长为 13.268 km,其中新建段总长为 11.788 km,老路段总长为 1.48 km。主路设计车速为 60 km/h,道路标准段红线宽 50 m。全线共设桥梁 14 座,其中大桥 5 座、中桥 6 座、小桥 3 座。

专家建议:1. 桥面慢车道一侧绿化带每间隔约 3 m 设置泄水孔,渗出的雨水通过路面流向慢车道另一侧,建议取消泄水孔,或改变排水方向,用管道引出渗水,避免损害非机动车道沥青路面和路面结冰对交通安全造成影响。

2. 桥面人行道与侧石顶面存在高差、拼缝不直顺等外观质量问题,与验收要求不符,应进行返工整改。

3. 本工程在海绵城市设计中存在一些不足,不利于泄水和日常养护,可考虑局部改进优化,设下凹式绿化带。

①快车道绿化带收水口依靠侧石缺口排水，整体性差，存在一定的行车安全隐患。该处可采用同规格侧向水篦侧石补平，或水平与侧向水篦组合收水，效果更好。

②路面雨水现经水篦侧石收水，通过卵石过滤段自行流入接水井，该段宜预制钢丝(网)箱填入卵石过滤材料，作为过滤装置整体设置，便于输水和维护。

③因下凹式绿化带与各种构造物露出土的标高不协调，宜考虑采取遮挡措施，突出下凹式绿化带的外观效果。

4. 江东大道提升改造工程隧道基坑边坡外侧开裂，为避免雨水渗入造成水土流失，建议灌入混凝土填实进行防水处理。

5. 后续配合地铁施工的局部道路、人行道、管道工程，因工期短，应采取必要的技术和组织措施，制订专项施工方案，综合考虑解决这个难题。

（余新发　金南国　顾剑胜）

专家建议书 38

编号:20210438

机场轨道快线工程仓前车辆基地Ⅰ标段

项目概况:本标段工程主要包括盖体及盖体下单体工程、站场工程、路基工程、桥梁工程;合同范围内盖体下单体主要包括停车列检库、双周三月检库、检修主厂房、镟轮库及试车间、跟随所、调机工程车库(含蓄电池间)、物资总库等。工程采用“地铁+物业”上盖开发模式,车辆段上盖结构为一层框架结构。本标段施工上盖投影面积约 158000 m^2,总建筑面积为215000 m^2,标高为 9 m、15 m,采用钻孔灌注桩+承台基础。建成后车辆段场坪标高为 5.18 m,设计轨顶高程为 5.80 m。

专家建议:1.请考虑优化混凝土钢立柱设计。

①上下两节钢立柱施工对(焊)接截面位置宜适当错开。因现场施工焊接质量不易保证,该截面可采取高强螺栓连接。

②上下两节钢立柱对接端应设置定位板或法兰盘。

③钢立柱腹板可开设直径小于腹板 1/3 的圆孔(必要时圆孔周围加强),提高混凝土钢立柱的连接作用和整体性。

2.钢立柱对接焊为关键工序,腹板较厚,焊缝背面不易焊透,应采用专项塞焊技术,组织 QC 小组进行研究攻关。

3.承台上部钢筋和型钢表面多有锈蚀,应采取清理措施,也可改进工序,把钢立柱运至现场后进行除锈防腐、焊接栓钉等作业。

4.承台表面应采取防开裂和二次施工措施,确保该截面施工质量。

5.较高强度等级、大体积混凝土(尤其是现浇大盖板)应制订专项施工方案,控制内外温度差;浇筑后养护时间不得迟于 6 小时,持续养护时间应超过 15 天。

6.新式盘扣式支模架工程应创新验收方法,结合自动化监测,跟踪控制主要杆件、地面及支撑物加载时的受力状态。

7.本工程为上盖物业,混凝土钢立柱及顶面施工比较特殊,现场施工应总结技术经验,开展应用技术的研究。

(陈　鸣　顾剑胜　金南国　赵　勇　孙　兴)

专家建议书 39

编号:20210639

之江净水厂工程施工总承包项目

项目概况:之江净水厂工程位于杭州市之江度假单元,西邻绕城高速,东邻之江医院,北侧为淀山浦、云河路,南至科海路。项目用地总面积为 28781 m^2,主要建设内容为新建 1 座全地下式净水厂,由箱体结构及地下通道组成。

工程采用 MULTIFLO 初沉池—BIOSTYR 生物滤池—ACTIFLOCARB 加砂沉淀池—DISCFILTER 滤布滤池—次氯酸钠消毒工艺。出水水质执行准Ⅲ类水标准。工程按远期规模 160000 m^3/d 一次性建设,设备按 80000 m^3/d 规模配置。

工程投资估算约 13 亿元,工程合同造价为 50211.9885 万元,合同工期为 750 日历天。

专家建议:1. 本项目土建主体由全地下箱体结构及通道组成,混凝土浇筑难度大,滤层新工艺要求高,至 7 月混凝土浇筑将全部完成。现经评比,已有混凝土结构评分为 92 分,为实现结构优质目标打下基础。面对所获得的成绩,希现场项目部及时总结,认真梳理重要环节的工作方法、技术措施,总结出亮点来,打造全地下式净水厂准Ⅲ类高质量出水水质的品牌。

2. 建立现场重大危险源辨识、BIM 应用、QC 活动、泥浆固化、钢筋套丝、场景应用、项目期刊、实名管理、降水回用、创优方案等技术管理标准体系,规范项目管理,并制定企业或行业标准,实现项目技术管理标准化。

（颜　兵　余建民）

专家建议书 40

编号:20210640

费家塘路(沈家北路—德胜路)道路工程

项目概况:该工程南起长浜弄,北至沈家北路,全长 1401.572 m,含道路、排水等 6 项工程。本次发生水稳基层开裂下沉的是长浜弄—香积寺东路。该路段西临 51 号地块基坑,长度为 168.334 m,桩号为 K0+240～K0+408.334。其雨污水管道管径为 D300～D1200,西侧最深污水管底标高为 2.37 m。

杭政储出〔2018〕51 号地块总用地面积为 13109 m^2,用地性质为商业商务用地。项目分为南北两幢相互独立建筑,框架结构,地下两层,基坑深度为 12.7 m。6 月 21 日下午,专家组受建设单位邀请,参加由费家塘道路工程项目部召开的水泥稳定基层开裂下沉问题分析会议。专家组听取建设、设计、施工等单位的情况介绍,经踏勘现场,询问监测检测报告及纪实说明等书面资料中的相关情况,拟定了费家塘路开裂下沉原因分析意见书。

专家建议:1. 费家塘路问题的提出是在去年 10 月,因在费家塘路水稳基层保养期间,距 51 号地块基坑东侧约 12 m 处,出现道路水稳基层开裂下沉现象,并导致局部雨污水管道和配套管线损坏、检查井下沉等。

2. 基坑外土体发生移动迹象,随着基坑开挖深度加大,受坑内土体应力释放、土质不均匀、支护实际效果不佳等因素的影响,坑外土体产生不同程度的位移、下沉,从而引起毗邻的路基向坑内方向移动。此为费家塘路水稳基层、管道及井室损坏的主要原因。

3. 相邻工程交流协调不够,从监测报告和施工节点排序来分析,相邻工程主体在基坑发出警报、周边环境发生变化时,交流协调不够,处理和保护不及时。此为费家塘路水稳基层、管道及井室损坏的次因(详见费家塘道路、管道检测报告)。

4. 下一步做好以下 4 项工作。

①继续观测道路水稳基层裂缝扩展和井室的沉降情况,研判收敛趋势。

②目前,正处于梅雨季节,雨水洗刷对长期暴露的基层土体不利,须抓紧修缮

管道、井室和水稳基层的受损部位。

③支护系统设计施工应考虑现场实际因素，加固措施应经专家论证后实施，确保基坑和周边设施安全。

④须完善报警、消警机制，避免类似情况发生。

（宣波湾　金南国　熊传美　吴小英）

专家建议书 41

编号:20210641

文一路(紫金港立交桥—荆长大道)提升改造二期工程

项目概况:文一路(紫金港立交桥—荆长大道)提升改造二期工程,西起荆长大道,东至五常港河、城市快速路。工程主要内容包括隧道明挖段(460 m)+盾构段(一、二期,单线长 2220 m)、1 座盾构接收井、2 座区间风井等,以及该范围内覆盖的道路、排水、绿化及相关配套设施等,项目总造价为 13.2 亿元,合同工期为 900 日历天。

明挖段根据封堵墙划分,分为 A 坑、B 坑及 1♯盾构接收井 3 个基坑。其中,A 坑位于荆长大道以西,B 坑位于现荆长大道路口位置,1♯盾构接收井位于荆长大道以东。盾构隧道为南北双线,北线隧道长度为 2220 m,南线隧道长度为 2209 m,隧道覆土厚度约 8.5～28.1 m,隧道内衬砌环外直径为 13.7 m,盾构机外径为 14.17 m,主要穿越地层为粉质黏土层,小部分穿越全风化砾砂岩、强风化砾砂岩、中风化砾砂岩。

专家建议:1.监测工作应与盾构掘进、基坑降水协调一致,其监测日报宜分析说明影响区内地面道路、构筑物和燃气管线的监测变化与注浆和降水等作业期间的关系,准确指导各项作业。

2.盾构机刀盘现设 15 个冲刷口,如果冲刷流量及压力达不到清洗刀盘效果,可将冲刷口口径改小。

3.目前掘进软土地层,扭矩达 10000 kN·m 以上,且主轴承驱动温度高达 62℃,两者之间可能存在一定关联,同时将影响油脂润滑,应尽早解决。现可先试试空转,在排除机械本身问题后,重点检查刀盘结泥饼、油脂油品等增加转动阻力的原因。

4.北风井基坑施工至深度 36.7 m、36.1 m 时,北侧和东侧曾发生涌水涌砂险情,分别造成地表、机场快线左线隧道沉降。目前,基坑内反压水深 27 m,并已采用抛石和水下混凝土封底至 35.5 m 处,其中基坑底中部浇筑 C30 水下混凝土,四周浇筑 C20 水下混凝土，共浇筑 460 m^3。下一步拟做好坑内降水、观测及基底清理等，具体事项如下：

①潜水探查水下封底混凝土的完整性，特别是混凝土与基坑周边的地连墙接合的密实程度，不允许存在空隙，原漏水点附近范围更应仔细探查。

②科学抽取坑内反压水，同时观察坑内、外水位的变化，研判封底效果，并细化处置预案，确保后续施工的质量安全。

③按专项方案，第一次抽取反压水达 5 m 深度时，应记录抽取时间，与后续每阶段抽取时间分析比较，同时暂停 4 小时观察水位变化，预测封底效果。第二阶段，抽取坑内反压水剩 18 m，形成坑内外水头压力差为 8m 时，观测 6～8 个小时，分析计算坑内、外水位变化，研判封底效果。同时，宜制订必要的坑底四周封堵预案，特别是原漏点附近范围的封堵预案。

5. 机场快线盾构距离北风井最近仅 4.8 m，建议机场快线掘进快速通过，避免造成不必要的影响。

6. 总结研讨地连墙首开幅存在的混凝土绕流现象、素墙及 MJS 旋喷桩承压水层处断桩的质量问题，以及素墙墙背垂直注浆和坑内水平注浆的封堵效果，分析原因，改进措施，着力提升工程质量的控制水平。

（赵　勇　张　纯　王伟业　顾剑胜）